カフェパウゼで法学を
Kaffeepause
対話で見つける〈学び方〉
横田明美

はじめに
──この本を読むあなたに──

　「大学って高校までとはどこがちがうの？」「専門知識を身につけるって、どうやったらいいんだろう？」…そんな気持ちを抱いたことはありませんか。この本は、千葉大学法政経学部で学生と向きあいながら研究と教育を実践している著者による、自分の〈学び方〉を見つけるための本です。タイトルにある「カフェパウゼ」とは、ドイツ語の Kaffeepause──つまりコーヒーブレイクという意味の言葉です。私が大学時代から使っているハンドルネーム（インターネット上のニックネーム）の語源でもあり、また、この本のモチーフでもあります。

　「自分の学び方を見つける」と聞くと、堅苦しく感じるかもしれません。しかし、お茶をしながら気楽に、かつ真剣に考えてみるのはどうでしょうか。この本では私が日頃実践していること、あるいは学生時代に実践してきたことを再現しています。それは、研究室でコーヒーや紅茶を飲みながら、学問上の悩みについても、生活上の困りごとについても、共有しながら対話をしていくということです。読者の皆さんは、登場人物の疑問に共感したり、ツッコミをいれたりしながら、自分の〈学び方〉を見つけるためのステップを歩んでみてください。

目 次

はじめに――この本を読むあなたに―― i
登場人物紹介 vi
本書の構成とおすすめの読み方 vii

第Ⅰ部 大学生活を楽しもう――1年生編　1

①　答えはひとつじゃないんですか？
高校までの勉強と大学での学びの違いとは……2
　（1）答えはひとつじゃないんですか？／（2）研究と勉強の違いって？　研究者は何してるの？／（3）実務で働くためにも必要なこと／（4）大学での学び方

column…1　「ひとつの価値観だけでの序列づけ」から抜け出そう
　　　　　　――スカウターからスタンドの世界へようこそ……11

②　ノートと友達になって〈内なる声〉を捕まえよう……12
　（1）講義の流れと〈内なる声〉／（2）質問するつもりで受けてみる／（3）わからないことを次の自分に受け渡す

work…1　コメントシート課題を自分で作ってやってみよう……16

③　パソコンメール、SNS・・・
コミュニケーションツールを使いこなそう……18
　（1）社会の移り変わりとツールの発展／（2）ビジネスメールの第一歩！　教員に書いてみる／（3）SNSは社会に開いた窓

④　心の中に〈自分の領域〉を〈仮設定〉してみよう……26
　（1）講義ばかりが学びじゃない！　サークル・バイトで身につけたこと／（2）〈自分の領域〉を〈仮設定〉してみよう／（3）「トライ」と「地雷」の見極めを

⑤　やることいっぱいどうしよう？　時間の使い方を考えてみよう……30
　（1）下ごしらえと3つの方策／（2）〈今の時間の使い方〉を書き出してみよう／（3）キャパシティを広げるには／（4）〈やることリスト〉をアレンジしよう／（5）どうせやるなら二毛作

column…2　「1年生のうちに知っておきたかった！」法学学習の落とし穴……48

第Ⅱ部 レポートをちゃんと書いてみよう――2年生編　53

⑥　レポート課題の目的とは？〈問い・主張・論拠〉をそろえよう……54
　（1）論文の練習としてのレポート課題／（2）様式から見える「力のいれどこ

ろ」／(3)その＜問い＞は何のため？／(4)とりあえず3日やってみる／(5)ピアレビューのススメ

⑦ 書くための3つのステップ〈発想・整想・成果物〉 ……66

(1)いきなり書き出すのは難しい／(2)発想・整想・成果物／(3)論文の「ガイコツ」を作ろう——アウトラインとは／(4)文章を書きながらアウトラインを育てる／(5)「調べただけ」からオリジナルを生むために／(6)〈書き手目線〉の並び順」を〈読み手目線〉の並び順」に整える

work…2 ためしに「本を薦める500字の原稿」を書いてみよう ……81

⑧ より良いリサーチのためのコツ
——作戦を立てて〈情報地図〉を作ろう ……82

(1)いきなり調べず作戦を立てよう／(2)網羅と分類のための〈情報地図〉／(3)信用できる文献の見分け方／(4)試しに3冊選んでみよう／(5)目的を持って一度は使ってみる

⑨ 考えを深めるためのコツ——ディベートモードを取り入れる ……94

(1)「悪魔の代弁人」って何？／(2)ディベートって何だろう／(3)意見と人格を切り離す／(4)ジャッジの考え方とレポートへの活かし方／(5)ディベートのコツ1：ロジックの型を知る／(6)ディベートのコツ2：フローシートの書き方／(7)ディベートのコツ3：ジャッジを説得する話し方

work…3 ひとりディスカッション・ひとりディベートを経て
　　　　　フローシートを書いてみよう ……114

column…3 「レポートあるある」と仕事の進め方 ……116

第Ⅲ部　法学を学ぶあなたに——3年生編　　119

---

⑩ 講義・ゼミ・自学のトライアングル
——〈自分の時間割〉を作ろう ……120

(1)法学部生の戸惑い／(2)大教室講義・ゼミ・自学をつなげてみよう／(3)「自分の時間割」を作ろう

⑪ インプットの心がけ——〈鳥の目〉と〈虫の目〉を使い分ける ……126

(1)「初見殺し」のトラップがいっぱい／(2)1周目でクリアできないRPG／(3)教科書と条文と講義ノートを突き合わせる／(4)〈鳥の目〉と〈虫の目〉のススメ

⑫ アウトプットの心がけ——試験問題にチャレンジしよう ……134

(1)試験問題を見てびっくり／(2)やってみてはじめて気づくこと／(3)

即興レポートとしての論述問題

column…4 実際に事例問題の答案を採点してみると・・・・・・・・・・142

（4）法学版＜発想・整想・成果物＞

work…4 手順を決めて答案を書いてみよう………146

⑬ 自分なりのインプット・アウトプット法を見つけよう………148

（1）法学学習の6ステップ／（2）自分にあったやり方を考えよう／（3）代替案（プランB）を用意しておこう／（4）ぱうぜのインプット：「3色ボールペン法」／（5）ぱうぜのアウトプット：「予想問題作成法」

work…5 〈自分の学習法〉を作ってみよう………163

⑭ 少人数ゼミのススメ──調べて考え、質問してみよう………164

（1）法学のゼミってどんなところ？／（2）「調べ物」の難しさ／（3）〈良い質問〉って何だろう

work…6 質問シートを作って質問してみよう………173

⑮ 自学につなげるためのコツ──〈自主ゼミの罠〉に気をつけて！………176

（1）＜内なる声＞をきっかけに／（2）＜内なる声＞をインプット・アウトプットにつなげてみよう／（3）何のためにやるの？＜自主ゼミの罠＞／（4）行程表（ロードマップ）を共有しよう／（5）＜みんなでわいわい＞と＜それぞれもくもく＞

work…7 自分たちのための自主ゼミを考えてみよう………186

column…5 教科書とのつきあい方──体系書とテキストの違い………190

第Ⅳ部　卒論を書いてみよう──卒論編　193

⑯ まずは広く探索してみよう──テーマ探しと下準備………194

（1）ぱうゼミの募集要項／（2）卒論は「論じてみる」課題／（3）＜論文の型＞の参考文献も探そう／（4）学内で一番詳しい人になろう

column…6 就職活動・入学試験と卒論の意外な関係………201

⑰ 最初のアウトラインを作る
──マイルストーン決めと論文のガイコツ作り………202

（1）資料集めの次にすることは／（2）マイルストーンを決めよう／（3）ぱうゼミの卒論スケジュール／（4）はじめのガイコツはA4で1枚

column…7 アウトライン・目次・相互参照………209

⑱ ふせんシートとにらめっこ！ 適切に〈リサイズ〉しよう………210

（1）「○○と言われている」じゃあ進めない／（2）ふせんシートのススメ／
（3）何に力点をおくか考えて、問いを〈リサイズ〉しよう

⑲ 見取り図シートで＜書き手目線＞から＜読み手目線＞へ………216

（1）順調だったはずなのに／（2）「はじめに」と「おわりに」の役割とは？／
（3）将来へのバトンタッチ／（4）＜書き手目線＞から＜読み手目線＞へ／
（5）＜見取り図シート＞を作ってみよう／（6）ピアレビューも忘れずに

第V部　自分の未来を作るには——進路編　　227

⑳ 学部生には見えない世界——法科大学院、その先へ………228

（1）思った以上に「プロ」がいる／（2）研究と実務の役割分担／（3）法科大学院で「動きのある流れ」をつかむ／（4）＜基礎知識の縦糸＞と＜動的視点の横糸＞／（5）さらに必要となる「自学」／（6）誰も踏み入れたことのないイバラの道？／（7）研究の道を志すあなたに

column…8　体験記：法科大学院と研究者養成の狭間で………250

㉑ 社会を変えるには？ 法学を軸に、他分野にも橋をかけてみる………252

（1）法学科目間に＜リンク＞を張る／（2）＜縦割りの科目＞と＜横割りの科目＞／（3）卒論指導で見えてきた、「解釈論から立法論へ」／（4）立法論の難しさ

column…9　分野を越えるためのブックガイド………268

㉒ 学んだ後はどうするの？ 自分の未来の作り方………270

（1）すべて地続きのこの世界で／（2）法学を学んで身につく視点／（3）キャラメイキングを考える／（4）専門性は相対的／（5）横に手を広げ、縦に根を伸ばす／（6）ジェネラリストとスペシャリストを往復する／（7）大学を出てからも学び続けるということ

column…10　〈自分の学び方〉を見つけるためのブックガイド・ブログガイド………292

おわりに——これからは異なる世代、異なる専門の仲間として——　　295
参考文献一覧　　298
事項・人名索引　　300

登場人物紹介

ぱうぜセンセ
研究室をカフェにしちゃった先生。学生とわいわい相談しながらコーヒーを飲むのを楽しみにしている。

進吾くん
法学コース。真面目に頑張るけど、思い込みが激しいのが玉にキズ。

かすみさん
ふたりの後輩（2年生編から登場）。バランスのとれたしっかり者。

明日香さん
政治学・政策学コース。元気はいいけどおっちょこちょい。

本書の構成とおすすめの読み方

　本書は、明日香さんと進吾くんが大学1年生からの4年間に抱えた悩みを、後輩のかすみさんと一緒にぱうぜセンセの研究室で相談する【対話】と、その内容について解説する【本文】が、ひとつのテーマについて交互に繰り返されて展開していきます。そして、項目ごとに【まとめ】や【column（コラム）】【work（ワーク）】を用意しています。あなたの状況に応じて、いくつかおすすめの読み方をご紹介します。

❶はじめて読む方へ──〈鳥の目〉読みのススメ

　最初から読み始めると、【本文】はちょっと難しいかもしれません。各パート冒頭のイラストや【対話】部分が要約になっていますので、【まとめ】とあわせて先に読んでしまってかまいません。**まずは全体をつかむ**ということです。この考え方を第Ⅲ部（3年生編）⑪では、〈**鳥の目**〉として紹介しています。この本で、まずは〈**鳥の目**〉**読み**を試してみてください。

❷法学以外を専門とするあなたへ──〈置き換え〉読みのススメ

　法学コース専攻の進吾くんの悩みや、法学学習について扱う第Ⅲ部（3年生編）はよく理解できないかもしれません。その場合は、飛ばしながら〈鳥の目〉読みをしてくださってかまいません。ただ、この本は、法学以外の科目を専攻されている方々にも役に立つように書いたつもりです。ブログ版（「タイムリープカフェ～法学を学ぶあなたに」）では、法学以外を専門とする大学教員の皆さんから「この悩みはうちの分野にもあてはまる」という感想をもらった箇所が多くあります。そこで、「自分の分野でもこういうことってあるのかな？」と適宜置き換えたりしながら読んでみてください。

❸法学を学ぶあなたへ
──〈鳥の目〉読みと〈虫の目〉読みを組み合わせよう

　まず〈鳥の目〉読みをして、あなたの経験でも「あるある」と思った事柄があれば、その〈**内なる声**〉（第Ⅰ部（1年生編）❷）をノートに

書き出してみましょう。そして【本文】も含めてもう一度、はじめから**各項目の細かい内容までじっくりと読んでいく〈虫の目〉読み**（第Ⅲ部（3年生編）⑪）をしてみてください。

　第Ⅲ部（3年生編）は、多くの法学学習者の皆さんからの質問に、「法学を学び始めて10年たった人」、つまり私が自分の言葉で答えようとしたものです。私自身がつまずいた事柄もたくさんあります。「先生のアドバイス」というよりも、「10年先の未来の自分から届いたメッセージ」だと思って、読んでいただければ嬉しいです。

　また、政治学・政策学コース専攻の明日香さんの疑問や、第Ⅳ部（卒論編）は、法学学習者の皆さんにはなじみのないものかもしれません。しかし、実際に社会で法学を活かしていくためには、政策との関わりは重要であり、学術論文の執筆方法を知っておくことは重要です。第Ⅴ部（進路編）では、法と政策との関わりや、社会の中で法学の知見を活かしていくためのヒントを書きましたので、ぜひ感想を聞かせてください。

❹時間をとってやってみる
──【work】をきっかけにした実践のススメ

　一度〈鳥の目〉読みをしていただいた後は、各自の悩みや課題に応じて、ぜひ本書の内容を実践してみてください。情報を受け取ること（インプット）だけでなく、自分の考えを表現してみること（アウトプット）の重要性は、本文でも何度も出てきます。とっかかりになるよう、いくつかの【work】をご用意しています。

　また、やってみて「楽しい！」と感じていただけたようでしたら、ぜひ、ご友人に紹介してください。「誰かに何かを薦める」ということも、立派なアウトプットです。

第Ⅰ部

大学生活を楽しもう

1年生編

　高校から大学に進学すると、一気にいろいろなことができるようになる。考え方や生活のリズム、そして時間の使い方…自分の人生を豊かにしていくためには、どんなことを考えて過ごしていけばいいのだろうか？ 第Ⅰ部（1年生編）では、高校までの生活と大学生活の違いから始めて、ノートやコミュニケーションツール、そして、時間の使い方について考えてみよう。

1 答えはひとつじゃないんですか？ 高校までの勉強と 大学での学びの違いとは

大学入学から1か月。政治学・政策学コース1年生の明日香さんは、「高校の授業と大学の講義の違い」について、どうしても納得できない。法学コースの進吾くんも、講義が楽しくないとぼやいている。そこで、ふたりはぱうぜセンセの研究室を訪ねてみた。

(1) 答えはひとつじゃないんですか？

明日香：「大学での講義って、たくさんの文献を紹介して『Aさんは〇〇と述べている（A説）』『Bさんは××と指摘する（B説）』と紹介していって、結局答えを教えてくれません」

ぱうぜ：「よくある講義スタイルだね」

明日香：「高校だと、年号や化学式を覚えたりするのが好きでした。でも、大学の講義だと、教科書のない講義もあるし、何を覚えたらいいかわかりません」

進吾	「A説をとると結論は〇〇、B説をとれば結論は××になる、って覚えていけばいいんじゃない?」
ぱうぜ	「いやいや、そういうことじゃないんだよ」
明日香	「えー、答えはひとつじゃないんですか?」
ぱうぜ	「…だって、**大学は〈未知の事柄にアプローチするための下準備〉をするためのところ**だからね。だから、勉強を教えるプロではなくて、研究のプロである大学教員が教えているんだよ」

　大学での講義が始まってしばらくして、教員の話につかみどころがない、と思った人はたくさんいるだろう。高校までの勉強では、先生が黒板に「覚えるべきこと」を書き、生徒はそれをノートに書き写していた。それなのに、大学では黒板を使わない教員も多いし、使う教員でも、そのままメモをすればノートが完成するような書き方はしない。

　この戸惑いの根源には、**高校までの勉強と大学での学びにおける考え方の違い**がある。

　高校までの勉強は、**「知識を伝える」**ことに力点がおかれている。小学校・中学校・高校までの先生は、教員採用試験という試験を受けたうえで教壇に立つ**〈発達段階に応じて勉強を教えるプロ〉**である。そして、「教科書検定」というプロセスを経た教科書を使うことになっている。これは、文部科学省の説明によると「記述が客観的で公正なものとなり、かつ、適切な教育的配慮がなされたものとなるよう[*1]」整えられた教科書である。言ってしまえば、「何を覚えるべきか」を十分検討して、現時点で「正しい」とされている事柄を書いているかどうかを念入りにチェックする教科書検定という手続を経た教科書を使って教えなければならない。その意味では、決まった答えがあるかのように整えられている。

[*1]　参照、文部科学省ウェブサイト「4. 教科書検定の方法」〔http://www.mext.go.jp/a_menu/shotou/kyoukasho/gaiyou/04060901/1235089.htm〕。

これに対して、大学ではどんな本を「教科書」として使うかは、講義を担当する教員が決めることになっているし、教科書を使わないで自分が作成したレジュメを配布する教員もいる。そして、**高校までの先生との最大の違いは、大学での講義担当者の多くは〈研究しながら教育をするプロ〉、つまり研究者である**ことだ。

　ちなみに、検定教科書を実際に執筆しているのは大学教員であることが多い。しかし、大学教員によるほかの論文や著作とは異なり、検定教科書を書くときには「その時点で広く信じられている事柄」や「確かそうな事実」についてだけ書くことになる。だから、学問の発展に伴い、検定教科書も書き換えられる。たとえば、私（1983年生まれ）が小学校・中学校で日本史を習った時、鎌倉幕府の成立年は1192年だと教わった。[*2] 皆さんはどうだろうか？ 1185年と教わった人も多いのではないだろうか？ 実は学問上も議論があり、両方の説を併記している教科書もあるとのことである。[*3] このことからも、本当は「答えはひとつではない」ということがおわかりいただけるだろう。

　教材の違い、そして教える人の属性の違いの背景には、学ぶ目的の違いがある。高校までは、これまで明らかになった知識を吸収し、自分のものとしていく過程であり、大学は〈未知の事柄にアプローチするための下準備〉をするための過程である。それゆえ、**勉強を教えるプロではなくて、研究のプロである研究者が教えている**。ここから先は、大学で学ぶとはどういうことなのかを考えてみよう。

（2）研究と勉強の違いって？　研究者は何してるの？

明日香　「勉強と研究って違うんですか？」

ぱうぜ　「**研究はね、〈いままでの人類の歩みを基礎にして、人間の英**

---

*2　「いい国（1192）作ろう鎌倉幕府」というゴロ合わせがあったくらいである。
*3　詳しくは「NHK高校講座日本史第10回」〔http://www.nhk.or.jp/kokokoza/tv/nihonshi/archive/resume010.html〕〔本郷和人監修〕。

	知の枠をちょっとだけでも押し広げていくこと〉なんだ」
進吾	「ちょっとだけ？」
ぱうぜ	「この世界はいろんな先輩・先人たちが、チャレンジした結果でできている。ひとりひとりができることは全体から見ればとても小さなことだけれども、〈巨人の肩に乗る〉ことで、少しずつ未知の領域を開拓することができるんだ」
明日香	「これまでの積み重ねの上に〈乗る〉んですね」
ぱうぜ	「いままでよくわからなかった事柄について、問題を設定し、解決のための仮説を立てて、検証していく。そのための訓練を、大学の学部では始めるんだよ」

　研究とは、未解決の問題や、いままでの知見では問題とも認識されていなかったような「ズレ」を見つけ出して、その発生原因を分析したり、対処法を考えたりする知的活動のことである。現在では当たり前のことだと思っている事柄も、ちょっと前までは未知の事柄だったのかもしれない。トイレの後には石けんを使って手を洗う。それは、目に見えない病原菌を洗い流すことで、病気にかかることを予防できるから──今ではすっかり当たり前になっているこうした知識も、よくよく考えてみれば人間の直感とは離れている。これまでの誰かが明らかにしてくれたおかげで、ようやく「人間の英知」となる。後世の人々はそれを知識として覚えて、次のステップに進めるようになる。**研究者というのは「人間の英知の枠を押し広げ続けること」を人生の目的にしている人たち**、と思ってもらって差し支えないだろう。

　このことから、研究のプロが教える**大学での学びは、〈まだ見たことのない知見を得る力をつけるための基礎トレーニング〉**でもある。大

---

*4　目に見えないもののせいで病気になり、しかもそれが手洗いで対応できるなんて、すぐには思いつかないだろう。

*5　この表現はユタ大学の Matt Might 博士による "The illustrated guide to a Ph.D."〔http://matt.might.net/articles/phd-school-in-pictures/〕から着想を得た。なお、日本語に訳して紹介しているサイトもある（LifeScienceProject「博士号（Ph.D.）をとるまでの道のりをイラストで示すと…」〔http://life-science-project.com/908/〕（最終更新 2013 年 5 月 4 日付））。

学の講義はこれまでにわかったことを「覚えるだけ」でなく、まだ見たことのない課題にアタックしたり、そもそも「これが問題だ！」と気がつくための力を養おうという目標がある。未知の事柄にアタックするためには、「今、どうなっているか」を知らなければならない。それも、問題になりそうなところだけをつまみ食いするのではなく、体系的に、である。未知の問題にぶち当たったときに、すべてその場で考えるわけにはいかないので、専門家にとっては常識である多くの事柄を学んでおく必要がある。

　…ちょっと抽象的になってしまったけれども、まとめてみよう。つまり、高校までは、効率よく知識を蓄えるために整備されてきた学び方でよかった。しかし、**大学からは、これからどうするかを自分で考えていくための下地になるような学び方をしよう**。ひとくちに「覚える」と言っても、その位置づけが異なっているということである。

（3）実務で働くためにも必要なこと

進吾　「でも俺は別に研究者になるつもりはないっすよ。法律を学んで弁護士になりたいんです。学説に意味なんてあるんすか？　説の対立があっても、結論はどうせ似たようなのじゃないっすか」

明日香　「私もはっきりとは決まってないですけど、困っている人を助けるための団体を立ち上げたいんです。研究がしたいわけじゃありません」

ぱうぜ　「いやいや、そういう実務家だって〈研究〉という視点から学ぶことは大事だよ。その学説や判例は、どういう社会的課題を解決しようとして出てきたのかな？　人を助けるためには、誰が、どんな問題にどうやって立ち向かったんだろうか？」

明日香　「そうか…。まだ世の中では結論が出ていない時に、当時の人たちが考えて行動した結果なんですね」

ぱうぜ　「今は結論が出て『当たり前』になっている事柄だって、**その**

	当時の人から見れば〈まだ結論が出ていないこと〉であったり、〈その事件についてどう考えるべきかまったくわからない〉、いわば異常状態だったはずだよ」
進吾	「それじゃ、最高裁まで争った、っていうのはすごいことっすね」
ぱうぜ	「そうなんだ。だから、ある意味で判例は『異常事態の所産』とも言える。そうである以上、単に結論を覚えるんじゃなくて〈**先人の思考過程を追体験する**〉ように学んでみてほしい。その判例ひとつひとつの背景には、それだけの実務家が〈**未知の事柄**〉にチャレンジしたっていうことがあるんだよ」
明日香	「それじゃ、研究者は何をしてるんですか?」
ぱうぜ	「うーん、そうだね、『異常事態になってから考えたのでは間に合わないことを考える』のが、研究者の仕事かな」

　進吾くんのような疑問を持つ法学学習者は多い。このような感想を持つのも、いままで積み上げられてきた知識が、「今となってはみんなが知っていることだけども、それまでは未知の事柄だった」ということを忘れてしまっているからだろう。

　もっと法学に即して考えてみよう。法を学び、運用していく人たちは、研究者だけでない。弁護士や裁判官などの法曹や、企業・行政機関の法務担当者などの実務家も、問題をどのように解決していけばよいのかを日々考えている。法を学び、運用していく人たちは、「**日常（常識で解決できる場合）と異常（特別な対応をするかを考えるべき場合）との間を行き来しなければならない**」ということである。そういう意味では、実務家だって「人間の英知」の枠を押し広げ続けているし、お互い役割分担をしていると言える[*6]。

　このことは、法学に限らず、ほかの分野でも言える。自然科学系で

[*6] 実際の法学研究と法曹・法務担当者の仕事の違いについては、第Ⅴ部（進路編）⑳と㉒を参照。

も、人類の未知なる領域を開拓することを主たる目的とする研究者もいれば、既存製品の欠点を克服しようと日々実験と改良を重ねる製品開発者もいる。これまでのサービスよりももっと顧客のニーズに応える仕組みを考え、より利益を拡大しようとする実業家もいるだろう。研究者であろうと、実務家であろうと、それぞれの場所で、「いままでの知見を踏まえたうえで、新しいものを生み出そうとする力」は必要となる。

　また、法学初学者は、裁判所が過去に行った判断である判例について、「判例の要旨（結論のようなもの）を覚える」という学習方法をとろうとする[*7]。しかし、判例を学ぶときには**「判例とは、実は『異常事態』の所産である」**ということを忘れないでほしい。

　なぜ判例が生まれたのかといえば、多くの場合は原告（民事訴訟・行政訴訟）や被告人（刑事訴訟）が頑張ったから、である。従うべき条文や判例があるのであれば、わざわざ最高裁まで争ったりしない。いままで積み重ねてきた先例から導かれる結果ではどうしても納得のいかない結論が出たり、条文や判例のデータベースを探してもどうしてもはっきりしていないことがある。そう考えた人が頑張った結果、通常の取り扱いでは納得ができない異常なケースに対する対応として（先例的価値のある）判例ができあがるのだ[*8]。

　以上、法学学習における判例の意味について説明したが、同じようなことは、ほかの学問分野や仕事においてもあてはまるだろう。未知へのチャレンジをするのは、何も研究者ばかりではない。どんな職業についている人も、自ら課題を見つけて、解決に結びつけるための力を養う必要がある。

---

*7　以下の記述は、本当の1年生にはまだ難しい内容かもしれないので、ピンとこない方は、法学学習を本格的に学び始めてから読み直してほしい。

*8　条文や判例の具体的な学習のコツについては、**column…2**（48頁）を参照。

（4）大学での学び方

進吾 「それじゃあ、〈覚えること〉は無意味じゃないっすか？ 試験ではどうやって点数をつけるんですか？」

ぱうぜ 「その分野の課題に取り組んだのであれば当然知っていなければならない事柄を覚えているかどうかは大事だよ」

明日香 「そっか、〈プロなら常識〉って事柄はやっぱ覚えるしかないことなんですね」

ぱうぜ 「どうしてそうなったのか、先人の歩みを追体験しながら覚えていく。単に覚えているだけじゃ使えないので、〈見たことがない事柄〉に対して、どうアプローチするのかを問うために、レポートや論述式の試験で考え方を書いてもらったりするんだ」

明日香 「でも、講義でそれが身につくとは思えません・・・」

ぱうぜ 「なにも講義だけじゃないさ。ゼミも、卒論も、サークルも、バイトも、そしてこういう何気ない会話も・・・。大学での暮らしは、すべて未知なるものに取り組むための力につながっているんだよ」

　思考の過程を追体験するとはどういうことなのか。結論だけ覚えるのはなぜマズいのか。「A説はこういうことを考えている、だから結論はこうなる」というような覚え方は、その当時の人たちが前提とした事柄について、注意が払われていない。ひょっとすると、議論の出発点になった事件や調査では何か特別な事情があって、それが結論に大きな影響を与えているのかもしれない。当時の条文では、うまくあてはまらないような事件が起きてしまったのかもしれない。そうした前提をすべてすっ飛ばしたうえで、結論ありきで覚えようとしてしまうと、今度は自分が新しい課題に取り組むときに、説の違いが重要なのか、それとも「事件」のとらえ方や「調査」のやり方で結論が変わるのか──つまり、何が決定的な違いを生み出す要因なのかがわからな

くなってしまう。[*9]

　そこで、大学での学び方は、先人たちが前提としてきた事柄や、確かめてきた体系を覚えつつ、思考を追体験しながら考えていくことが必要になる。これは、単に講義で話を聴くだけでは身につかない。ゼミでほかの人と意見交換をしてみたり、自分で調べてレポートを書いたりといった「大学の正規科目」だけでなく、サークル、バイト、読書など、自分の関心に従って行うすべての事柄が、あなたの経験となり、力となる。

　この本では、ぱうぜセンセと明日香さん、進吾くん、そして第Ⅱ部（2年生編）から登場するかすみさんとの**対話を通じて、〈学び方〉を見つけよう。特に、「自分の学びの見つけ方」や「暮らしと学びのつなげ方」**を一緒に考えていこう。

まとめ

- 大学では知識を覚えるだけでなく、〈未知にアタックするための下準備〉をしよう
- 結論とその過程とを区別して、当時の人々が悩んだ思考過程を追体験しよう
- 講義やゼミだけでなく、暮らしのすべてを学びにつなげてみよう

[*9] もう少し抽象的にポイントを列挙しておくと、1) その学説が何との対比で考えているのか、2) もとになった条文ではどういうことが書いてあったのか、3) 今となっては典型例のひとつとして記憶されている事例ではどんなことが問題になったのか、ということである。

column…1
「ひとつの価値観だけでの序列づけ」から抜け出そう
──スカウターからスタンドの世界へようこそ

　受験勉強の偏差値、英語試験のスコア…。世の中の「成績」は数値化され、序列がつきやすい。「〇〇大学に落ちたから」「〇〇学科に進学できない」などという理由で、落ち込むのはよくわかる（私自身も、前期試験では不合格であり、後期試験で入学した経緯からくる劣等感を、学部1年生の夏休みまで引きずっていた）。

　しかし、ひとつの価値観だけで人を序列化したり、ましてや自己評価をするという考え方はとても危険である。確かに、やる気を出すための競争は必要かもしれない。しかし、ある一面だけをとらえた「AさんよりBさんの方が優れている」という評価は、Aさんの良さを見失う恐れがあるし、Bさんに対しても（慢心を植え付けたり、他人を見下すという意味で）歪みをもたらしてしまう。また、もともと与えられた環境が違うことを見落としてしまう可能性も高い。

　本文で述べた「答えはひとつではない」ということは、人生についてもあてはまると私は考えている。マンガの世界では、「戦闘力を数値化」して簡単に測定する機械（鳥山明『ドラゴンボール』の「スカウター」が有名）が存在する。しかし、それは強さのインフレ化をもたらしてしまうし、実際の戦いは、単純な数値だけでは決まらない。本当は、人それぞれ持ち味が違い、相性もある（これは、特殊能力型バトルの先駆である荒木飛呂彦『ジョジョの奇妙な冒険』における「スタンド」が典型例）。自分の特性を伸ばし、ともに闘う仲間を見つけよう。

　友達の、そしてあなたの強みは何だろうか。このような話題については、特に第Ⅴ部（進路編）で取り上げているので、参考にしてほしい。

② ノートと友達になって〈内なる声〉を捕まえよう

大学の大教室講義、なんだか眠くなってきた…。板書もなければレジュメもない先生もいるし、大量のスライドを見せる先生もいる。さて、どうやってノートをとればいいんだろう？

（1）講義の流れと〈内なる声〉

明日香：「こんなことセンセに言うことじゃないとは思うんですけど…。講義が眠いです…」

ぱうぜ：「高校よりも講義時間長いしね…。ちゃんとノートは用意してるかい？」

明日香：「うーん…。高校よりも板書は少ないので、レジュメにちょこちょこメモだけしてます」

進吾：「逆に資料がなくて何をノートに書いたらいいかわからない講義もキツいっすね」

ぱうぜ	「レジュメへのメモだと書く場所が足りなくなると思うよ、〈内なる声〉もメモするようにするとね」
進吾	「何っすか、それ」
ぱうぜ	「講義や講演を受け身で聴くだけじゃない。**講義自体の話の流れと、自分の〈内なる声〉——その時どう感じたか——を一緒にメモしておく**といいんだよ」

　大学の講義は大講義室で行われることが多い。高校では1クラス30〜40人程度だった教室が、いっきに100〜1000人という大講義室になってしまって、ついつい受け身になってしまう。そんなときは、講義やゼミの間とっているノートやレジュメにどんどんメモを書き込んでいこう。その場で行われている議論だけでなく、そのそばに、場所を変えて、あるいは色を変えて、自分の疑問や驚きがあったところには印をつけておく。そのときは文章で書けなくても、あとで補充すればいいので、「？」「！」「☆」などの記号をつけるだけでも、キーワードを書くだけでもよい。

　とにかく、**ノートに書き出すクセをつけることが大事である。なんとなく思っていることを、「思っているだけ」では済まさずに、ちゃんと自分の頭の中から出しておこう。**ポイントは、「ただ聴いていることをメモするだけ」ではなく、それに対して応答したりするためのきっかけ、手がかりを残しておくという考え方である。

(2) 質問するつもりで受けてみる

進吾	「どうして〈内なる声〉をメモしておくといいんですか？」
ぱうぜ	「それをもとにして、後で先生に質問しに行けるからだよ」
進吾	「えー!?『講義がわかりませんでした』だなんて、失礼じゃないっすか？」
ぱうぜ	「いや、そんなことないよ。どこの部分がどんな風にわからなかったのかとか、自分なりに理由があればきっと喜んで受

	けてくれるはずさ」
明日香	「こいつはアホだ、とか思われるんじゃ・・・」
ぱうぜ	「最初は誰もがわからないんだから、遠慮しなくていいよ。**〈どうわからないのか〉を頑張ってアウトプット**してごらん。それは教員にとっては〈ご褒美〉だから」
明日香	「どうしてですか？」
ぱうぜ	「教員自身が学ぶきっかけにもなるからだよ」

　自分の考えを書き出すことが難しいのであれば、「この講義が終わったら、必ずひとつは先生に質問しに行こう」と心に決めて、そのためのメモを作るつもりでやってみよう。大学の教壇に立っている教員は、研究者でもある。「何が伝わらなかったのか」ということは、教員自身の教え方の向上や、新たな視点の発見につながることもある。真剣に聞いたうえで出てきた疑問なら、きっと教員側にとってもプラスになる。怖がらず、一緒に知の階段を登るように頑張ってみよう。

　メモをしておくと便利な〈**内なる声**〉は、次の通りである。[*1]

---

1. **疑問「～がわからない」**：どこを読んでそういう疑問を持ったのかがわかるようにメモしよう。
2. **はじめて聞いた言葉や視点**：専門用語や、専門家ならではの視点をメモしておこう。
3. **すっかり忘れていたこと**：中学や高校の授業や生活で知っていたはずなのに、指摘されるまで忘れていたこともメモしてみよう。
4. **意欲・アイデア**：授業で紹介された文献を読んでみたいなと思ったらメモしておこう。それ以外にも、「こんなことをやってみたいな」というものがあればぜひ。

---

*1　法学学習における具体例や、メモをとるときの心構えの詳細については第Ⅲ部（3年生編）⑮参照。

(3) わからないことを次の自分に受け渡す

明日香 「質問するつもりで講義を受けてみると、わからないことだらけ…。なんかくやしいです」

ぱうぜ 「その調子その調子。せっかくだから、きちんと書き出しておこう。最初は『？』マークをつけるだけでもいいからね」

進吾 「あまりにわからないことが多すぎて――いや、何がわからないかもよくわからないから、先生に聞きに行けないな」

ぱうぜ 「どうわからなかったのか、何が聞きたいのかを考えながら予習・復習をすると、自分の思考力がぐんと高まるんだ」

　大学の講義は「わかりやすく」作られているとは限らない。むしろ、講義時間内では消化不良になることも多々あるだろう。そういったときは、**質問に行ったり、図書館などを利用して自分で調べてみたりして、自分のための学習＝〈自学〉をやってみよう。**

　また、うっかり聞きそびれたことがあれば友人に確認したり、お互いに教えあったりするのもよいだろう。いきなり教員に質問するのが難しければ、まずは同じ立場にいる友人を作って互いに確認するところから始めてみよう。

まとめ

- 板書を写すだけじゃなく、ノートのとり方を工夫してみよう
- その時自分が感じた〈内なる声〉もメモするクセをつけよう
- 自分自身がわからないことをもとにして、質問に行ったり、さらなる学習のきっかけにしよう

work…1
コメントシート課題を自分で作ってやってみよう

　大教室講義で配布されるコメントシート[*2]。これは、インプットばかりに目が行きがちな学生に、あえて質問をぶつけてみて、〈内なる声〉を拾い上げる訓練をしてもらうことを目的としている。やさしい方から難しい方の順に、4種類紹介するので、ぜひ自主的にコメントシートをやってみてほしい。

1. 今日の講義についての感想や疑問を、何を読んでそう思ったのかも含めて書き出そう

　講義中に「？」「！」「☆」マークをつけたところは、疑問のタネである。それをきちんと文章にしてみよう。そして、教科書やレジュメ、参考文献が指示されているのであれば、その疑問に対応する箇所をもう一度読んでみよう。結構な確率で、「再読してみるとわかった」ということもある。そんなときは、「再読してみたら気づいた！」ということそれ自体も書き出しておこう。

2. 今日の講義内容から、あるテーマに沿ってキーワードをピックアップしてみよう

　この使い方はミニテスト形式である。講義の中で言及された重要な項目を拾い上げてみることで、講義のまとめをしてみよう。たとえば、ある日の「環境法」の講義では、こんな課題を出した。

> 「環境基本法にはまだ不足しているものがある」と指摘されることがある。それは何か。環境基本法の具体的な条文を挙げながら、足りないと思われる項目について指摘しよう。

[*2]　講義中に配布される小さい紙。千葉大学ではおおむねB6〜A5サイズのコメントシートを用いている。単に出席の確認をするだけではなく、アウトプットの練習のために配布されている。

これはインプットした知識をもとにして、テスト予想問題を自作して解いてみる、ということでもある。詳しくは第Ⅲ部（3年生編）⑬**(5)**も参照。

3．自分の過去の知見と、講義内容を結びつけてみよう

　いままで知っていることも、講義内容を踏まえて観察してみると、異なる考え方や一歩踏み込んだ考察ができるかもしれない。街の掲示板にある町内会のお知らせは、公共政策論の議論とつながっているかもしれない。バイト先での愚痴は、労働法の知識で解決できることもあるかも…。講義内容を、実際に「使ってみる」訓練をしてみよう。

4．即興の〈発想・整想・成果物〉形式で、ミニレポートを書いてみよう

　上述 **1.**～**3.** に慣れてきた人は、第Ⅱ部（2年生編）⑦**(2)**で紹介するレポートの書き方を利用して、講義内容を発展させたミニレポートに仕上げてみよう。上述 **2.** で例に出した環境法の課題で言えば、次のような手順を踏むことになる。

　〈**発想**〉：講義ノートやレジュメから、環境基本法に足りないと思われる項目をピックアップする。そして、実際の条文を見てみる。

　〈**整想**〉：その中でも特に重要だと思う項目を決めて、その点についてなぜ「不足している」と批判されるのか、その理由も考えてみる。そして、それらがわかるような順番を考える。この段階では箇条書きでよい。

　〈**成果物**〉：ポイントがつかみやすいように、〈整想〉で決めた順序を踏まえつつ、ちゃんとした文章の形で書き出してみる。コメントシートなのでだいたい 200〜500 字程度でよい。

　いきなりレポートを書くのが難しければ、「この講義はどんなレポートのネタになるだろうか？」と考えてみるだけでもいい。

3 パソコンメール、SNS…コミュニケーションツールを使いこなそう

1年生の情報リテラシー科目を担当することになったぱうぜセンセ。学生のメールや、SNS の使い方に頭を抱えてしまった──。どうしてこうなった！？

(1) 社会の移り変わりとツールの発展

ぱうぜ 「いやあ、あまりにもパソコンとか、メールや SNS の使い方についてのセンセと君たちの常識が違ってね…」

明日香 「情報リテラシーを教えているんですね。で、何かあったんですか？」

ぱうぜ 「学生ごとにパソコンやメール、SNS の習熟度が全然違うんだよ。一律に教えるのが難しいくらい」

進吾 「だいたい SNS のメッセージ機能で…要するに全部スマー[*1]

ぱうぜ　トフォンで済んじゃいますからね、学生同士だと」

「これからは同じような価値観、世代の人だけと交流するわけじゃないんだ。社会の移り変わりによってツールも違ってくる。**いろんな人たちとコミュニケーションするには、ツールの違いも含めた常識が必要**だよ」

　皆さんは、普段友達や家族とコミュニケーションをとるときに、どんなツールを使っているだろうか？　固定電話、FAX、携帯電話、インターネットのメール、スマートフォンのメッセージアプリ…どの時期にコミュニケーションツールを身につけたかによって、あるいは世代によって、使い慣れているツールが異なっている。私自身（1983年生まれ）も、実はFAXはとても苦手だし、「もっと便利なものがあるんだから早く移行すればいいのに」と思う場面も少なくない。

　しかし、コミュニケーションというものは、相手もそのツールを十分に使いこなせてはじめて、ストレスなく行えるもの。読者の皆さんは、ぜひ、異なるコミュニケーションツール間を行き来できる人材になってほしい。そのとき気をつけたいのは、**コミュニケーションツールの違いに慣れることは、外国語を学ぶようなもの**である、ということである。外国語学習をするときに、単に文法や言葉の意味だけでなく、その言語が使われている文化についても学ぶのと同じように、コミュニケーションツールについても、単にその使い方がわかるというだけではうまくいかない。ツールごとに、背負っている文化・慣習があり、それを理解する必要がある。

　たとえば、電話というツールは、かつては固定電話が主流だった。これは、「誰が電話口に出るかがわからない」という状況を前提にしている。これに対して、現在では携帯電話やメッセージアプリなど、応対する相手が送信時点ではっきりしているツールが主流である。固定

*1　LINEやFacebook、Twitterなど、たいていのSNS（ソーシャルネットワーキングサービス）には、ユーザー同士が直接短文を送る機能がついている。

電話では「名乗り」が必要だったけれども、携帯電話やメッセージアプリでは、「通じている時点で相手がわかっている」ことが前提になっている。そのため、後者に慣れた人が前者を使うときには、「ああそうだ、ちゃんと名乗らなければ」と意識しておかないと、とても失礼なことになってしまう。

　こうしたコミュニケーションツールのギャップが最も大きいと感じられるのが、メールの送受信。以下では、大学1年生がやってしまいがちな失敗について見てみよう。

(2) ビジネスメールの第一歩！ 教員に書いてみる

進吾	「こないだセンセに送ったメール、ダメでした？」
ぱうぜ	「…うん。件名も微妙だし、宛名も署名もなかったね…。これ、とても困るんだ」
進吾	「えー、そもそも件名なんて、なんで必要なんですか？」
ぱうぜ	「あのね、センセには多いときだと1日に100件くらいメールが届くんだ。件名レベルでどういう内容なのか、急ぎ対応か、返信が必要か、それとも後で読むだけでいいのかがわからないと、どれから処理していいかわからないんだよ」
進吾	「宛名と署名、っていうのは？」
ぱうぜ	「どこの誰なのかを書いておく、ってことだよ。意外と送り間違いがあったりするから、宛名はすごく重要だよ。署名は、フルネームで頼む。君の名字は『可能』って結構珍しい名前だから助かったけどね…。この学部は人数が多いから、よくある名字だったら、ほかの人と間違えたかもしれない」
明日香	「返信をするときにも、署名って大事ですよね。学年とかメールアドレスとか…」
進吾	「センセ側がそう思ってるって、俺、全然わかってなかったっす…」

ぱうぜ	「大学生にとって、教員に送るメールはビジネスマナーの第一歩だと思うんだ。ちゃんとしたやり方、今のうちに身につけておこうね」
進吾	「びじねす?」
ぱうぜ	「つまり、仕事相手のことを考えて送ること。**最低限のマナーとして扱われている事柄は、実は受け取った相手の状況を考えると必要**なものなんだよ」

　ふだんはメッセージアプリでの送受信に慣れている進吾くん。はたして、どんなメールを送ってしまったのだろうか。[*2]

件名：　法学コース1年の可能です

先週はありがとうございました。法律の勉強がしたいので、今度、先生の暇なときになんかおすすめの本教えてください！返信おまちしてます。

　本文はこれだけであり、署名にあたるものは何もない。丁寧なように見えるかもしれないが、実は、大事な要素が欠けているうえに、やや失礼な言い回しになっていることに気がつくだろうか？
　それでは、次に修正したメールを見てみよう。なお、これははじめて送信するメールを想定している。

---

*2　本項目は慶應義塾大学の松岡和美先生のウェブサイト〔http://user.keio.ac.jp/~matsuoka/mailsample.htm〕に記載の例と注意を参考に、私自身も実際に受け取ったことがあるメールをもとにして作成した。より詳しい内容が記載されているので、あわせて参照していただきたい。

> 件名： 法学学習本の質問時間問い合わせ（法1年：可能進吾）
>
> 珈琲ぱうぜ先生
> 1年法学演習を受講している可能進吾です。講義中におっしゃっていた法学学習に関する書籍について、より詳しく教えていただければ幸いです。
> お時間のあるときに研究室にお伺いしたいのですが、ご都合のよい時間を教えていただけますか。よろしくお願いいたします。
>
> 可能進吾
> ○○大学○○学部法学コース1年
> ＊＊＊@○○.ac.jp

いかがだろうか。ポイントを確認しよう。

❶件名・宛名・署名をきちんと書く

まず、件名は「どんな内容なのか」がわかるように書こう。進吾くんが最終的に欲しい返答は「どの時間に研究室に行けばいいのか」であり、その前に先生には「法学学習のためにどの本を薦めるか」を考えておいてほしいのであるから、それがわかるように書いておこう。なお、このメールを受け取ったぱうぜセンセは、本を数冊選び、説明に必要な時間を割り出し、スケジュールと見比べたうえで、返事をすることになる。

次に、本文のはじめは宛名を書こう。意外とメールの誤送信は多いし、宛先（To）以外に、メールの内容を見ておいてほしい人宛てにカーボンコピー（CC）で送ることもある[*3]。たとえば、「もし時間が合えば明日香さんにも来てほしいなあ」ということであれば、このメールを明

---

*3 もうひとつ、BCC（ブラインドカーボンコピー）というやり方がある。「ブラインド」という言葉からわかるように、これは、BCCで送信された人のメールアドレスは表示されない。送り先相互にメールアドレスを知られないようにするためにする設定である。

日香さんにも送っておくというのもアリだろう。そのときは宛名のところに「珈琲ぱうぜ先生（CC：日記明日香様[*4]）」と書いておこう。

　そして、本文が終わったら、自分の名前を書いたうえで、「署名」を書いておこう。そこには、返信のときに参照してほしい内容を書いておくとよい。多くのメールソフトは自動で署名を挿入してくれる機能があるので、そこに所属やメールアドレス（電話番号等を入れるかは慎重に考えてほしい）を入れておくとよいだろう。

❷言葉遣いに気をつける

　メッセージアプリに慣れていると、どうしても砕けた言い方になりがちであるが、「暇」という言い方や、「返信待ってます」という指示は、相手に失礼に受け取られることがある。メールでは言い回しを工夫してみよう。これは慣れなので、ある程度やりとりをしないとどういう言い回しをすべきかがわからないことがあるかもしれないが、基本的にメールを使うのは学生にとって上の世代、つまり「目上」が多いのだから、丁寧な言葉遣いを心がけよう（過度にへりくだってもいけないので、慣れが必要であるが）。

❸受領したことだけの返信も必要

　多くのメッセージアプリとは異なり、実はメールはすでに相手が開封したのかどうか、そもそもちゃんと届いたのかどうかがわからない仕組みになっている[*5]。なので、メールを受け取ったら、すぐにすべての項目について応答できない内容でも、「現時点ではここまで」という内容を添えたうえで、受領した旨の返信をしておこう。

[*4]　必ずしも相互に知り合いとは限らないたくさんの人に送るときには、全員に知られても差し支えない人（たとえば自分自身のアドレス）を To にして、残りはすべて BCC にするというやり方がよく用いられている。BCC で送っていることを示すのであれば、宛名を「～のみなさま（BCC で送信しています）」というようにするとわかりやすい。

[*5]　そもそも、メールは確実に届いたことを約束する仕組みになっていないことを理解しておこう。実はメールソフトによっては開封確認を求める機能がある場合もあるが、相手先のメール環境により動作が異なり、受け取った側からすると迷惑に思われることもあるのであまりお勧めできない。

(3) SNS は社会に開いた窓

明日香　「そういえば、ぱうぜセンセは Twitter とか Facebook とか、SNS が大好きですよね」

ぱうぜ　「まあね。それにしても、もったいないというか、ちょっと怖い使い方をしている学生がいてさ…。私もよく失敗してるから、そういうの見ると正直ヒヤヒヤするよ」

進吾　「仲間内で使ってる分にはいいんじゃないすか？」

ぱうぜ　「個人的な意見だけどね、〈**SNS は社会に開いた窓**〉だと思うんだよ」

進吾　「え？　鍵アカウントでも？　私信扱いのメッセでも？」

ぱうぜ　「うん。オンラインでの書き込みは、オフラインのノートや手紙よりも拡散しやすい。友達限定の書き込みだとしてもね。スクリーンショットで保存したうえで拡散されたら、どうしようもないでしょ[*6]」

明日香　「じゃあ、どうしたらいいんですかね…？」

ぱうぜ　「**その書き込みが将来の自分にとって、損にならないかどうか、よーく考えてみるといいんだよ。**悪意がある人が見たとしても大丈夫かどうか」

進吾　「そう言われると怖いっすねえ」

明日香　「でも、使い方次第なんじゃない？」

ぱうぜ　「その通り。私自身、ネットの書き込みのおかげで人生が決まったからねえ[*7]」

---

*6　スクリーンショット（通称：スクショ）とは、「見えている画面そのもの」を画像として保存するという機能。パソコンでもスマートフォンでも利用可能。文字数制限のある Twitter などで長い文章を（別のアプリ等のサポートなしに）拡散するために用いられていることも多い。

*7　私は「ブログを書いていたら研究者になった」というキャリアを持っている。詳細は第Ⅴ部（進路編）❷参照。

SNSは鍵アカウントにしておけば、どんなことを書いても大丈夫…なんて、思っていないだろうか？ 実は、いったんネット上にアップした情報が積み重なると、友人とのやりとり等をきっかけに容易に本人が特定できてしまうのだ。匿名でも鍵付きでもバレるときはバレるとしたら、どうすればいいのだろうか？ **本当に誰かを傷つけかねなかったり、自分に悪意がある人が見たら弱みとして使われかねないようなことは、ネット上にアップしないようにしよう。**

　また、ネット上では、突然知らない相手から罵倒されることもないわけではない。自由な意見交換が可能なネットでは、残念ながらよくあることである。だからといって、こちらもそうすべきかといえば、答えはノーである。作らないでいい敵は、作らない方がいい。**SNSでは、やりとりの相手方だけではなく、いろんな人が、「あなたが他者に対してどう振る舞うのか」のサンプルとして、その応答を見ている**ことにも気がついてほしい。どんなSNSにも、そのアカウントがこれまでどういう発言をしてきたのかをたどることができる機能がある。これは「**匿名であっても十分な信用の蓄積ができる**[*8]」ということでもある。これは、危なっかしいところであると同時に、面白いところでもある。皆さんも、人に対する愚痴や攻撃的な発言ばかりでは、ちょっともったいない。〈**SNSは社会に開いた窓**〉だと思って、自分なりの情報の発信方法を考えてみるとよい。

まとめ

- コミュニケーションツールの違いは文化の違い
- 教員宛てメールでビジネスメールの練習をしよう
- SNSは社会に開いた窓

---

*8　ネット上では「実名ではない発言者は不誠実だ」という意見も見られるが、個人的には、実名／匿名の区別というよりも、1回限りの「捨てアカウント」かどうかの方が重要な違いだと考える。匿名であっても信用を蓄積しているアカウントはたくさんある。

4 心の中に〈自分の領域〉を〈仮設定〉してみよう

「そういえば、センセの大学時代ってどんな感じだったんだろう？」疑問に思ったふたりは、大学生活について尋ねてみた。

(1) 講義ばかりが学びじゃない！サークル・バイトで身につけたこと

ぱうぜ 「え、大学時代何してたかって？ ESSっていうサークルでボランティアガイドとスピーチ、ディベート、ディスカッションを掛け持ちしたり、中華料理レストランでウエイトレスしたり」

明日香 「あれ、サークルとバイトの話ばっかり」

ぱうぜ 「講義も出てたけど、2年生まではそんな感じだったねぇ」

進吾 「全然、今の仕事と関係ないじゃないっすか」

ぱうぜ 「大学時代で学んだことって、講義だけでもないし、ひとり

	で読書、バイト、サークル、ネットの友達との情報交換···。うーん、大学の中だけじゃないよね」
進吾	「働いたり、遊んだりしてただけなんじゃないすか？」
ぱうぜ	「もっと広く考えてみようよ。**自分をいろんな立場において、いろんな活動をしてみると、やれることの幅が広がっていく**んだよ。これだって立派な〈学び〉だろう」

　高校から大学に進学すると、講義、バイトやサークルなど、いろいろな時間の使い方がある。「講義以外はすべて遊び」と考えてしまうのはちょっともったいない。どんな活動にも〈学び〉と〈遊び〉の要素が両方ある。

　あえてこのような言い方をしているのは、**いろいろな場面での応用可能性**を考えてほしいからである。サークルやバイトで学んだ人とのつきあい方やチームワークを研究や学習に応用したり、学習で得た情報収集のやり方をバイトやサークルでも応用してみるなど、ひとつの活動で得たスキルをほかの活動でも応用できる場面はとても多い。**ちょっと視点を変えてみるだけで、ひとつの経験が二度三度役に立つ。**そんなお得な生き方を考えてみてはどうだろう。

(2)〈自分の領域〉を〈仮設定〉してみよう

進吾	「でも、バイトで働くだけで、そんな風に考えられます？　俺、家庭教師やってますけど···」
ぱうぜ	「与えられた仕事をそのままやるだけでも大変だけど、できる範囲で工夫してみるといいよ。〈どうやったら身につくだろうか？〉とか、〈これを後輩に伝えるならどうすればいいかな？〉とか、〈もっと良い手順はないかな？〉とか」
明日香	「サークルでもそうですよね。イベントの運営ってけっこう大変ですけど工夫すると楽しい」
ぱうぜ	「**ひとつずつならほかの人でもできるけど、組み合わせると自**

	分にしかできない、っていう〈自分の領域〉を探してみたら？」
明日香	「そんなこと、できますかね…？」
ぱうぜ	「すぐにできなくてもいいし、あくまで〈**仮設定**〉でいい。〈このテーマについてなら誰よりもうまくやってみよう〉と考えてみるのさ」
進吾	「そっか…。じゃあ、俺も〈わかりやすく図解する〉っていう感じで、試してみようかな」
ぱうぜ	「家庭教師のバイトで得たスキルだね。それを、自分の勉強とか、サークルでの会議とかにも活かしてみるといいよ！」

　ここで例としてあげたのは、「自分がわかっている手順をどうやってわかりやすく教えるか」というスキルである。このスキルは普遍的であり、サークルの後輩でも、バイトの同僚相手でも、そして仕事として誰かに教えるときでも大枠は同じことである。

　これならうまくいきそうだ、という**スキルのタネに気がついたら、実践をしてみよう。そのとき、心持ちとしては「このスキルは自分の専門として考えてみよう」と自信を持って、やってみよう**。他人に宣言するかどうかはさておき、自信を持ってやってみることが大切である。学生のうちは多少失敗しても取り返しがつくので、〈仮設定〉した専門について、いろいろな場面で試してみるとよいだろう。

(3)「トライ」と「地雷」の見極めを

明日香	「そう考えてみると、いろんなことが地続きなんですね」
進吾	「しかも大学生って、学割もあるし、バイトとかサークルも含めると、けっこういろんなことができるよな」
ぱうぜ	「そうそう。いったん視野を広げて、いろんなことを試してみるといいよ」
進吾	「おっしゃ、誘われてたイベントとか、行ってみようかな」

ぱうぜ	「ただ、ひとつだけ気をつけて。**ヤバいと思ったら全力で逃げること**。ちゃんと助けを呼ぶときは呼ぶこと」
進吾	「それって女性だけじゃなくて？」
ぱうぜ	「男女関係ないよ。経験が浅いからこそ、だまそうとする人たちはたくさんいる。トライアンドエラーでいいけど、取り返しのつかない事態にならないように気をつけて」

　新しいことにトライするときに一点だけ気をつけてほしいことがある。自分や誰かの財産に関すること、薬物乱用（アルコール・たばこを含む）、性的自由を失わせるようなこと、洗脳を伴う団体への勧誘など、取り返しがつかないことになりかねないレベルの失敗はしないように、「ヤバいと思ったら全力で逃げる」ということを考えておいてほしい。[*1]

　ちょっとおかしい、と気づいた時点で逃げるのは、実際はけっこう難しい。だから、相談できる相手をあらかじめ複数想定しておこう。大学の学生支援課や相談室も力になるだろうし、その件とは直接関係のない友達に相談するのも手である。とにかく、冷静になるために誰かに相談するということも大事なので、それだけは覚えておこう。

まとめ

- 様々な活動でのスキルをほかにも応用してみよう
- 専門性を〈仮定〉して、自信を持っていろいろ試してみよう
- なんかヤバいと思ったら、取り返しがつかなくなる前に全力で逃げよう

---

*1　たとえば、三菱総合研究所＝全国大学生活協同組合連合会＝全国大学生協共済生活協同組合連合会『最新情報版　大学生が狙われる50の危険』（青春出版社・2017年）では、新入生勧誘に見せかけた罠やネットでのトラブルなど、学生生活に潜む危険について解説している。

5 やることいっぱいどうしよう？
時間の使い方を考えてみよう

秋学期が始まり学園祭シーズン。サークルで行う企画案作りという大役を任された明日香さんは、学業・バイト・サークルの掛け持ちにてんてこまい。さて、どうしよう？

（1） 下ごしらえと3つの方策

明日香	「学園祭用の企画書〆切も、レポートも、バイトも、あああどうしましょう…」
進吾	「大学生活ではいろんなことにチャレンジするんだっていっても…。いくらいろいろできるからって、無理しすぎだよ」
ぱうぜ	「とりあえず、落ち着いて。まずは**今抱えている事柄を、いったん全部書き出して〈やることリスト〉を作ってみよう**」
明日香	「全部書いてみたって減らないですよ…」
ぱうぜ	「いいのいいの。これはタスク管理の下ごしらえだから。終

	わってから3つの方策を伝授するよ」
進吾	「タスク管理か…。やることを整理するんですね。けっこう時間かかりそうっすね、書き出すだけでも。で、3つの方策って?」
ぱうぜ	「やることに優先順位をつけること、やれることのキャパシティを広げること、そして、〈どうせやるなら二毛作〉だ」
進吾	「なんか初耳…。まあいいや、明日香ちゃんがやるところを見せてもらおっと」

　大学生活が楽しくなってくると、とたんに困るのがタスク管理。本当にやることがいっぱいになってしまってどうしようもなくなってきたら、次の下ごしらえと3つの方策を試してみてほしい。

　下ごしらえとは、自分が対応しなければならない事柄を、とにかく頭の中から出してみることである。

　まずは、大きな白い紙（A4以上、ルーズリーフなどでもよい）に、**やるべきこと、やりたいことをとにかく書き出して〈やることリスト〉を作ってみよう**。このとき、どれくらいかかるかとか、重要度とかは最初は気にしなくてもよい。どんなに小さな事柄でも、逆に、とても大きな目標でもかまわない。まずは頭の中の気がかりなことをいったん吐き出してみよう。これは、やってみると意外と時間がかかるので、「うーんもう飽きた…」と思ったらいったんやめて、次のステップに行ってから戻ってきてもかまわない。

　また、〈やることリスト〉を書き出してみようとしても、すべての「やること」を漏れなく思い出すのにはけっこう時間がかかる。**やることを思い出すためのきっかけをまとめた〈トリガーリスト〉**を作ってみるとよいかもしれない。ここでのトリガーとは、たとえば自分がどこでどういう役割を担っているのか、将来のことを考えるとこういうことを考えておくべきとか、〈やることリスト〉に漏れがないように思い出すための視点である。くりかえし使えるようなリストにしておくと、とても便利である。

私自身が使っている〈トリガーリスト〉は、次のようなものである。ぜひ、自分でもアレンジしてみてほしい。[*1]

- 〆切の近い仕事はあるか？（講義準備／執筆／頼まれていること）
    - 例）行政法1第2回レジュメ（4月5日17時までにアップロード）
    - 例）○○研究会報告（いったん7日に××先生に送付、10日に本番）
- 中長期的な研究のために、今やることはあるか？
    - 例）ロボット法研究のために、EU・ドイツの情報法政策の関連書籍を読む
    - 例）研究計画書の骨子を作る
- 仕事場／自宅／図書館…でしかできないことは？
    - 例）定期試験の採点をする（14日まで、大学内でしかできない）
    - 例）キッチンの換気扇フィルターを取り替える
    - 例）レポートのための本を借りたり買ったりする（大学図書館、大型書店のある駅）
- ○○さんのためにすることは？（家族／指導学生／会議…）
    - 例）旦那さんの出張準備手伝い。ワイシャツにアイロンをかけて、ボタンを直す
    - 例）○○さんの修論指導＠16日。こないだ見た参考文献をコピーしておこう
    - 例）広報委員会の議案のためにコメントを考えておく
- 冷蔵庫／買い置きのうち、早めに使い切るべきものはあるか？
    - 例）いただきもののローストビーフ、賞味期限が明後日までだ！

[*1] 以下のタスク管理・時間管理については、GTD（Getting Things Done）とよばれる方法を参考にしている。参考文献として、デビット・アレン（田口元（訳））『はじめてのGTD ストレスフリーの整理術〔全面改訂版〕』（二見書房・2015年）を参照。ネット上で自分のトリガーリストを公開している人もいるので、ぜひ参考にしてみてほしい。

> ・将来なりたいもののために、今しておくべき準備は?
>   例) 留学のためには、どんな準備をすればいいだろうか?

〈トリガーリスト〉を見ながら考えてみると、いろいろな〈やることリスト〉が出てくる。とにかく、いっぱいいっぱいになっても一望できるように、大きめの紙を用意してみよう。これは、いわば「これから調理しなければいけない食材を、大きなテーブルに並べてみた」ということである。

次に、この〈やることリスト〉に出てきた事柄について、下記の3つの方策で対応してみよう。

> 1. 今の時間の使い方を書き出してみる
> 2. 自分が処理できるキャパシティを広げる
> 3. 〈やることリスト〉をアレンジする

そして、〈どうせやるなら二毛作〉をキーワードに、楽しくできるよう工夫してみよう。つまり、**ひとつの行動にふたつ以上の価値をつけたり、同じ時間に同時にできることを組み合わせることでふたつの目的を達成するようにしてみる**ということである。詳しいやり方は**(5)**で述べるので、楽しみにしてほしい。あれこれやってみると、効率よく優先順位を決めて取り組むことができるようになるはずだ。

(2)〈今の時間の使い方〉を書き出してみよう

明日香 「…ふう、なんとか**やることリスト**を書き出せました。あちゃー、忘れてるのもかなりありました」

ぱうぜ 「まあ、今度は**今の時間の使い方**を書き出してみてほしい。そんなときに便利なのがバーチカルタイプの手帳だよ」

進吾	「日付単位じゃなくて、時間単位で書き込めるんですね」
明日香	「講義とか、移動時間とかでけっこう埋まるなあ…」
ぱうぜ	「しかもね、**実際に作業に取りかかってみると、思った以上に時間がかかる**はずなんだ」
進吾	「それじゃ、かなりヤバいじゃないですか。思った以上に時間がない！」
ぱうぜ	「だったら、**優先順位をつけるとか、自分の生活リズムの中で調子の良い時間帯にまとめてやるとか、工夫しよう**」

　「やることリスト」を書き出してみたら、**方策その1：今の時間の使い方を確認**してみよう。時間単位で書き込むことができるバーチカルタイプの手帳を用意して、まずは「すでに使い方が決まっている時間」を書き出してみよう。そして、その空いた枠に、時間が特に決まっていないけれどもやらなければならないこと、たとえば予習・復習として必要な勉強のための時間を割り当てていくことになる。

私自身が一番「時間が足りない、どうしよう…」と考えてしまったのは、法科大学院に入学した直後だった。当初考えていた時間割と、授業のために必要な時間として考えていた時間を書き出してみると、36頁の図［当初考えていたスケジュール］のようになった。

　このように、**講義やバイトとしてすでに決まっている時間だけでなく、通学時間や昼休み、就寝時間なども可視化しておくとよい。**これらは習慣によって、ある程度固定されている。当時は6時に起きて24時に寝るという生活をしていたので、その枠の手帳を用意しておいた。

　もっとも、計画通りにはなかなか進まない。また、実務基礎科目はレポート作成課題が多く、その分の時間をまったくとっていないことも問題になった。そうしたわけでちゃんと時間を計ってみると、予想外に予習・復習に時間がかかり、実際のスケジュールは37頁の図［実際のスケジュール］のような感じになってしまっていた。

　今冷静にこの時間割を見ると、バイトをやりすぎて司法試験のための勉強にまったく時間を割けていないことがわかる。特に、教員に授業後質問をする時間が必要だったり、寝坊してしまったり、自学に時間がかかったりと、**なかなか計画通りに動くことはできない。**

　休みも余裕もないスケジュールでは長くは続かないうえ、必ずどこかで健康を害してしまう。予習にメリハリをつけるなど「手抜き」をするか、そもそも長い通学時間そのものをどうにかする（通学時間に電車内で座って予習ができるように、乗る路線やタイミングを変えてみるなど）など、工夫しておく必要があった。

　皆さんも自分の手帳を使って、**習慣によって固定されている時間と、実際にやろうとしている課題にかかる時間とを可視化してみてほしい。**実際に書き出してみるだけでも、それ自体が「時間管理」・「体調管理」

[*2]　法科大学院に入学すると、授業のための予習・復習だけでなく、これまでの学習の抜け漏れをなくすための復習と、司法試験対策のための勉強も必要になる。詳しくは第Ⅴ部（進路編）[20]参照。

当初考えていたスケジュール

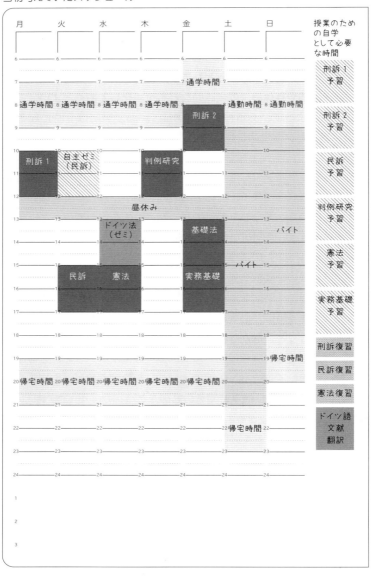

実際のスケジュール

	月	火	水	木	金	土	日	授業のための自学として必要な時間	
6									
7			ドイツ語文献翻訳	無理がたたり寝坊	通学時間			刑訴1予習	刑訴1予習
8	通学時間	通学時間				通勤時間	通勤時間		
9				通学時間	刑訴2			刑訴2予習	刑訴2予習
10	刑訴復習	憲法復習		判例研究	刑訴復習				
11	刑訴1	自主ゼミ（民訴）	通学時間					民訴予習	民訴予習
12									
13			昼休み					判例研究予習	判例研究予習
14	民訴予習	憲法予習	ドイツ法（ゼミ）	実務基礎科目のレポート作成	基礎法	バイト			
15								憲法予習	憲法予習
16	民訴復習	民訴	憲法		実務基礎	バイト			
17	民訴予習							実務基礎予習	実務基礎予習
18		質問	質問						
19	民訴復習	夕食	夕食	夕食	夕食			刑訴復習	刑訴復習
20	帰宅時間	帰宅時間	帰宅時間	帰宅時間	帰宅時間	帰宅時間		民訴復習	民訴復習
21	夕食	憲法予習	判例研究予習	実務基礎予習		夕食		憲法復習	憲法復習
22	憲法復習				帰宅時間	刑訴1予習		ドイツ語文献翻訳	ドイツ語文献翻訳
23			判例研究予習	実務基礎予習					
24		ドイツ語文献翻訳						実務基礎科目のレポート作成	
1									
2									
3									

実は倍以上必要だった

⑤ やること いっぱい どうしよう？ 時間の使い方を考えてみよう

の作業になることにお気づきだろうか。「今冷静にこの時間割を見る」という、振り返りの視点を持つことができれば、自分の行動予定を見直すことができる。難しい道具はいらない。**手帳あるいはノートと、「書き出してみる時間」さえあればいい**。[*3] できれば、この「書き出してみる時間」も習慣化しておくと望ましい。[*4]

(3) キャパシティを広げるには

明日香：「でも私、どれもあきらめきれないです…」

ぱうぜ：「それじゃあ工夫を教えるね。まずは、**自分のやれること、キャパシティを広げればいい**んだ。自分が『普通にできること』のレベルを押し上げていけばいい。まだまだ若いんだから」

明日香：「それが時間の使い方と関係あるんですか？」

ぱうぜ：「苦手なことでも、だんだん慣れてくれば、同じ時間でたくさんできるようになるよ。そうなってしまえばしめたもの。もう当たり前、普通のことになるからね。…そうだなあ、話すと同じスピードでSNS投稿できるかい？」

明日香：「いや、そんなのできるわけ…えぇえ、センセ、なんですかそのスピードは」

ぱうぜ：「やってみせれば簡単に見える、でしょ？ 友達とチャットしたり、イベントで『実況ツイート』してたらできるようになった（笑）」

進吾：「タイピングのトレーニングキットとかじゃないんですね」

ぱうぜ：「好きなことにかこつけて覚えたり練習したりすれば、く遊ん

[*3] 私自身はこの作業を、夕食後の食休みの時間（外食であれば、注文後待っている時間などに）手帳を開くことで行うようにしている。毎日行うことはできなくても、1週間に一度、このような振り返りの時間を持つようにしてみてほしい。

[*4] 1週間の振り返り（週次レビュー）に良い時間は金曜の午後と土曜の午前中である。金曜の午後は、平日のうちでないとできないことをやり残していないかどうか確認できる。土曜の午前はほかの予定が入りにくく、ゆっくりとした時間をとりやすい。

	でる時間にトレーニング〉ができるのさ。**必要に迫られれば覚えも早いんだよ**」
進吾	「そうか、もうセンセにとってはそのスピードが当たり前なんですね」
明日香	「**自分が『普通にできること』を押し上げていく**って、そういうことなんですね」

　限られた時間に処理することができないのであれば、ひとつは単位時間あたりで処理できる分量を増やすことが考えられる。もっと前向きな言葉で言い直してみると、**ちょっとずつ、ちょっとずつ、自分の「普通」を押し上げてみよう。**

　上達のためのポイントは、そのスキル等を使う場面と目的・必要性をはっきりさせることである。たとえば、単に「グローバル化対応のために英語と中国語の勉強しなきゃ！」というようなあいまいな目標を立てるのではなく、「中華料理店の〇〇さんと話したいから」とか、「好きな小説を原語で読んでみたい！」とか、「まだ日本語化されていない海外のゲームをやってみたい！」とか、**自分なりの目的や必要性に迫られれば、少なくともその範囲では対応ができるようになっていく。** そうしたら基本は身についているので、徐々にその経験をほかにも応用していけばいい。

　対話の中で述べたように、私自身はタイピング能力を友人とのチャットで身につけた。その後、いろいろなイベントにモバイルパソコンやタブレットを持ち込んで、Twitterでの「実況ツイート」を繰り返すことで、話されている内容と自分の感想とを要約して紹介[*5]することができるようになった[*6]。その経験を活かして、研究会・学会での司会をしたり、議事録作成がうまくなったり、ちょっと違う角度から

---

*5　イベントによっては実況ツイートを認めていない場合もあるので、やる場合は必ず主催者に確認すること。また、まとめやすいようにハッシュタグをつけるなどの工夫も必要になる。

*6　イベントの登壇者の発言なのか、それを受けての自分のコメントなのかがわかるように工夫しておくと、会場に来ていない人にもわかりやすい。

役立っている。

　ちなみに、「この作業にはこれくらいの時間がかかり、注意すべきポイントはここだ」ということがわかってくると、同僚や後輩などにお願いするときにも役に立つ。大学１年生のうちはまだピンとこないかもしれないが、ある仕事を「他人にしっかりまかせる」ということは勇気がいる。たいていの事柄は、自分でやった方が早いのだけれども、それではいつまで経っても自分の仕事が終わらなくなる。おまかせした以上はある程度相手にまかせるべきだ。とはいえ、相手が投げ出したくなるような困り方をしないように手助けしたり、大失敗しないように見守ることも必要になる。その時に、注意すべきポイントを教えてあげたり適切な作業時間を見積もることができれば、よりうまく「まかせられる」ことになる。これは「他人の『普通』を押し上げる手助け」でもある。

　また、**必要に迫られて何とかこなしていくうちに、だんだんとかかる時間も少なくなっていく**こともある。当初、ドイツ語の翻訳には１行を訳すために半日がかり、ということもよくあった。それでも、自分が研究したいテーマが決まってから、「どうしてもこの文脈の議論の詳細が知りたい」とか、「この文献の要旨をとりあえずつかんで研究計画上のどこに位置づけられるのか指導教員に報告しなきゃ」とか、現実の必要に迫られてからは、どうにかこうにか読めるようになっていくものである。なかなか勉強ができないという人は、自分が興味を持てる事柄について、毎日少しずつ記録をとりながら継続していくと、ちょっとずつ成長して時間が短縮できるようになっていくことに気がつくだろう。

（4）〈やることリスト〉をアレンジしよう

明日香　「でも、できることが増えたとしても、とうてい処理できる気がしません、どうしましょう…」

進吾	「確かにこの〈**やることリスト**〉、とっちらかっているよなあ…。どっから手をつけたらいいかわかんないよ」
明日香	「〈**トリガーリスト**〉を作ったりしたら、むしろ増えてる気がするんですよ、〈やることリスト〉。どうしましょう…」
ぱうぜ	「**優先順位をつけたり、順番を工夫してみるしかない**ね。その観点から言うと、この書き出したリスト、あるものが足りないんだけど、わかるかな?」
進吾	「なるほど、優先順位づけか…。明日香ちゃん、この『企画書提出』って、いつまでなの?」
明日香	「そ、そうか、〆切を書いていないんですね! あわわ、とりあえず〆切があるものは印と日付を書いてみます」
進吾	「レポートとか、バイト先に提出する書類とか、けっこうあるね」
ぱうぜ	「でも、それだけでは慌てるだけだね。もうひとつ、優先順位づけに必要なことがあるんだけど、わかるかな?」
明日香	「なんだろう…」
ぱうぜ	「なかなか手がつけられないし誰にもせっつかれないけど、将来の自分にとって重要なことってあるんじゃないかな?」
進吾	「そっか、たとえばこれ、『留学準備相談に行く』っていうの、〆切はないかもしれないけど、明日香ちゃんにとっては重要なんじゃないかな?」
明日香	「確かに…。**緊急度と重要度、両方考える**必要がありますね」
ぱうぜ	「特に、**なかなか取りかかれないでいる重要な事柄については、『最初の一歩』について書いておく**といいね(もうひとつだけコツを言うと、本当の〆切の前に『いったん見せる〆切』も考えると、急に緊急度が上がることがあるんだけどな…。まあ、これはレポートについて指導するときにもう一度言えばいいかな…)」

当初、明日香さんが作った「やることリスト」は、次の通りだった。

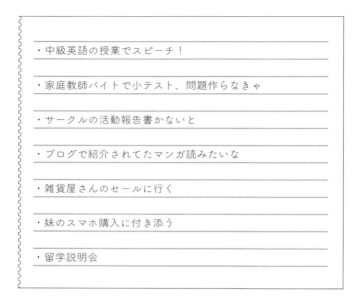

- 中級英語の授業でスピーチ！
- 家庭教師バイトで小テスト、問題作らなきゃ
- サークルの活動報告書かないと
- ブログで紹介されてたマンガ読みたいな
- 雑貨屋さんのセールに行く
- 妹のスマホ購入に付き添う
- 留学説明会

しかし、これでは**どれくらい急ぎの用事なのか（緊急度）、どれくらい自分にとって重要な事柄なのか（重要度）**がわかりにくい。そこで、「やることリスト」をいったん書き出してみたら、次は、その事柄が緊急なのかどうか、重要なのかどうかも書き加えてみよう。

有名な自己啓発書である『7つの習慣』では、タスクを緊急度と重要度のふたつの軸で整理する時間管理のマトリックスが提唱されている。「緊急であり重要なこと」（第一領域）は自分も焦っているので取りかかることができる一方で、どうしても「緊急ではないが重要なこと」（第二領域）は後回しになりがち。しかし、**自分が成長していくためには、まさにこの「緊急ではないが重要なこと」（第二領域）の時間を増**

---

*7 スティーブン・R・コヴィー『完訳 7つの習慣』（キングベアー出版・2013年）が現時点での最新訳であり、時間管理マトリックスについては同書199頁以下。ベストセラーとなっていて、関連する書籍は多数出版されている。

やしていかなければならない。そのためには、どうやって「緊急だが重要ではないこと」(第三領域)や、「緊急でも重要でもないこと」(しかし、ついついやってしまいがちなこと。第四領域)の時間を減らして、「緊急ではないが重要なこと」(第二領域)の時間を増やしていけばいいのかを考えればいい、と説いているのである。

　一番簡単な方法は、緊急であり重要なことを１番、緊急ではないが重要なことを２番、緊急だけどそこまで重要ではないことを３番、緊急でも重要でもないことを４番、というように番号をつけてみるとよい。このアドバイスに従って、「やることリスト」に書き加えてみると、以下のようになった。

- 中級英語の授業でスピーチ！
  - →１（授業は来週の金曜だからあと７日）（必修単位とるため重要）
- 家庭教師バイトで小テスト、問題作らなきゃ
  - →１（カテキョは月曜だからあと３日）（お金稼ぐの大事）
- サークルの活動報告書かないと
  - →１（〆切過ぎてる！）（大学生活のメインと思ってるサークル）
- ブログで紹介されてたマンガが読みたいな
  - →４（時間のあるときでいい）
- 雑貨屋さんのセールに行く
  - →３（期限はあるけどそこまで重要ではない）
- 妹のスマホ購入に付き添う
  - →３（お姉ちゃんに頼めるかな）
- 留学説明会
  - →２（自分の将来にとって重要）（来年１月頭らしい）（留学はできたら行きたい）

　こうしてみると、１が多いので、その中でもさらに優先順位をつけていく必要がある。また、１が多い状況では３や４に手をつけている

余裕はない。そこで、読んでみたいマンガは〈いつかやるリスト〉にでも書いておけばいいし、スマホ購入の付き添いのように、もしほかの人に頼める事柄であれば、お願いするのも手である。

　さらに**優先順位を考えるときに気をつけておきたいのは、「相手の予定を考えなければならない場合は優先度が上がりやすい」**ということである。第Ⅱ部（2年生編）❻で述べるように、成果物を仕上げるまでの間に誰かにチェックしてもらいたいのであれば、その人の予定にもあわせなければならず、「本当の〆切」よりも繰り上がってしまうことに注意してほしい。

　このように考えていくと、**単に〈やることリスト〉として書き連ねていくだけではなく、もう少し分解して「最初の一歩」まで考えてみるとよい。**〆切を思い浮かべるときには、以下の点に注意してみよう。

> Q1「ゴールはどのあたり？」
> Q2「これについて次はどんな作業をするの？」
> Q3「（その作業のために）何を・どこを・誰を使うの？」
> Q4「いったん見せる〆切は？」

　これを、「中級英語のスピーチ」について考えてみよう。まずQ1では、中級英語のスピーチがどれくらいの長さで、どんな水準の内容で、どれくらいのものを仕上げればいいのかを考えてみる。教員から指定されている場合もあるだろうし、クラスの様子や自分の目標によっても変わってくるだろう。次に、Q2では、実際に手を動かしたり調べたりすることを書き連ねてみる。ある程度書き連ねたら、それらをするために使う道具、資料、場所、相談する人を考えてみよう。そして、Q4で、本当の〆切よりも前に相談すべき人がいるのなら、その人に

---

*8　第三領域（緊急だが重要ではないこと）についてどうしても気になる場合は、「あまり時間がかからないのであれば、重要ではないのだから『とりあえず』（60点）のレベルで処理してしまう」という人もいる。参考にしてほしい。

予定を確認する必要がある。

中級英語のスピーチ
　　要件：500words以上、3分間、最近のニュースから題材を選ぶ
　　することと使う場所など：
　　　　　興味あるニュースを探す（@大学図書館、@オンラインのパソコン）
　　　　　スピーチの原稿を書く（@パソコン、教科書、電子辞書）
　　　　　発声練習をして時間を計る（@大学談話室、@自宅？）
　　　　　クラスのAさんに見てもらう（@サークル棟？）
　　すぐにすること：Aさんにメッセして14日までに会える時間を教えてもらう

　この〈やることリスト〉の分解作業は、ぜひ、**「緊急ではないが重要なこと」**(第二領域)**についてもやっておくとよい。**どうしても後回しになりがちなので、「最初の一歩」だけでもいいから取りかかっておこう。

（5）どうせやるなら二毛作

進吾　「どれから手をつけたらいいかはわかったけど、こんなにたくさんあったらやっぱキツいっすよ。なんかコツとかないんすか、これ」

ぱうぜ　「ふっふっふ、ありますとも。名づけて**〈どうせやるなら二毛作〉**！」

明日香	「二毛作？！　ひとつの畑で2回、作物を作るってことですか」
ぱうぜ	「まあ、たとえだよ、たとえ。**ひとつの時間に、ふたつの目的をクリアするようにしてみる**ってこと。そうだなあ、簡単なところだと、『電車通学をしながら、耳だけ英語を聴く』とかどうだい」
進吾	「それなら、まあできるかな」
ぱうぜ	「すぐにできなくたっていいんだ。どっちかひとつでもうまくいけばもうけもの。両方できたらグレイト！　そんなゲーム感覚でやってみようよ」

　〈やることリスト〉を分解してみると、一部が重なりあっていたり、スキマ時間を組み合わせることによって複数の項目をクリアできることがある。「通学時間に英語のリスニングを鍛える」というのは、やってみたことがある人も多いのでは。これなら、「移動」という目的と、英語学習という目的を一度に済ませることができる。そのような「二毛作」になるような組み合わせを探してみよう。

　たとえば、優先度の低い「妹のスマホ購入の付き添い」も、問題になりそうなのは待ち時間。その時間を使って「家庭教師先の小テスト作成」ができるのであれば、時間を有効に使える。[*9]場所が同じ複数の予定があるのであれば、まとめて行えば時間短縮にもなるだろう。大学図書館が空いている時間にまとめて調べ物をしたり、遠くの街に出かけるときに一駅分だけウォーキングすることで運動時間を確保したり、いろいろな「二毛作」を見つけてみてほしい。その組み合わせが習慣化しやすいものだともっと望ましい。[*10]

　また、いろいろな課題でも、「方法（形式）は決まっているが内容はおまかせ」のもの、「内容は決まっているが方法（形式）はいろいろ」

[*9]　法学を学ぶ人なら、「契約ってどういう風に結ぶのかな」「確認事項って法律で決まってるのかな、それとも業界ルールなのかな」など、目の前で行われている手続を法学の視点から考えてみるのも面白いかもしれない。

というものもある。たとえば、**(4)** で取り上げた明日香さんの中級英語のスピーチ課題は、形式（500words 以上、3 分間）は決まっているが、内容は「最近のニュースから題材を選ぶ」というだけで、詳しくは決まっていない。もし英語スピーチの課題が決められないのであれば、留学説明会で紹介された留学準備サイトで取り上げられている話題からニュース記事を探してみるというのはどうだろうか。複数の課題について、その内容と方法とを組み合わせることで、一粒で二度美味しいような組み合わせが見つかることも多い。

　一番大事なのは「なんかうまくやれてるかも！」という自己肯定感なので、どちらか片方が狙い通りうまくいかなかったとしても、トライしてみる価値は十分にあるだろう。あなたなりの「二毛作」を探してみてほしい。

まとめ

- 自分の時間の使い方を書き出してみると、自分の習慣がわかり、意外と多くの時間を使っていることがわかる
- 〈やることリスト〉を動かしているうちに解決していることも多い
- 友達に話すと、前向きな気持ちを共有できるし、自分がやれたことの振り返りにもなっておすすめ

---

*10　すごくささやかな例をあげると「歯磨きをしている間に軽く屈伸や足首回しのストレッチをする」というものもある。意外と良い運動になるので、おすすめ。

column···2
「1年生のうちに知っておきたかった！」
法学学習の落とし穴

　本書の第Ⅰ部（1年生編）・第Ⅱ部（2年生編）では、様々な読者に役立てていただけるように、専門領域を法学に限定せずに執筆している。けれども、法学部・法学コースの学生が口をそろえて「もっと早く知っておけばよかった！」という事柄があるので、いくつかご紹介しよう。これらの知識は、法学を専門としない方にとっても、事件や裁判に関連するニュースを見聞きするときに役に立つはずである。

1．六法と友達になる――条文をきちんと引くクセをつける

　まず、法学学習では必ず学習用六法（ポケット六法（有斐閣）、デイリー六法（三省堂）など）を購入するように勧められるだろう。「なんであんな重たいのを毎回…。スマホじゃダメなの？」と思うかもしれない。確かに、インターネット接続環境があれば法令を調べることができるし、そもそも学習用六法には載っていなかったり、一部省略されて掲載されている法律も多い。しかし、それでもなお紙媒体の六法を買ってほしい。条文の構造を読み解くには一覧性の高い紙媒体が便利だということに加えて、そもそも議論の前提となっている条文に何が書かれているのか（そして、何が書かれていないのか）を毎回の学習で確認しながら講義や自学を進めてほしいからである。これを、私はよく「六法と友達になろう」と表現している。

　なお、六法は毎年買い替えるのをお勧めする。このごろは毎年なにかしらの法令で重要な法改正があり、試験のときに改正前の条文を根拠に答案を書いてしまうおそれもある。え、「高いからやだ」？では、毎年買い替えたうえで、次のような「旧版利用」をしてみてはどうだろうか。

---

*11　最も分厚い紙媒体六法（有斐閣の『六法全書』）ですら、すべての法令を収録しているわけではない。意外と、「すべての法令が載ってるんでしょ？」と勘違いする人が多いので注意。

*12　スマホで毎回検索して読むというのでは、意外と時間もかかるし、習慣化しづらいと思う。

1）書き込み用六法として

試験では書き込みのない六法しか持ち込めないとしていることが多いため、六法を汚さないようにしている学生も見られる。でも、第Ⅲ部（3年生編）⓭で紹介する「3色ボールペン法」のように、間違えたところや条文構造の複雑なところに書き込みをしたくなる。そうであれば、旧版（改正があるかどうかは新版で確認してから）に書き込んで、試験では新版を使うといいだろう。

2）分冊化してしまう

旧版はもういっそのこと科目ごとに切り離し、分冊にして持ち歩くというのも手である。もっとも、筆者が担当している行政法では憲法、個人情報保護法、情報公開法、生活保護法、民法、民事訴訟法まで見たりするので、分冊では対応しきれないこともある。科目特性に応じて工夫してほしい。

2．判例は「異常事態」の所産。条文と適用事例の典型例・限界例をセットで勉強する

学生が判例教材（『判例百選』*13など）で勉強するときに気をつけてほしいことは、「判例は異常事態の所産」だということである。その判例が生まれたときの状況を想像してみてほしい。従うべき条文や判例があるのであれば、わざわざ最高裁まで争ったりしない。いままで積み重ねてきた先例から導かれる結果ではどうしても納得のいかない結論が出たり、条文や判例のデータベースを探してもどうしてもはっきりしていないことがある。これまでの先例や解釈に従って条文をあてはめたらどうにも納得できないことがあるからこそ、原告（民事訴訟を起こした人）や被告人（刑事訴訟で罪に問われている人）、そしてその依頼を受けた弁護士が最後まで頑張ったその結果、後世にも伝わるくらい有名な判例ができあがり、紹介されるようになったのである。

これは、「そうか、いままでの考え方だとここがおかしいよね」ということがわかってからであれば納得しやすい。しかし、法学をは

---

*13 有斐閣から出版されている、別冊ジュリストのシリーズ名。見開き2頁分で、著名な裁判例の事案の概要、判決要旨、その事件についての解説という構成をとった判例教材。法学系の講義ではよく教科書指定されている。

じめて学ぶ人にとっては「いままで」の知識がないために、ついつい「最高裁はこう述べている」という事柄だけを覚えるということになりやすい。

そこで、発想を変えてみよう。六法と友達になって条文を読むクセをつけたら、講義で習う概念について、その概念の定義とあわせて、条文・典型例・限界例をセットで覚えるようにするのである。そのような発想で眺めると、判例教材に並んでいる判例は、いずれも「当時の限界例に挑戦した結果」であることが見えてくるだろう。

3．判例を読むために必須の知識（民事訴訟・刑事訴訟の基礎）は早めに習得する

1年生ゼミで教えていると「裁判って民事と刑事があるんですね！どっちも被告、じゃないんですね！」という、思いもしなかったコメントをもらうことがある。これは極端な例だとしても、判例教材を読むために必須となる訴訟法上の知識は早めに頭に入れておこう。

たとえば、次の用語をきちんと説明できるだろうか。

訴訟の審級（第一審・控訴審・上告審／原々審・原審）
上訴に関する判断（控訴棄却・控訴却下、上告棄却、破棄差戻、破棄自判等）
民事裁判の判断（訴え却下、請求棄却、請求認容）
刑事手続・刑事訴訟の段階（捜査と公判、被疑者と被告人、違法収集証拠排除原則、訴因）
最高裁特有の個別意見（法廷意見、多数意見／少数意見、補足意見／意見／反対意見）

これらの用語と、それに関係する民事訴訟・刑事訴訟のルールがわかっていれば、その事件はどうして争いになったのか、それぞれ

---

*14 これは1年生段階では難しいかもしれないが、ある程度学習が進んだら確認の意味も込めてやってみてほしい。
*15 民事訴訟で訴えられた側は被告、刑事訴訟で訴追された者は被告人という。しかし、一般の新聞報道などでは、どういうわけか後者を被告と呼ぶため、この勘違いは学生の無知というよりは報道用語と法律用語の乖離の問題である。報道だけに頼るのではなく、判決文の原文を入手するなどして確認するクセをつけることも重要になる。

の審級ではどんなことが判断されたのか、不服を申し立てたのはどちらなのか——という、争いのポイントがわかるようになる。

そして何よりも、「訴訟では客観的真実が明らかになるとは限らない」ということは、早めに知っておいてほしい。裁判はあくまで当事者が提出する証拠に基づいて審理判断がなされるため、原告・被告あるいは検察官・弁護人が十分に資料を集めることができなかったとしても、裁判所はそれらに従って判断するしかないからである。これらの事柄は、初学者向けの法学入門書などに記載されていることが多いので参考にしてほしい。[*16]

---

*16　この観点からのおすすめ本として、市川正人＝酒巻匡＝山本和彦『現代の裁判〔第7版〕(有斐閣アルマ)』(有斐閣・2017年) や、南野森 (編)『ブリッジブック法学入門〔第2版〕』(信山社・2013年) がある。

第 II 部

レポートを
ちゃんと書いてみよう
2年生編

大学に入ってしばらくして出される「レポート課題」。何のためにやるんだろう？ 実はレポート課題というのは、「論文」を書くためのポイントを段階的に学ぶための訓練として課されている。試行錯誤したうえで書き方が見えてくると、読み手としても成長できる。この2年生編では、レポート課題についてじっくりと取り組んでみよう。

6 レポート課題の目的とは？
〈問い・主張・論拠〉をそろえよう

2年生に進級した明日香さんと進吾くん。サークルの後輩であるかすみさんの質問に困ってしまった。「レポートの書き方なんて教わったっけ？」「コピー＆ペーストでやっちゃダメ、としか言われてない気がするよ…」困った3人は、ぱうぜセンセの研究室にやってきた。

（1）論文の練習としてのレポート課題

明日香　「センセ、いまさらで申し訳ないんですけど、レポート課題ってどうすればいいんでしょう…」

ぱうぜ　「うーん、レポート課題って何のためにするんだと思う？」

進吾　「調べた結果をまとめるためじゃないんですか？」

ぱうぜ　「半分正解。本当はね、レポート課題は論文を書き、文献を読むための練習なんだ。きちんと書くことができないと、しっかり読むこともできないからね。専門教育に入る前に繰り返

かすみ	「し練習するんだよ」
	「ろ、論文ですか…。論文って、何を書くんでしょうか」
ぱうぜ	「そんなに怖がらなくても大丈夫。そうだね、**〈問い〉と、〈主張〉と、〈論拠〉がそろった文章**だよ」

　大学に入ってしばらくして出される「レポート課題」。なんとなく書いてはみたものの、何のためにやるのかがわからない人も多いのではないだろうか。レポートというのは、単に「文章で書く」だけではなく、実は〈論文を書くためのステップ〉を段階的に学ぶための訓練として課されている。これは論理的な文章を読むためにも重要だ。

　論文とは、「問い」と、答えとしての「主張」と、それを説明する「論拠」がそろったものを指す[*1]。この定義は、学問分野を問わず共通の「論文の骨格」をなしている。そして、レポート課題は、論文を書くための訓練を段階的に行うために出題されている。だから、たとえ「あなたの考えを書きなさい」という出題だったとしても、それは「感じたことをそのまま書いて」という趣旨ではない。

　第Ⅰ部（1年生編）❶で述べた通り、研究とは未解決の問題や、いままでの知見では問題とも認識されていなかったような「ズレ」を見つけ出して、その発生原因を分析したり、対処法を考えたりする知的活動である。そして、そのためにはこれまでの成果を適切に参照しつつ、「巨人の肩」に乗って、人間の英知の枠を押し広げる必要がある。

　この「適切に参照しつつ」というのが、思いのほか難しい。なんとなくインターネットで検索したサイトを読んだり、たまたま大学図書館にあった本を読んだり…というだけでは適切なリサーチにはならないし、だからといってまったく調べずに書いてしまっては、独りよがりの仮説と検証しか書けないだろう。また、せっかく手に入れた資料についても、きちんと論理を追いかけつつ、引用や参照も丁寧に行

---

*1　戸田山和久『新版 論文の教室』（NHK出版・2012年）42頁。

う必要がある。そして、そういう作業は自らやってみないとなかなかその大変さがわからないものである。

　そこで、レポート課題は、どのように論旨を追うのか、どうやって資料から知見を引き出すのか、そしてどう調査をしていくのかなどを、実地で学んでもらうために出題されている。どの学部でもレポート課題が出されているのは、「**大学での学びは、まだ見たことのない知見を得る力をつけるための基礎トレーニング**」であり、その訓練のために欠かせないからである。

(2) 様式から見える「力のいれどころ」

進吾	「ぐえっ…。〈問い〉と〈主張〉と〈論拠〉がそろったもの、とか言われても、そんなの、いきなりは無理っすよ」
ぱうぜ	「大丈夫。いきなり全部自分でやる課題を出す先生はあまりいないよ。まずは何が問われているのか、つまり何が〈問い〉なのか、よく課題を読み直してみよう」
明日香	「参考になるかと思って、昨年あたしと進吾くんが履修した科目でのレポート課題を全部持ってきました」
ぱうぜ	「どれどれ…。かすみさん、ちょっと分類してみようか。どれが一番難しいかな」
かすみ	「ええと…。課題図書が指定されていて要約を作るものもあれば、自分でテーマを見つけて自由に論じなさいってものもありますね」
進吾	「調べてまとめろとか、学術書を読んでこいっていうのは面倒くさかったです…。やっぱそういうのが一番難しいんじゃないかな」
明日香	「自分で自由に決められる方が、何を書いても正解なんだからラクだよねえ」
かすみ	「ちょっと待ってください…。正解、なんてあるんですか?」

ぱうぜ	「あちゃあ…。実はそこが、教員側と学生側の意識のズレかもしれないねえ。**調べてまとめる〈報告型〉と、問題を論じる〈論証型〉とでは、求められていることがかなり違う**んだ」
進吾	「え、そうなんすか？」
ぱうぜ	「調べてまとめる〈報告型〉のレポートは、〈巨人の肩に乗る〉ための練習だ。問題を論じる〈論証型〉は、それだけじゃなくて、〈問い〉に答えたり、新しく〈問い〉を作り出すところまで求められているんだよ」
かすみ	「〈報告型〉も、何を読めばいいか指定されているものと、テーマだけ指定されているものだと、〈調べ方〉も含めて求められているって意味でテーマ指定の方が難しいんですね」
進吾	「そっか、俺たち自分のラクな方に考えすぎていたんだなあ…」
ぱうぜ	「段階的に論文の書き方を学んでいける、それがレポート課題のいいところなんだよ」

　レポート課題とひとくちに言っても、いろいろな種類がある。戸田山和久『新版 論文の教室』(NHK 出版・2012 年) 19 頁および 55 頁では、報告型か論証型かの区別と、課題が指定されているのか、それとも執筆者に委ねられているのかの区別に着目して、次の 4 分類を提示している。

> ・報告型の課題
> 　（イ）読んで報告するタイプ
> 　（ロ）調べて報告するタイプ
> ・論証型の課題
> 　（ハ）問題が与えられたうえで論じるタイプ
> 　（ニ）問題を自分で立てて論じるタイプ

　もし、これらを『科学技術と法政策』という科目のレポートとして出題するとしたら、次のようなものになるだろう。

> （イ）の例：大内伸哉『AI時代の働き方と法』（弘文堂・2017年）の第6章を読み、要約しなさい。
> （ロ）の例：「ロボットが人間の職業を奪う」という議論について、労働法の観点から調べて報告しなさい。
> （ハ）の例：「ロボットが人間の職業を奪う」という議論について、あなたの考えを自由に展開しなさい。
> （ニ）の例：科学技術が進展することによる社会の変化について、自由に論じなさい。

　これらの項目は、論文作成の各段階に対応している。**問いを立てて、一応の答えを立てて、それを論理的に証拠を用いて説得していくという論文執筆の各部分を、少しずつ体得させるためのもの**である。教員目線で表現すると、到達目標がそれぞれちょっとずつ違う。（イ）の指定された部分を報告するタイプのレポートは、文献の適切なまとめ方を体得する。（ロ）の課題について調べて報告するタイプは、それに加えて、どういう資料を集めてくればいいのか、集めるにはどうすればいいのかを練習してもらうために出題している。

　そして、論証型については、論じ方も含めて評価の対象となる。（ハ）の問いが与えられている課題は、「この問いが重要だってことは一応前提にしていいから、答えを考えて説得しなさい」というメッセージが込められている。最後の（ニ）は、「問いも答えも証拠も自分で頑張って作ってみてね」という課題だ。ここでは、いままで触れたすべての内容について、自分の力で適切な方式に沿って記述していくことが求められている。一見すると（ニ）が最も簡単に見えるかもしれないが、実はこれが一番難しい。**問題を自ら立てて論じることは、どこまで論じたらよいのかも含めて執筆者に委ねられているので、想定以上に難しい**ということを覚えておいてほしい。

(3) その〈問い〉は何のため?

かすみ 「一番難しいのは〈問い〉を自ら作り出すタイプの課題なんですね」

ぱうぜ 「そうだよ。試しに考えてみようか。『科学技術が進展することによる社会の変化について、自由に論じなさい』って言われたら、明日香さんならどうする?」

明日香 「ええと、とりあえず、いろんな本やネットから AI とかロボットが社会に与える影響を調べてまとめてみます。今流行ってますしたくさん記事もあるし」

ぱうぜ 「それで?」

明日香 「2040 年までに社会が大きく変わります、って書きます」

ぱうぜ 「…それで?」

進吾 「あれ、なんかヤバイ雰囲気…」

ぱうぜ 「…そうだなあ、何が足りないと思う?」

進吾 「えっと…。〈問い〉がないっすね」

ぱうぜ 「これがね、〈レポート課題あるある〉なんだよ。学生は調べてまとめるのがレポートだと思ってるんだけど、『論じなさい』と聞かれているときは、問題意識や観点を示した〈問い〉がないといけないんだ」

明日香 「問題意識…。どうしてこのテーマに興味を持ったのかを書けばいいんですか?」

進吾 「ケータイショップにロボットが立ってたりするし、そういう宣伝を見たから、とか書いとけばいいんじゃね?」

ぱうぜ 「もう一歩進めてみよう。**その問いが、〈なぜ答えるに値するか〉を説明しないといけないんだよ**」

かすみ 「個人的体験から出発するにしても、もうちょっと他人の目を考えて書け、ということですか」

ぱうぜ 「そうだね。せめて、『この問題は(人類にとって)解くに値する！』という気持ちが表れる文章にしてほしいね」

　レポート課題の4分類は、下に行くほど難しい。(二)の「問題を自分で立てて論じるタイプ」が一番難しい理由は、「自分だけでなく、他人にとっても意義のある〈問い〉を立てるのが難しい」からである。あなたが何かの問題に興味を持つとする。それを調べてみたい、と思う。しかし、それが**"他人にとっても重要な問題"でなければならないし、その問いに答える必要性を最初に書かなければいけない。**

　しかし、対話で述べたように「この問題は解くに値する！」なんて課題を、たかだかレポート課題で答えるのはとても難しいかもしれない。**ここで重要なのは「個人的体験を離れてもなお重要だ」と言えるかどうか**、ということである。ある学生の例を紹介しよう。彼女は、バイト先でトラブルがあったことをきっかけとして、労働災害保険(労災)の仕組みに興味を持った。ここまでは、個人的体験である。

　しかし彼女は「〈問い〉も自ら立てる」タイプの横田ゼミ報告を考えるにあたり、自分ひとりの体験談だけではなく、アルバイトを含む非正規雇用においては労災申請についての知識が労働者側に乏しいということ、労働組合による助け合いがなかなか機能していないのはなぜなのかを調べることにした。ここまでくれば、**彼女のバイト先だけの問題ではなく、全国的に存在している問題であり、たまたまそれが自分の周りでも起きた事柄なのだ**、という位置づけができている。

　このように、自分の体験から出発すること自体はかまわない。しかし、レポートとして見せるときには、読み手側にとっても「確かにそれは重要な課題だ」と思えるような書き方を心がけてみよう。

(4) とりあえず3日やってみる

かすみ 「レポート課題というものがなんとなくわかってきた気がします。先輩、実際にやってみて困ったこととかありましたか？」

明日香	「えーっと、実は…。徹夜で仕上げたことがあるんだよね、何度か」
進吾	「明日香ちゃん、いっつもギリギリになって、『あの本がない』とか『この流れだとなあ』とか悩んでたもんな」
かすみ	「そんなに〆切厳しいんですか…？」
明日香	「ううん、だいたい1か月くらいあったの。でも、バイトとかサークルが忙しくて後回しにしていたら、取りかかれたのが結局3日前とかで。大学の図書館では本が貸出中だったし、集めるだけでも苦労したの…」
進吾	「俺さ、実はそれについてはいいこと思いついたんだ。**課題が出た日から、とりあえず3日だけ、その課題についてやってみる**んだよ」
かすみ	「1か月後提出でも、ですか？」
進吾	「うん。興味があるうちにスタートダッシュをかけておくんだ。するとね、大学だけじゃなくてほかの図書館も使えるし、なんとなく興味を持っておけば意外と情報が集まるんだよ」
明日香	「そっかー、計画的にやってたんだね」
進吾	「もちろん全部終わるわけじゃないんだ。やってみたら時間がかかることがわかる場合もあるし」
かすみ	「3日、っていうのには理由があるんですか？」
進吾	「それ以上になると、だらけちゃうんだよね。ほかの授業の予習とかもあるし。だから、最初の3日だけやってみて、大変そうだったら改めて計画を立てればいいし、3日である程度できたら、提出前にもう一度見直せばいいのさ」

　進吾くんの述べている〈とりあえず3日やってみる〉メソッドは、レポートに限らず、今後すべての提出物に使える必勝法である（レポート執筆過程で直面する様々な困難と、それらへの対処法が仕事にも役立つことについては**column…3**（116頁））。これは、実際に取りかかってみないとどれくらい難しいのかわからない課題には特に有効だ。

第Ⅰ部（1年生編）❺で述べたように、実際に取りかかってみると思いがけないくらい時間や手順がかかるものである。〈やることリスト〉を分解した後の最初の一歩を早め早めに行うためにも、とりあえず3日取りかかってみよう。当初想定していた手順に、実際にかかった手順を後から書き加えたノートは次の通りである。

レポート課題の掲示

> 『科学技術と法政策』のレポート
>
> 　「ロボットが人間の職業を奪う」という議論について、あなたの考えを自由に展開しなさい。

実際の手順を書いたノート

> 1．「ロボットが人間の職業を奪う」という議論が載っている本を大学図書館で調べる
> →そのものずばりの本はもう貸し出されていた。仕方がないので本屋さんに行ったら、今度は本の種類がありすぎてわからない。いったん帰ってきて、パソコンで検索したり別の図書館に行ったりして考えることにした。法政策の講義だということを思い出したので、法学研究者が書いている雑誌論文を見つけて、その脚注を参考にしながら3冊に絞り込んだ。
>
> 2．その本を読む
> →実際に読んでみると、労働法の話題や、法哲学の話題など、いろいろあることがわかった。「職業を奪う」といっても、十分なお金が支給されるのならば問題ないという

> 考え方もありそう。解雇について法制度がどうなっているのかが気になって調べてみたら、またたくさん本が出てきた。
>
> 3．著者の主張をまとめる
> →当初は単一の本からまとめるつもりだったが、やってみるといろいろな議論があるので、どういう主張と根拠があるのかを整理したりしながらまとめる必要がありそうだ。また、想定している職種や、ロボット技術の進展段階についての予測もいろいろなものがあるらしい。
>
> 4．自分の考えをまとめる
> →あれ、一概に言えないかも…？ あと、「自分の考え」ってどこまで踏み込んで書けばいいんだろうか？ ロボット技術の進展段階について、仮定をおいてもいいのかな？ …いったん、講義担当の先生に相談してみようかなぁ…。

いかがだろうか。もしこの課題を〆切1週間前に取りかかっていたとしたら、ほかの人とタイミングが重なって図書館でもますます本が手に入れにくくなるだろうし、いろいろな本を調べる時間もとれなかったことだろう。また、ほかのキーワードについても知見を深めてからでないと自分の考えがうまくまとめられないかもしれない。進めているうちに不安になった段階で、教員に質問に行くことも、〆切直前では難しい。

このように、**実際に取りかかってみないとよくわからないことは多いので、興味と時間があるうちに〈とりあえず3日やってみる〉メソッドはとても有効である。**

(5) ピアレビューのススメ

明日香 「でも、自分で〆切を決めて取りかかるだなんて、意思が弱いから難しそう…」

ぱうぜ 「それもそうだよね。じゃあ、レポートについてピアレビューをすることをおすすめするよ」

かすみ 「ピアレビュー?」

ぱうぜ 「ピア (peer) は『仲間』のことだよ。**同じ課題に取り組んでる友達と、期限を決めてレポート課題を見せあいっこする**んだ」

かすみ 「課題を見せあうだなんて、ずるくないですか?」

ぱうぜ 「同じ内容を書き写すとかだったらカンニングになっちゃうからダメだね。でも、**それぞれの課題について、うまく説明できているか、打ち間違いや勘違いがないかどうかなどをチェックしてあげる**んだったら、お互いのためになるでしょ?」

進吾 「そっか、人の目が入るっていうのは大事ですね」

明日香 「うーんと、もし進吾くんに提出前に見せるとすると…」

進吾 「そうだな、最低でも提出1週間前くらいまでには送ってほしいな。指摘しても直す時間がないんじゃ困るだろ」

明日香 「ああ、〆切が早まっちゃう…」

かすみ 「先輩、それでいいんですよ。これなら〆切前に早く取りかかれますよ!」

進吾 「さっそく次の課題もやってみようよ。俺のもチェックしてほしいしさ」

明日香 「進吾くんの、難しいから無理だよー」

ぱうぜ 「誤字脱字をチェックするだけでも役に立つよ。明日香さんにとってわかりにくいところは、もしかしたら独りよがりな書き方になってるのかもしれないから、それもチェックしてあげようよ」

かすみ 「お互いが役に立つって、なんかすごいですね」

教員に相談しに行くだけではなく、友達同士でのレビューもとても有効だ。ピアレビューをしてから提出するようにするといろいろとメリットがある。

　第1に、**〈読み手目線〉での順序や構成を早めに考えることができる。**いろいろな資料を読み込めば読み込むほど、書いている本人は「当たり前のこと」が増えていってしまう。しかし、はじめてそれらの事柄について知る人にとっては、すでに知っている事柄→未知の事柄、の順序で記述してもらわないと、意味がわからなくなってしまう。また、「何が面白いのか」を伝えるための順序を考えるには、聞き手となってくれる友達に一度話してみるというやり方が有効である。

　第2に、**誤字や脱字、接続詞の有無などの文法チェックや、説明が足りないところの指摘など、他人の文章だからこそ見つけやすいミスを減らすことができる。**[*3] 考えながら文章をタイプしていると、意外と打ち間違いに気がつかないものである。

　第3に、**いったん人に見せるためには、自然と「本当の〆切」よりも前の時点に〆切を設定しなければならなくなる**ということである。これは、取りかかりを早くするためにも重要なことである。[*4]

まとめ

- レポート課題は〈問い〉と、〈主張〉と、〈論拠〉がそろった文章である「論文」を書くための練習
- なぜその〈問い〉に答えるべきなのかを考えよう
- 仲間同士でお互いにチェックするピアレビューはいいことずくめ

---

*3 コメントをつけるときに、赤字：形式面（誤字脱字など）、青字：内容面（論拠の不十分さや順序など）というように区別して書き込んでみるととてもわかりやすい。

*4 私が担当した基礎ゼミ科目では、ピアレビューのための〆切を「仮提出」とし、ピアレビューを済ませた後のレポートを「本提出」としてスケジュールを管理した。

7 書くための3つのステップ
〈発想・整想・成果物〉

さっそくレポート課題に取りかかってみたかすみさん。でも、なかなか考えがまとまらない。どうやって長い文章を書けばいいんだろう？

(1) いきなり書き出すのは難しい

かすみ：「ぱうぜセンセ、私、テーマが与えられた論証型レポート課題が出たのでやってみたんですけど…本も記事もたくさんあるし、どうしていいのかわからなくなっちゃいました」

明日香：「かすみちゃん、調べ物はバッチリなんだな、すごいね！ でも、確かにこの量の本は読めないね…」

かすみ：「先輩たちはどうやってレポートを書いていたんですか？」

進吾：「え、うーん…なんとなく？ パソコンで、〆切に追われてうわーっと」

かすみ	「えぇぇ…私、できないです…。パソコン苦手だし…」
ぱうぜ	「おおっと、そんなに落ち込まないで大丈夫だよ。**誰にだって、いきなり書き出すのは難しいし、最初っから完成形を作り出せる人はいないよ**」
明日香	「あたしも無理ですね。だから、まずは本を読んで気になるところ、使うところだけノートに書いたりとか」
進吾	「ああ、俺もいきなりやったように思ったけど、その前に友達と相談してからやったなあ」
かすみ	「なんだ、先輩たちも**手順を分解**してやってたんですね」

　いざレポートを書こうとすると、パソコンの前で固まってしまう人が多い。確かに、レポート課題では「Wordを用いて、A4サイズで5枚」などと様式指定されているので、最終的にはパソコンを使って作業をすることになる。しかし、**アイデアをまとめたり、本の内容をチェックしたりなど、考えを練り上げる過程は紙とペンを使った方がうまくいくこともある**。パソコンでの作業に慣れている人であっても、大事なことだけを書き出して並び替えてみたり、構成を大づかみにするために、ふせんと大きめの紙を使うとうまくいくこともある（詳しいやり方は第Ⅳ部（卒論編）、特に❶を参照）。

　他方、文献リストをまとめるなど、最終的に打ち込まなければならない作業は、早めにパソコンでテキストに起こしておいた方がラクなこともある。またその際は図書館や書店、出版社のウェブサイト上の文字をコピーした方が、ひとつひとつ打ち直すよりも効率的かつ正確にできることもあるだろう。

　つまり、様式が決められているからといって最初からそれを気にしすぎるとなかなか書き出せないので、「様式を気にするのは〈成果物〉段階になってからでもいい」ということである。書くためにはどういうステップを踏めばいいのかを考えてみよう。

(2) 発想・整想・成果物

ぱうぜ 「いきなり『レポート』という成果物を作ろうとするんじゃなくて、3段階ぐらいに分けて考えてみよう。名づけて、〈**発想・整想・成果物**〉メソッドだ」

かすみ 「なんか、聞き慣れない言葉ですね」

ぱうぜ 「造語もあるからね。まず**第1段階は〈発想〉。これはね、いろんなアイデアを、とにかく頭の中から紙の上に出していく作業**だ」

明日香 「あー、これ得意です。連想ゲームみたいに、とにかくノートにキーワードを書いていくんですよ」[*1]

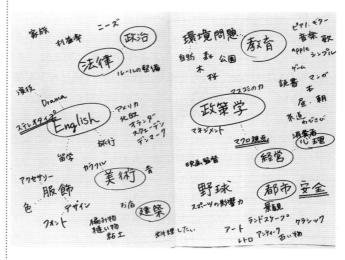

かすみ 「そっか、本を読んだときに気がついたこととか、とにかく書き出しておくんですね」

ぱうぜ 「これがある程度たまったら、**第2段階は〈整想〉だ。アイデ**

[*1] 横田ゼミ1期生の長谷川倭子さんに、学部2年生のときのノートを再現していただいた。感謝申し上げる。

	ア**を、整えていく作業。レポートであれば、どういう順序で何を書くのか、取捨選択したり並べ替えたりする段階**だね」
進吾	「あれ、まだレポート本体じゃないんですね」
ぽうぜ	「あわてないあわてない。見出しやキーワードレベルでもいいから、順序を考えてみるんだ。そして、**第3段階は〈成果物〉。〈整想〉で並び替えたものを見ながら、ちゃんと文章の形で、形式通りの見た目になるように書いていこう**」
かすみ	「…うーん、なんかかえって時間かかりそうな気がするんですが、いいんですか?」
ぽうぜ	「最初は時間がかかるかもしれないね。でも、この3つの段階を一気にやろうとしてなかなか書き始められなくなるよりは、できるところから進めた方がいいんだ」
明日香	「確かに。結局、取りかかれずに悩んでる時間が一番長いんですよね」
進吾	「それに、書いてる途中で『なんか流れおかしいな』とか、『まだ資料が足りないかも…』ってよくあるし。資料が足りないかどうかって、書いてみないとわかんないもんね」

　レポートとして教員に提出するものを〈**成果物**〉とすると、その前段階として、〈**発想**〉段階と、〈**整想**〉段階をおくとよい。〈**発想**〉とは「**頭の中から素材を出す**」ことである。いつまでも頭の中でウンウンうなっていても考えはまとまらない。そういうときは、ノートやふせんにとにかく書き出してみるといい。キーワードでもいいし、短文を書きなぐるのでもいい。いったん頭の中から出してみると、関連性が見つかったり、さらに調べた方がよい資料が見つかるかもしれない。

　素材がたまってきたら、それらの中で重要なものは何か、それをどのような順番で相手に伝えるかを考えよう。それが〈**整想**〉である。[*2]

---

*2　想いを整えるという意味での整想は、倉下忠憲『Evernoteとアナログノートによるハイブリッド発想術』(技術評論社・2012年)の造語である。生まれたアイデアを伝わりやすい形に整理することを指して、〈整想〉と呼んでいる(160-164頁)。

どんなに優れたアイデアでも、受け手に伝わらなければ意味がない。**伝わりやすさを意識して、大事なものを選び取ったり、並べ替えたり、構造化する必要がある。いわば、〈書き手目線〉から〈読み手目線〉に切り替えるための作業である。**この「並び替え」と取捨選択の時間をきちんととるようにしよう。

〈発想〉で出した順序はあくまで書き手であるあなた自身の興味や知識をベースに出てきたものである。その順序や連想の仕方は、自分自身の考えを深めたり広げたりするためにはとても大事だが、それをそのまま読み手に押しつけてはいけない。〈整想〉で、どの順番で説明すればわかりやすいのかを考えてみよう。

また、「調べたことすべて」を書くべきなのかどうかも考えてみよう。レポートの課題が「問いも自分で立てる」形式だったとしても、大きすぎる問いには答えられないし、他方で調べたことの中には今回の「問い」とは必ずしも関係がない事柄もあるかもしれない。それでも、「ここまで調べたんです！」と言っておきたいということもあるだろう。そういう内容については、本文ではなく脚注で説明しておいたり[*3]、あるいは「はじめに」の問題提起や「おわりに」の今後の課題として触れるだけにとどめて、中心的な内容からは外すという手もある[*4]。

このような考え方は、〈読み手目線〉でもう一度課題を捉え直してみるということでもある。大事なところを選び取ったり、読み手にわかるように構造化するというのは「編集」作業に属するから、冷静な思考が必要となる。そのためには、手書きのメモをパソコンに打ち込み直してみたり、打ち込んだものをいったんプリントアウトして並び替えてみるなど、気分を変えることも有効である。

---

*3 　本書にも（まさにこの脚注のように）「本文に載せるには流れが悪いが、書いておきたい説明」が多数あることにお気づきだろう。脚注は単に出典を示すだけでなく、コメントとしても使うことができる。

*4 　卒論ではとても重要なテクニックであり、多くの学生がつまずくポイントでもある。詳しくは第Ⅳ部（卒論編）❶❽を参照。

(3) 論文の「ガイコツ」を作ろう
——アウトラインとは

かすみ	「読み手のことを考えて順序を決めるんですね…。うーん、できるかなあ…」
明日香	「そう言われてみると、去年書いたレポートって、改めて見てみるとなんだか読みにくいなあ。もしこれを直すんだったら、どうしたらいいですか?」
進吾	「確かに、別に難しいことを書いているわけじゃないのに読みにくいね、これ。どうしてかなあ?」
ぱうぜ	「うーん、ガイコツがないねえ。アウトライン、というか…」
進吾	「なんすか、それ?」
ぱうぜ	**アウトラインとは、文章の骨組み、構造のこと**だね[*5]。そうだなあ、明日香さん、このレポートなんだけど、〈入れ子状になった箇条書き〉で要約を書いてみて」
明日香	「目次、みたいなものですか」
ぱうぜ	「そのとき、論文の構成要素も意識してみよう。〈問い〉と、〈主張〉と、〈論拠〉だったね。このうち、問いと主張については『はじめに』に書いてみよう」
かすみ	「なんか、型が決まってるんですね」
ぱうぜ	「この型の通りにいったん埋めてみてほしい。はじめに・本体・おわりに・参考文献っていう型を用意しておくからね」
進吾	「そっか、『はじめに』では、『この論文で何の問題に答えるのか、どうしてそれを考えることにしたのか、どういう手法で解明するのか』という対象と手法を書いておいて、その掛け合わせであることを読者にわかりやすくする効果があるのか」

---

*5 骨組みという言葉から、「スケルトン」という表現をすることもある。「ガイコツ」というのはそのニックネーム。私自身、指導教員である交告尚史教授に「まずはガイコツを作りなさい」と言われて戸惑った思い出がある。

⑦ 書くための3つのステップ
〈発想・整想・成果物〉

〈読み手目線〉で並べるときには、アウトラインを意識して作ってみよう。**アウトラインとは、文章の骨組みを、入れ子状の箇条書き形式で書いたもの**である[*6]。論文の練習であるレポート課題も、次のようなアウトラインを意識して書いてみると、足りないものに気がつきやすくなるし、〈読み手目線〉を意識した順序で書けるようになる。

論文のアウトライン

タイトル（仮）：
I　はじめに【アブストラクト・要約】
　・問題設定〈問い〉
　・要約：以下の各章ではどんなことを、どんな方法で分
　　　　　析し、どんな順序で書くのかを簡単に説明する
II　問題提起と背景
　　1.
　　2.
　　…
III　分析1：
IV　分析2：
　　…
V　まとめ
VI　参考文献

　ある程度調べ物が進んだ段階で、一定程度の〈発想〉ができるようになったら、A4用紙1枚で最初のアウトラインを書いてみよう。自分の調べたことや参考文献の一覧を、いったん上述のアウトラインに埋めてみるだけでいい。もしゼミの報告などであれば、その時点でいっ

[*6]　戸田山和久『新版 論文の教室』（NHK出版・2012年）78-144頁に詳細に記載されている。また、「入れ子状になった箇条書き」という説明は、Tak.『アウトライナー実践入門』（技術評論社・2016年）12頁を参照。ここでは、アメリカの高校生向けの文章読本の例が紹介されている。

たん教員に見せて相談したり、仲間に話してみるといい。そうすると、まだ足りない調べ物が見つかったり、解明できていない箇所がわかったりする。

以下に、実際に卒論作成途中にアウトラインを書いた例をあげてみるので、参考にしてみてほしい。[*7]

雇用政策の中の外国人
―介護分野の外国人雇用―

論文の問い・目的・方法（はじめに）

介護分野における人材確保とりわけ外国人労働者による人員増強という手法は適切かつ効果的か。まず現在の課題を明らかにし、将来起こりうる課題を予想したうえで、解決のために必要な法整備等の施策提言を行う。

目次

1．はじめに
　外国人雇用への問題意識、方針の提示、論文の最終目的について
2．日本の政策上における外国人とは
　(1) 外国人労働者に関する事件について
　(2) 組織法上の外国人の取扱い（施策、法律上）
3．日本で働く外国人の現状
　(1) 外国人労働者全体の現状→人数、就労先、待遇
　(2) 外国人を受け入れるうえでの問題点・課題
4．「労働移民を受け入れる」ことの功罪―外国人労働者受

---

*7　横田ゼミの第1期（2015年度）卒業生である佐藤美奈子さんが、卒論執筆当時に（第Ⅳ部（卒論編）⑰(3)の【第1の課題】として）作成したものを一部改変のうえ掲載させていただいた。快く応じてくださった佐藤さんに感謝申し上げる。

け入れの事例—
（1）国内（愛知県豊田市、群馬県等自動車工場に従事する
　　　外国人）
（2）国外（ドイツを想定）
※「我が国の産業及び国民生活等に与える影響」（入管法）
5．介護分野を取り巻く課題
（1）日本人を含む全体の需要・供給バランス
（2）今後必要とされる介護士の数、それはどのような方法
　　を用いることで補てん可能か。
（3）なぜEPA（ベトナム・フィリピン・インドネシア）で看
　　護師・介護士を受け入れることになったのか。
（4）就労までの過程、必要な準備、障害となりうるもの
　　（3国で違いはあるのかの比較も含む）
（5）現状の受け入れ方法では問題となりうること
6．施策の提言
　前章までにあがった課題を踏まえて、考えうる施策を提言。
7．まとめ

現時点で集めた参考文献

法務省在留外国人統計 http://www.e-stat.go.jp/SG1/estat/
List.do?lid=000001139146
公益社団法人国際公正事業団（JICWELS）「平成28年度版
EPAに基づく介護福祉士候補者受入れの手引き」、2015年
出井康博『長寿大国の虚構　外国人介護士の現場を追う』新
潮社、2009年
花見忠ほか調査研究報告書No.5『外国人労働者問題の政策
的課題』日本労働研究機構、1991年3月
橋元秀一ほか調査研究報告書No.96『外国人労働者が就業す
る地域における住民の意識と実態』日本労働研究機構、1997
年3月

(4) 文章を書きながらアウトラインを育てる

ぱうぜ 「そうそう、ひとつ言いそびれた。アウトラインっていきなり完成するわけじゃないからね。1回書いたので終わりではない。文章を書きながら、アウトラインを育てていくんだ」

かすみ 「育てる、ってどういうことですか?」

ぱうぜ 「〈発想→整想→成果物〉って順序で進むって言ったけど、**実際にやるときは行ったり来たりする**んだ。調べてある程度まとまりそうな段階でいったん、最初のアウトラインを書いてみる。スカスカでもいいし、たくさん書いてあるところとそうでもないところがあったりしてもいいんだよ」

明日香 「確かに、詳しい内容を書き始めると止まらなくなって書くんですけど、そのときには順序とかあまり考えてないですね」

ぱうぜ 「書いてるときってそういう風になりがちだよね。いいんだ、それで」

かすみ 「明日香先輩って、集中して書き物してる時ってどんどん書けてて、すごいですよね…」

進吾 「でも、それじゃあいつまでたっても〈読み手目線〉の順番にならないっすよ?」

ぱうぜ 「うん。だから、ある程度書いてたまってきたら、いったん、構造を考える」

かすみ 「そうか、どんどん書いていくのはむしろ〈発想〉に近くて、それがたまったら〈整想〉モードに切り替えたらいいんですね」

明日香 「確かに、本を参照しながらいろいろ議論を紹介してるときは、それに集中しちゃうけど、ある程度書き切ったらその本からいったん離れて全体の構図を見ないとマズいんですね」

かすみ 「そうか、行ったり来たりしていいんですね…」

アウトラインを作ったら、次は成果物としての文章を作る工程になる。ここで気をつけてほしいのは、**実際には「行ったり来たりしながらアウトラインを育てていく」**ということである。アウトライナー[*8]についての入門書を執筆したTak.氏は、**「トップダウン思考とボトムアップ思考を行き来する」**こと、そしてその過程で揺さぶりながら**アウトラインを育てていくプロセスを〈シェイク〉と名づけている**。[*9]

　(3)で紹介した「型にあてはめていく」というやり方は、全体の構成を考えてから文章にするやり方である。章ごとに書く内容を決め、次に節の構成を考え…というように、**骨組みを組んでからその間に肉づけをするイメージで文章を書いていく、〈トップダウン型〉**である。

　でも、実際にレポートを書き始めてみると、文章を書いている間に連想が進んで新しいアイデアが生まれたり、論じる必要のある項目に気がついたりする。そんなときは、〈発想〉モードに入ったのだと開き直って、どんどん書き出してみよう。**細かい断片をとにかく出し切って、その後で組み上げていくやり方を、〈ボトムアップ型〉**という。

　このふたつは、どちらか一方だけを用いるのではなく、相互を行き来するイメージで使うとよい。イメージとしては、細かい文章をどんどん書いていくうちに出てきた断片を、一呼吸ついたら、今度は空から眺めるようなイメージで、全体の構造を見て調整していくという感じである。アイデアというのは不思議なもので、文章を書いているうちに予定外のものが出てくるものである。そういうアイデアを切り捨てるのではなく、いったん取っておいて、整理するときに考えればいい。[*10]

　これは〈書き手目線〉と〈読み手目線〉を往復しながら書くという

---

*8　アウトラインモードを使って文章作成支援を行うツールのこと。無料で使えるアウトライナーとして、Workflowyが有名。また、Wordのアウトラインモードもアウトライナーとして活用できる。Tak.・前掲書ではこのふたつを中心に解説している。
*9　Tak.・前掲書64-67頁。
*10　それでは、「いったん書いたけど使わなかったもの」はどうしたらいいだろうか？ Tak.・前掲書66頁では、アウトラインの末尾に「未使用」という項目を作っておいて、そこにいったん放り込むことを推奨している。そして、今のアウトラインを組み換えたら別のどこかで使えないかどうかを後で考えてみればよい。

ことでもあるし、第Ⅲ部（3年生編）⓫で紹介する〈鳥の目〉と〈虫の目〉を往復しながら考えを深めていくということでもある。この往復作業は、見出し単位で折りたためる機能を持っているアウトライナーを使ってもよいし、いったんプリントアウトしてから並び替えてもよい。自分なりのやり方を見つけてほしい。^{*11}

（5）「調べただけ」からオリジナルを生むために

かすみ 「今回、もうひとつ不安なのが、〈論証型〉なんですよね・・・。自分の意見を、〈問い・主張・論拠〉をそろえて書くというのはわかりますけど、『自分の意見』なんてどうやって見つけるんでしょうか？」

ぱうぜ 「なるほど。うーんと、詳しくは後で〈悪魔の代弁人〉の話をしようと思うけど、まずはね、**自分の〈内なる声〉を聞きながらインプットをする**といいんじゃないかな」

明日香 「あー、懐かしいですね、〈内なる声〉！ ノートと友達になるんですよね」

かすみ 「どういうことですか？」

ぱうぜ 「昨年明日香さんたちに説明したことなんだけど、講義を聴くときや本、資料を見るときに、いろいろな〈ツッコミどころ〉を探して、それもメモしていくんだよ」

明日香 「かすみちゃんが持ってる本、もうふせんが貼ってあるところあるよね？」

かすみ 「はい、この箇所、著者の主張がまとまってますし、課題にも使えそうな気がしたんです」

明日香 「その箇所をメモして、そのついでに、どうしてそれが大事

---

*11　Wordも適切に見出しレベルを設定すれば、アウトラインモードで折りたたんだり並び替えたりということが容易にできる。また、目次も自動作成できる。これらについてはTak.・前掲書に詳しく解説されている。時間のあるうちに、アウトラインモードの使い方をマスターしておくと、Wordはとても便利なソフトになる。

	かについて自分なりに考えたことを書いてみるといいんじゃない？」
進吾	「逆に納得いかないんだったら、『この著者のいう○○はおかしいと思う』とかでもいいんだ」
明日香	「納得いかないんだったら、ほかの本とかデータと突き合わせてみることもできるしね」
ぱうぜ	「最初は気になるところをメモするだけでいい。**どうして気になったのか、自分なりに書き出してみると、〈発想〉のためのピースが集まっていく**んだよ」

　「あなたの考えを書きなさい」というような、論証型のレポートの場合は、単に参考文献を読んで紹介するだけではピースが足りない。自分の心の内からわき上がってくる疑問や感想を拾っていき、自分の「見解」に育てていく必要がある。自分の考えというものを最初から持つのはなかなか難しいかもしれない。では、第Ⅰ部（1年生編）❷で紹介したように、〈内なる声〉を拾い上げる作業から始めてみよう。

　なぜそんなことを考えたのか、その論拠となる箇所はどこか。また、著者の見解と比較してみたいほかの論者の見解やデータはあるか。そんなことをひとつひとつ丁寧にまとめていくうちに、〈問い・主張・論拠〉がそろった形での「あなたなりの考え」が見えてきたら大丈夫。それを軸にしてさらに調査を続けてみよう。

（6）「〈書き手目線〉の並び順」を「〈読み手目線〉の並び順」に整える

進吾	「〈発想〉のピースを集める、っていうのはなんとなくわかってきたんすけど、〈整想〉って何のためにやるんすか？」
ぱうぜ	「〈発想〉のピースはね、そのままだと〈書き手目線〉の『自分用の並び順』でしかないんだ。『○○と思ったのは、この本の〜の箇所を読んだからです』なんて書くレポートがあるけ

明日香	「…あ、それ、去年のあたしやっちゃったかも…」
ぱうぜ	「ごめんごめん。良い〈発想〉を持っていたから高く評価したけど、ちょっともったいないよね。あくまでレポートは〈論文を書くためのステップ〉なんだから、他人にきちんと読んでもらえるようにしないといけない」
かすみ	**「思いついた順番が読みやすい順番とは限らないんですね」**
ぱうぜ	「そういうこと。あと〈整想〉にはもうひとつ良いことがある。それは、『書き漏らし』がなくなるってことなんだ」
進吾	「そういや、かすみさんの今度の課題って、『障害者への合理的配慮と学校施設』なんだよね？ 障害者側の本ばかり集めているけど、学校側の資料はないの？」
かすみ	「あっ、確かに…」
ぱうぜ	「そう。こんな風に、**〈整想〉をしているうちに足りないピースに気がつくこともある**から、そのときは資料収集と〈発想〉の段階に戻って付け足せばいいんだよ」

冒頭、それは、レポートを書いた人の頭の中での順番を、読み手に押しつけているように思われかねないんだよ」

最後に、成果物としてのレポートを書き始める前に、順番や構成を考えてみよう。自分の〈内なる声〉を拾い上げたメモは、そのままだと、単にあなた自身が思いついた順番であったり、あなた自身が重要だと思う順番になっているはずである。しかし、そのレポートを読む人にとってはどうだろうか。ここで、〈書き手目線〉から〈読み手目線〉への並び替えが必要になる。あくまで「論文を書くためのステップ」であるレポート課題には、一定の型がある。その型に沿って、書くべきことを〈読み手目線〉の順番に並び替えてみよう。

また、この順番を考えているうちに、足りないピースに気がつくかもしれない。そうであれば、いったん資料の収集や分析に戻って、足りないピースを埋めてみよう。これを繰り返していけば、ひとりよがりな文章からは脱却できるはずだ。

> **まとめ**
> - レポートは、考えを広げる〈発想〉、取捨選択や順序を考える〈整想〉、完成形にする〈成果物〉という3段階で書いてみよう
> - 少しやってみてから、段階を行ったり来たりしながらアウトラインを育てよう
> - 〈書き手目線〉から〈読み手目線〉に並べ替えよう

work…2

ためしに「本を薦める 500 字の原稿」を書いてみよう

かすみさんの課題はちょっと難しそう…。そんなあなたは、まず、書評をやってみてはどうだろうか。書評というとちょっと大げさということであれば、「友人に本を薦めるときに添える手紙」をイメージしてみてはどうだろうか。どの本を選ぶかで迷うようであれば、ぜひこの本をほかの方に薦める文章を書いてみてほしい。もしうまく書けたら、書評ブログサービスなどを用いて発信してみよう！

> 下準備：
>   本のどこを使うのか、ふせんを貼ってみよう
> 発想：
>   順番はとりあえず自分好みで、どんどん書きたいこと、抜き書きしたいことをノートに書き出してみよう
> 整想：
>   重要だと思う事柄を選んで、〈読み手目線〉の順番にしてみよう
> 成果物：
>   脚注をきちんとつけた文章の形に整えてみよう

8 より良いリサーチのためのコツ
―― 作戦を立てて〈情報地図〉を作ろう

レポート課題を進めるうちに、自分の「調べ方」に自信がなくなってきたかすみさん。とりあえず調べてみたけれど、行きあたりばったりでいいのかな――。効率が良くてためになる調べ方のコツってあるんだろうか？

（1）いきなり調べず作戦を立てよう

かすみ 「もう一度調べ物からやり直してみようと思うんです。先輩たちはどういう風に調べ物をしたんですか？」

進吾 「うーんと、とりあえず図書館で探したりとか、ネットで検索かな」

かすみ 「それで見つかりました？ うまくいかないんです」

明日香 「進吾くん、それはとっても効率が悪いと思うよ。ね、ぱうぜセンセ」

ぱうぜ	「そうだね。いきなり調べずに、ちゃんと作戦を立てよう」
明日香	**「何のために調べるのか、目的をはっきりさせておかないと、ダラダラ調べて時間が足りなくなっちゃうし、目的を果たせないこともあるの」**
進吾	「なんか、やけに実感がこもってるね」
明日香	「実はね。友達のお母さんが作ったジャムを分けてもらったのがとても美味しかったの。あたしもやろうと思ってどうせならかわいい鍋を、と探して買ったんだけど…」
ぱうぜ	「明日香さんは、『酸に強い鍋』、たとえばホーロー[*1]とかじゃないとジャム作りに向かないってことを知らなかったんだ」
明日香	「それに、電子レンジで作るやり方もあったんだって。子どもの頃におばあちゃんのジャム作りを手伝ったときのイメージで考えてたから、思いつきもしなかったよ」
かすみ	「そうか、『かわいい鍋が欲しい』っていう思いに引きずられすぎて、ジャムが作れなくなっちゃったんですね」
ぱうぜ	「本当の目的はジャム作りだったんだ。だから、面倒くさがらずに、ジャムの作り方を改めて下調べして、それから必要な情報を集めるべきだったんだね」

　情報を手に入れるために、時間と労力を無駄にしないためにも、まずは何のために調べるのかニーズをはっきりさせよう。やみくもにネット検索から始めてしまうと、いつしか調べることそれ自体が目的になってしまい、本当の課題に立ち向かうことができなくなってしまう。[*2]
**　目的がはっきりしないのであれば、「問題意識を仮設定」することを勧める。いったん仮設定した目的で調べてみて、調べるうちにもっと面白い課題が見つかるのであれば、それはそれでまた作戦を立て直せ**

---

*1　ガラス成分を含む釉薬（ゆうやく）でコーティングされている鍋のこと。単なるアルミや鉄鍋に比べると酸に強いが、壊れやすいという欠点もある。
*2　参照、喜多あおい『プロフェッショナルの情報術』（祥伝社・2011 年）26 頁以下。「テレビ番組で見たバナナジュースを作りたい」という思いから安直に調べ始めた場合の失敗談が語られている。

ばよいのである。対話で出てきた例から言えば、リンゴジャム作りを仮設定の目標として調査を進めていった結果、同じような道具で作れるリンゴのコンポートを使ったお菓子を作りたくなった、としよう。そうであれば、今度はリンゴのコンポートに照準をあわせて、一から調べ直すべきである。

(2) 網羅と分類のための〈情報地図〉

かすみ	「わかりました、今回はこういう目的で調べますけど…。どうでしょう」
進吾	「ちゃんと書き出してみたんだね。…うーん、これ、効率的にやろうとしすぎているんじゃないかな?」
かすみ	「え、どういうことですか?」
進吾	「障害者の皆さんが旅行に行くのに困ることを調べて、対策を考えたいっていう目的はいいと思うよ。でも、調べようとする内容が車椅子の人に限られすぎてる気がする」
明日香	「車椅子も大変だけど、目の見えない方のお世話も大変だよ。あと、障害者って言っても、身体障害だけじゃなくて、精神障害や知的障害の方もいらっしゃるよね」
かすみ	「そうか、『障害者』って言葉の意味、当たり前すぎて考えてなかったけど、よく考えてみればほかの可能性もありますね。明日香先輩、詳しいですね…」
明日香	「ボランティアをしてたことがあってね。調べ始めるときは、当たり前だと思っている言葉でももう一度調べ直してみた方がいいよ」
進吾	「少し広めに調べていって、だんだん目的に沿って絞り込みをした方がいいんじゃないかな」
ぱうぜ	「そうだね。**網羅と分類が大事だね。いきなり狭い範囲のキーワードだけを狙い撃ちにするんじゃなくて、広めに、漏れがないように集めたうえで分類をしてみる**んだ」

かすみ	「どうしてですか？」
進吾	「最初の計画だとさ、『身体障害のある車椅子の人は大変です』以上の結論が出てこないんじゃね？ ほかの人たちのことも調べたり、駅や空港での対応なども比較してみるといいかもしれない」
明日香	「レポートのテーマとしては『障害者と社会のあり方を考える』だから、ひょっとしたら、仮設定した目的よりももっと良い題材が見つかるかもしれないしね」
ぱうぜ	「かすみさんが仮設定した内容は、『まあ確かにそういうことはありそう』な話だよね。でも、面倒くさがらずにその周りの情報も漏れなく集めてみて、分類をしてみると、新たな視点が見えてくるかも」
かすみ	「いきなりど真ん中、ってわけにはいかないんですね」
ぱうぜ	「書く範囲の絞り込み方とかは、また別の機会に。まずは、**漏れのない〈情報地図〉を作るところから始めてみよう**」

　調べ物をするときは、ありきたりの情報やキーワードだけでなく、調べていくうちに気になった言葉を使って、さらに調べていくようにしよう。当初の目的で調べていくうちに、「障害者」の定義や、社会との関わりでの決まりごとが見えてくるはずである。その段階で、漏れのない調査をするにはどうしたらよいか、作戦を練り直してみよう。

　クイズ番組などのリサーチャーを務める喜多あおいさんは、いきなりストライクを狙いに行くのではなくて、情報の比較をするためにも、「網羅と分類」のプロセスを経ることを勧めているので、以下引用しよう。

> 　私の考える「網羅」とは、お題に関して考えられるすべてのキーワードをピックアップし、それらを手がかりにソースをあたり、あらゆる情報を集めることです。文字通り大きな網を投げて、そこにある産物を漏れなくすくいと

> るようなイメージです。[*3]
>
> 　またいきなりストライクの情報を求めても、まず**何がストライクの情報なのかは、比較する対象が無ければ判断できません。情報は、つねにつながりのなかで意味を持つ**のです。このことは情報を扱う上で忘れてはならないことで、網羅と分類の過程を通じて、その位置づけを知ることができます。[*4]

　イメージできただろうか。そう、情報を収集するためのキーワードやつながりについて、頭の中に地図を作るイメージである。最初は「広く浅く」でかまわないので、「網羅」のつもりで集めてみよう。

　ある程度情報が集まってきたら、いったん整理して「分類」して、情報の地図を書き出しておこう。夢中で調べ続けていると、「どうしてこの資料にたどりついたんだっけ…」と忘れてしまうので、どのキーワードでどのデータベースを検索して得られた情報なのか、また、どの文献の脚注・参考文献一覧から再調査した内容なのかをメモするクセをつけておこう。

(3) 信用できる文献の見分け方

かすみ	「そうだ、調べてみて困ったことってありませんか？」
明日香	「連想を重ねて色々集めてみるとね、どれを信用すればいいかわからなくなっちゃうの」
進吾	「社会的に話題になったりすると、いろんな人がいろんなこと書いてるしね。紙の本になってたとしても嘘や思い込みが混じってることもあるかも」
ぱうぜ	「確実、とまでは言えないんだけど、良い見分け方があるよ。

---

*3　喜多・前掲書 30 頁。
*4　喜多・前掲書 31-32 頁。

	君らのレポートと一緒で・・・**根拠や典拠となるデータや参考資料を、適切に参照**しているかどうかを確認してごらん」
かすみ	「レポートと一緒？」
ぱうぜ	「レポートに脚注をつけたり、引用を明示したりするよね。あれは何のためにやるんだっけ？」
明日香	「ええと・・・先人の知恵に乗っかる、『巨人の肩に乗る』ためですか？」
ぱうぜ	「確かにその通り。裏から言えば、『きちんと先人の意見を自分の意見と切り分けている』っていう意味で、信用できる書き手なんだよ」
進吾	「そっかー！ **元ネタをきちんと明示するほど丁寧に書いているんだから、きちんと考えている証拠**、か。自説のためにこれまでの議論をテキトーに紹介するような書き手はそもそも信用できないぞ、ってことっすね！」

　信用できる本をどのように見つけるか。必ずしもその分野に詳しいわけではないときに、どうしたらよいだろうか。ひとつの方法は、「参考文献一覧や脚注が適切に付されているかどうかを最初にチェックする」という読み方である。実は、研究者がほかの論文を読んだり、教員が学生のレポートをチェックするときにはこの読み方をすることが多い。なぜだろうか。

　レポートを書くときには、**引用注や参照注をきちんとつけて、出所を明示することが求められる。それは、書き手が自ら考えて書いた内容なのか、それともほかの研究に依拠したものなのかを区別するために必要である**。そして、適切にそれらがなされていれば、読み手は必

---

*5　この「適切に参照」のレベルは、本の形式によっても異なる。たとえば新書やビジネス書には脚注をつけないことが一般的なので、末尾に参考文献一覧を付していることが「適切に参照」していることの目安になる。

*6　もしあなたがその分野について一定の知見があれば、「このテーマをこの視点で論じるなら、〇〇という文献を引用することが必要だろう」という観点からも、その本の妥当性はわかるかもしれない。このように、いったんきちんとレポートや論文を自分で書いてみると、そのような観点から本を選べるようになる。

要に応じて元の記事や論文をたどることにより、この書き手が何をどのように解釈してどう付け加えたのかがわかるようになる。

　本が信用できるかどうか、というのも同じことである。「それぞれの論点についての条文、判例、先行研究、実務の取扱い等が客観的に紹介されているかどうか」という観点であれば、必ずしもその分野に詳しくなくてもある程度は判断できる。要するに、自分に都合のいい証拠ばかり集めているような不誠実な書き手ではないかどうかをチェックすればよいのである。

(4) 試しに3冊選んでみよう

明日香　「それでも、Aの本はこんなことを、Bの本は全然別のことを言ってたりしますよね。混乱します。こういう全然違うことを言ってる本を参照するのって、なんだかバラバラで良くないですよね」

ぱうぜ　「そんなことないよ、良いやり方だよ。むしろ、1冊だけを参照してレポートを書いてはダメ。できれば、自分の問いに対応するような本を、3冊以上は選んでほしい」

進吾　「うげ、3冊も?」

ぱうぜ　「できれば、その3冊は同じような本ではなくて、**発行された時期や著者の属性、想定されている読者層、またロングセラーなのかそれとも瞬間的に売れた本なのかなど、種類が異なっているといいね**」

明日香　「多角的に見ることができるからですね。でも、そういうものってどうやったらわかるんですか?」[7]

ぱうぜ　「本を選ぶときには、『はじめに』や『おわりに』とか、目次の構成や、奥付に隠された著者からのメッセージを見るんだ」

---

[7]　経験上、一定の事項について賛否両方の立場から共通の事柄が書かれているのであれば、その部分は広く共有された知見である可能性が高い。

かすみ	「奥付？ ・・・あ、巻末の発行日とかが書いてある頁のことですか」
ぱうぜ	「そこを見ると、長く売れてる本なのかどうか、どれくらいのペースで改訂されているのかもわかるよ。様々な種類の本を集めるためにも、本の収集元は1か所じゃなくて、いろいろなタイプの書店・図書館をめぐってみるのが理想だね」

　皆さんは本を選ぶときに、どんなところを見ているだろうか？　ぜひ、奥付と目次、そして「はじめに」と「おわりに」を読んでから、全体を読み始めてほしい。

　奥付とは、本の最後にある、著者名・発行所名・発行年月日・定価・版数刷数などのいわゆる「書誌情報」を示した頁である。また、著者紹介が付されていることも多い。これらを見ることで、その本はどんな経歴を有する人が書いたのか、いつ出されたものなのか、出版されてからどれくらいのペースで売れ続けてきたのかがわかる。もし、刷数を短期間で重ねているのであれば売れ行きのスピードが速く人気を博した本ということになるし、ゆっくり売れ続けているのであればロングセラー、ということもわかる。

　目次は、単に「何が書かれているか」のリストではない。レポートや論文を書いてみるとわかるようになるが、**どのような小見出しをつけるのか、どのような順番で書くのか──これは、著者から読者に対するメッセージになっている。「はじめに」や「おわりに」には、どうしてその本を書くことになったのか、その本で伝えたいメッセージはどのようなものなのかが書いてあることが多い。**

　3冊組み合わせる読み方では、性質が違う本を選ぶようにしよう。まずは、入門書、古典やベストセラー、専門書を組み合わせてみることをおすすめする。[*8]特に、**ある分野についてはじめて学ぶときには、**

---

*8　本を3冊選んで比較読みするという手法は、奥野宣之『新書3冊でできる「自分の考え」のつくり方』（青春出版社・2012年）を参考にした。

全体像を〈鳥の目〉でつかむための本と、問題点を〈虫の目〉であぶり出すための本などを組み合わせて読んでみると、様々な視点で物事をつかむことができるようになる。もし、適切な〈鳥の目〉用の入門書が見つからないのであれば、政府機関などが作成しているウェブサイトも参考になるだろう。

　たとえば、かすみさんのレポート課題（障害者の働き方）について考えるのであれば、まずは内閣府のウェブサイトに掲載されているポスターや一般向けパンフレットを参考にしたりしながら、「障害を理由とする差別の解消の推進に関する法律」（いわゆる「障害者差別解消法」）が制定された経緯や、同法のキーワードである「合理的配慮」という言葉の意味をつかもう。合理的配慮とは、「障害のある人から、社会の中にあるバリアを取り除くために何らかの対応を必要としているとの意思が伝えられたときに、負担が重すぎない範囲で対応すること（事業者においては、対応に努めること）が求められるもの」である。[*9]

　そのうえで、さらに詳しい内容を調べるために、「合理的配慮」という言葉で検索して出てきた専門書を調べてみよう。[*10] それらを読むうちに、単に「障害者差別解消法」だけでなく、「障害者基本法」や「障害者雇用促進法」も関わりがあることがわかってきた。けれども、なんだか難しい。特に労働問題に関心があることがわかったら、今度は、労働法の教科書（入門書や体系書[*11]）の中で、障害者がどのように扱われているのかを調べてみよう。もし、体系書が難しすぎて理解できないのであれば、基本的なことを学ぶために入門書を参照してみるとよ

---

*9　内閣府「障害を理由とする差別の解消の促進」〔http://www8.cao.go.jp/shougai/suishin/sabekai.html〕を参照した。なお、このウェブサイトは障害のある方がアクセスしやすいよう、ルビがふられていたり、テキスト版の説明があったりする。

*10　川島聡＝飯野由里子＝西倉実季＝星加良司『合理的配慮──対話を開く　対話が拓く』（有斐閣・2016年）。

*11　入門書や体系書など、教科書の種類については **column…5**（190頁）を参照。

*12　労働法の体系書として著名なものとして、菅野和夫『労働法〔第11版補正版〕』（弘文堂・2017年）がある。本書は毎年のように改訂されていて、障害者雇用促進法の大改正についても第11版（2016年）で対応済みである。

い。さらに、「障害者雇用促進法」で調べてみると、より専門的な書籍が刊行されていることもわかってくる、といった具合である。

また、それぞれの本を読むときに気をつけてほしいことがある。それは「本は一言一句、前から順番に読む必要はない」ということだ。ある本の全体像を把握しながら、詳細に読み込むところを選んでもよい。この〈鳥の目〉と〈虫の目〉については、第Ⅲ部(3年生編)⓫で説明する事柄も応用して考えてみてほしい。

(5) 目的を持って一度は使ってみる

ぱうぜ 「まあ、習うより慣れろ、でもあるね。目的を持って調べたり、読んだり、まとめたりすることを何度もやってみて。だんだんわかってくるから」

明日香 「そうそう。図書館も、ただ眺めているだけだと全然どこに何があるかわからないけど、いったんレポートをがんばってみると、いろいろな棚があることに気がつくんだよね」

進吾 「確かに。あの本屋にあんな本があるなんて知らなかったよ」

ぱうぜ 「検索も同じだよ。たとえば、**使いたい表現や、調べてみてわかってきた『より正確な表現』や『特別な言葉』を組み合わせて検索すると、目的の情報に早くたどり着きやすくなる**」

明日香 「あ、そうだ。かすみちゃん、『合理的配慮』って言葉も使って検索してみてよ」

かすみ 「え・・・? あ、もしかして」

---

*13 入門書の例として、森戸英幸『プレップ労働法〔第5版〕』(弘文堂・2016年)。障害者雇用促進法の改正にも対応している。
*14 永野仁美=長谷川珠子=富永晃一(編)『詳説 障害者雇用促進法〔増補正版〕』(弘文堂・2018年)。
*15 菅野・前掲書は1192頁もあり、まるで辞書のようである。このように体系書はとても分厚い。必要なところだけ読みたいのであれば索引が便利である。もっとも、そこだけつまみ食いするとかえって理解しづらいので、実際にはその前後や関連する項目もある程度読んだ方がよいだろう。

| ぱうぜ | 「今回の課題に関連した『より正確な表現』であり『特別な言葉』だね。『障害者差別解消法』もとても関連しているから、それも調べてみるといい」 |
| かすみ | 「ちょっと書いてみてから改めて調べてみると、もっと検索の幅が広がるんですね。わかりました、やってみます!」 |

　本や論文、ウェブ記事を検索するときのヒントとして、覚えておくとよい事柄を紹介しよう。**ある程度目的を持って調べてみて、重要な言葉や使いたい表現のうち、より専門的で正確な言葉がわかるようになると、一気に検索の精度が上がる。**たとえば、障害者の働き方についてのレポートを書いているときに、法制度についての解説を読みたいのであれば、「障害者雇用促進法」や「合理的配慮」など、日常会話ではあまり使わない専門用語を正確に入れて検索してみる、というやり方である。

　そのとき、単純に「障害者雇用促進法」と検索すると、「障害者」「雇用」「促進」「法」とバラバラにヒットしてしまうこともあるので、もし法律そのものについて詳しく検索したいのであれば、「" "」で囲ってつながった状態だけを検索するという方法を試してみよう。また、**テーマによっては、日本語に限らず、外国語の記事を探すのもおすすめ**である。

　また、ひとつの検索ワードでは無関係な記事が多くヒットしてしまうようであれば、いくつかの単語を入力して検索することができる（and 検索）。その際、先に紹介した喜多あおいさんは、架空の記事を書いてみることを勧めている。

　注意が必要なのは、**掛け算する言葉を間違えると必要な記事までとりこぼしてしまう**ことです。
　求める記事を見つけるコツは、自分で架空の記事を書いてみることです。（中略）**架空の記事を頭の中で二、三行書**

> **いてみる**・・・（中略）・・・そうするとどんな表現（特にどんな形容詞や副詞が当てはまるか）を使うのかということが明確になります。それを名詞に掛けてあげるのです。そうすると、いっぺんにヒット率が高まります。[*16]

　私自身がよくやっている方法としては、何かの定義を書きたいのであれば、「○○　とは」というように、「とは」という言葉を一緒に入れて検索（and 検索）している。また、会議資料や論文だけを知りたいときには、あえて「pdf」も検索窓に入れて、ファイル形式を指定したりしている。

　また、雑誌論文を検索するときには、検索ワードでヒットした記事だけでなく、その号のほかの記事や、その前後の号に掲載された内容も一応確認するようにしている。もしその記事が特集や連載企画の一部であるならば、関連する論文に出会える確率が高いからである。

　このように、ある程度試してみると検索のコツ[*17]はどんどんつかめるようになる。いろいろ試してみてほしい。

まとめ

- 思いつきで調べず、しっかりと調べるためにも下準備が必要
- 信頼できる文献を見分けるために、根拠を確認するクセをつけよう
- いろいろな種類の本を見つけるには、試しに書いてみて、より正確な表現で調べ直してみよう

---

*16　喜多・前掲書 95 頁。
*17　もっといろいろな指定方法を知りたい人は、「検索演算子」という言葉を検索してほしい。例として、Google 検索ヘルプ「ウェブ検索の精度を高める」〔https://support.google.com/websearch/answer/2466433〕参照。

9 考えを深めるためのコツ
——ディベートモードを取り入れる

さっそく「3冊レポート」を書き出してみた明日香さん。「自分の意見を持つ」といっても、一体どうしたらいいんだろう？ ぽうぜセンセに現段階のレポートを見せて、考えを深めるためのコツを聞くことにした。

(1)「悪魔の代弁人」って何？

進吾　「明日香ちゃんは、自分の議論を深めることが難しいからって、とりあえずセンセにレポートを見てもらったんだよね」

明日香　「うん、それに付いてたセンセのコメントがわからなくて…。ええと、『理由づけが薄っぺらい気がします。悪魔の代弁人を立ててみては』って、何ですか？」

ぽうぜ　「ごめん、説明不足だったね。明日香さん、このレポートを書く前に、発想を広げたり深めたりするためにどんなことをしたのか、教えてくれるかな？」

明日香	「〇〇学のレポート課題は、〈問い〉が与えられているタイプだったので、どういう資料を集めたらいいのかな、って相談しました」
かすみ	「みんなで手分けして借りたりコピーしたりしたんですね、先輩たち賢いなあ」
明日香	「でも、"自分の意見を書きなさい"ですから、それぞれ考えなきゃいけないね、ということで、ブレインストーミングを」
進吾	「ぶれいんすとーみんぐ?」
ぱうぜ	「発想を広げるために、アイデアを出しあいっこすることだね。ブレストとも言うことがあるね」
明日香	「はい。先生がどういうことを聞きたがっているのかな、とか、それぞれの考えを吐き出してみるためにどんどんやってみました。でも行き詰まっちゃったんです」
かすみ	「どうしてですか?」
明日香	「途中から、Aさんの意見もいいね、Bさんの意見もいいね、って感じで、どの意見もすばらしく思えてきて・・・。それで、いざ書き始めようとしたら、なんだか薄っぺらな感じになっちゃったんです」
ぱうぜ	「ううむ・・・ブレストって、〈発想〉のためのとっかかりとしては良くできているんだけど、その先が続かないんだよ、それだけじゃ。そこで、**〈悪魔の代弁人〉**を使ってみよう」
進吾	「センセ、なんすか、その悪魔のツノのようなポーズは・・・」
ぱうぜ	**「〈悪魔の代弁人〉とは、言ってしまえば"自分とはとことん異なる意見を持つ最強のライバル"ってこと。そのライバルの視点からの批判を受けてもなお支持できるくらい、しっかりとした理由と証拠で、自分の主張を支えるんだ」**
かすみ	「ものすごーく頭のいいライバルに、あらかじめツッコミを入れてもらうってことですか。確かにそれなら議論が深まりそうですね。でも、どうやってやるんですか?」

レポート課題に取り組むとき、単に思いついたことだけで書き始めるのではなく、いろいろな発想法を用いて議論や調査の幅を広げることも大事である。明日香さんが友人と行ったのは**ブレインストーミング（略称：ブレスト）**という〈発想〉のための手法であり、そこでは**とにかくいろいろなアイデアについて、頭ごなしに否定することを禁止して、どんどん出していくことがルールになっている**。ついつい、「こんなことはもう誰かが考えているかも」「くだらないことを言って、馬鹿にされないか心配だ」と考えてしまいがちであるが、そのアイデアが使えるかどうかは後で判断すればいい。

　けれども、レポートにまとめるときには、それだけではうまくいかない。ブレストはどんな議論でも肯定する気持ちでやらないとうまくいかないので、どんな議論でもとにかく出てきてしまう。しかし、**実際に〈主張〉をきちんと支えるために必要な〈論拠〉（理由・証拠）のそろった文章を書くためには、異なる視点や反対の利害関係を持つ人からの批判にも耐えるような議論をしなければならない。〈主張・理由・証拠〉をそろえて議論を深掘りすることを考えてみよう。**

　広がった発想をすべて取り込もうとして文章を書いてみると、問いに対して持ってきた理由と証拠が、あまりにも自分勝手に集めてきたものだったのではないか、と恥ずかしくなってしまうことがある。確かに自分の意見には沿っているかもしれないが、もっと違うデータや解釈があるのではないか——。読み手にそのように思われてしまう構成だと、形式的に〈**主張・理由・証拠**〉がそろっていたとしても、説得的な文章にはならないのである。

　そこで、考えを深めていくために、悪魔の代弁人[*1]（devil's advocate）を頭の中においてみる、ということを試してみてほしい。**〈悪魔の代弁人〉**とは、もともとカトリック教会において、ある人物を聖人と認めるに値するか否かを審問するにあたって、あえて疑問や反論、批判だけを提示する役回りを演じる人のことを指す。今ではその意味が転じて、「**勝負事や交渉にのぞむ前に、自らの論理や証拠の弱みをあ**

らかじめ徹底して洗い出すことで主張を鍛え上げる」というアプローチのことを指している。[*2] 確かに、対象者は優れた人格者として知られている。しかし、もしかしたら、隠された不祥事や、良くない行動もあるかもしれない。それらを徹底的に調べ上げてから重要な決定を行う、というアプローチである。

　明日香さんたちの議論に足りなかったのはココである。明日香さんが一応〈**主張・理由・証拠**〉の3点セットを作って、議論を立てることに成功した。しかし、それだけでは足りない。ものすごく頭の回るライバルにツッコミをいれてもらうと、より考えは深まっていく。

　その際、**絶対に守ってほしいのは、「最強のライバル」という点である。つまり、反対側の議論にも手を抜かないでほしい**、ということだ。これは、レポート課題で「複数の視点から論じなさい」という課題が出たときに特に気をつけてほしいポイントである。反対説に適当な理屈だけつけておいて、それを批判すれば、さも自説がすばらしいかのように振る舞えてしまう。しかしそんなやり方では、反対説があまりに薄っぺらなので、手を抜いたことがすぐにバレてしまう。

　このように、レポートを書くときには、自分の議論を立てるだけではなく、「最強のライバル」の議論にも耐えるように、自分の議論に対しても疑問を呈さなくてはいけない。守ったり攻めたり忙しいが、これをやっておけば、自分勝手な「感想文」ではなくなる。一本調子ではなく、複数の議論を想定して、まとめればよい。そうすれば、自然と議論は深まっていく。

(2) ディベートって何だろう

ぱうぜ　「〈悪魔の代弁人〉っていう考え方は、ディベートと深く関係があるんだけど…。ディベートってわかるかな？」

[*1]　代言人、ともいう。どちらも「弁護士」の古い言い方。
[*2]　この考え方を紹介したうえで韓国の外交戦略を冷静に分析することを勧める本として、浅羽祐樹『したたかな韓国』（NHK出版・2013年）。特に16-17頁を参照。

進吾	「げ、あの相手を言い負かすゲームのことっすか・・・。俺、親友と大げんかしたから苦手なんすよ」
ぱうぜ	「違う違う。そもそもディベートって何だろうってところから揉めはじめると困るから、ここはある本から引用してみよう」

> ディベートとは、「ある論題に対して**対立する立場**をとる話し手が、**聞き手を論理的に説得**することを目的として議論を展開するコミュニケーションの形態」である。[*3]

明日香	「これだけだとイメージしづらいです。『議論を展開』ってどんなことするんですか?」
ぱうぜ	「うーんと、私が考えているディベートのポイントをまとめると、以下のようになるね」

> ①論題が決まっていて、各チームは必ず**賛成・反対のどちらか**に立つ
> ②その立場を具体化するプランを立て、**メリット・デメリットを比較**する
> ③自分個人の意見からは**離れる**

ぱうぜ	「こんな風にルールが決まった討論のことを、ディベートっていうんだ。ターン制バトルみたいに、賛成側と反対側が交互に議論をしていくんだよ」

ディベートとは、ある論題に対して、賛成側と反対側に分かれて議論をし、ジャッジ(審判)を説得するゲームである。賛成側は論題を実

---

*3 松本茂=河野哲也『大学生のための「読む・書く・プレゼン・ディベート」の方法〔改訂第2版〕』(玉川大学出版部・2015年)111頁。強調は引用者による。

現するためのプランを立てて、議論を開始する。このとき、論題選びがポイントであり、その点がブレインストーミングやディスカッションとは大きく異なる。

　ブレインストーミングやディスカッションでは、「〜について」という漠然としたテーマについて議論することが多い。できるだけ多くの視点から議論をするために、あえて方向性を決めていないのである。

　これに対して、**ディベートでは「〇〇すべきか、否か」とか、「〇〇は是か非か」という二者択一になるような論題が提示される。**このとき、論じるに足りる、明確に答えが出る論題を選ぶことが重要である。[*4]この条件であれば、色々な議論を踏まえて、メリットとデメリットを出し尽くした結果として今のところはこういう結論になる、という選択をすることができるからである。**〈主張・理由・証拠〉という３点セットをたくさん積み重ねていって、メリットとデメリットを比較して、「今のところの最善解はこういう結論だ」という決断をしていくことができる**ようになる。[*5]

　なお、私自身はこのような思考を心がける心持ちになることを、〈ディベートモード〉と呼んで、ブレインストーミングなどとは区別している。たとえば、進路についての決断をする際は、「進路をどうするか」といった大きな問題を考えるのではなく、関係する問題をバラバラに解きほぐし、ひとつひとつについて「〇〇するべきか否か」という形に直してみるとよい。[*6]いきなり「進路どうしよう」などと考え始めるよりは、「大学院に行くべきか否か」、「Ａ社に就職すべきか否か」、「Ｂ県職員の法律職に応募すべきか」という形に直して、それぞれのメリットとデメリットを出し尽くす。それもできる限り具体的な形で検討するとよい。そうすると、「大学院に行くことはどれくらいのコストがかかるのか」という問題や、「Ａ社に就職することは何を得て何をあ

[*4]　瀧本哲史『武器としての決断思考』（星海社・2011 年）77-82 頁。
[*5]　参照、瀧本・前掲書 45-46 頁。
[*6]　瀧本・前掲書 84-86 頁。

きらめることになるのか」というような視点が見えてくる。**ひとつひとつの論題についてメリットとデメリットを出し尽くしてからもう一度「進路について考えよう」というレベルに戻っていけば、決断の助けになるはず**である。

　また、実際の進行は、賛成側と反対側が決められた持ち時間で交互に発言する「ターン制バトル」である。まず、賛成側は論題を具体化するプランを立てて議論を開始する。たとえば、論題が「日本は義務教育を早期化すべきである（か否か）」であれば、それを具体化するプランを作ることになる。それに対して、反対側はそのプランを採用したことによるデメリットを述べていく。賛成→反対（→賛成→反対）→反対→賛成→反対→賛成の順にターンをまわしていき、**最後にジャッジが生き残ったメリットとデメリットを比べて、どちらがより説得的だったかを判断する**、というのがディベートの大まかな流れである。[*7]

（3）意見と人格を切り離す

進吾	「センセ、ちょっといいですか。俺、中学校の授業でやって、それ以来大嫌いなんすよ、ディベート」
かすみ	「何があったんですか？」
進吾	「さっきも言ったんだけど、親友のいる相手チームとものすごく仲が悪くなっちゃったんだ。俺が言うこと真面目に聞いてくれないし、全然話がかみ合わないし。死刑廃止の是非っていうテーマで死刑賛成側にまわってたら、『あいつの言ってることは人として間違ってる』とか言われて、キレちゃって…」

---

*7　途中で順番が入れ替わるのは、最後は必ず賛成側で終わるようにしているからである。前半のターンを「立論」といい、後半を「反駁（はんばく）」という。厳密な競技ディベートでは、「反駁に入ってからは新しい主張を認めない」というルールが課されることが多いが、慣れないうちは「大事なことは前半で言っておかないとジャッジにあまり効かない」というルールでよいだろう。できるだけ後出しじゃんけんを避ける、ということである。

明日香	「あー、そういうのってしらけちゃうよね。テレビの討論番組も、どうしてケンカっぽくなってるのかわけわかんないし」
ぱうぜ	「ええとね、それはよくある誤解なんだ。自分個人の見解とは離れているのは当然だし…。進吾くん、その時のことを思い出してほしいんだけど、君たちは誰に向かってしゃべっていたのかな?」
進吾	「え、そりゃ相手チーム…」
ぱうぜ	「もしそれをディベートと言ってたのなら、私が勉強してきたものとはちょっと違うな。**ディベートのポイントは、あくまで聴き手であるジャッジ(審判)を説得すること**なんだ」
かすみ	「ほんとだ、どっちが勝つかはジャッジが最後に決めるんですもんね」
ぱうぜ	「勝つことが目的だと考えてしまうと、相手を言い負かせばいいような気がしてくる。でも、目的は『聴き手を論理的に説得する』ことなんだ。相手を罵倒したりしても、勝ち目はない」
進吾	「それも、『自分個人の見解とは離れて』ですか」
ぱうぜ	「そう。君個人としては『死刑どうかなー、迷うなー』と思ってたとしても、ゲームのポジションとして賛成側にまわるんだったら、死刑があることによるメリット、死刑を廃止することによるデメリットを語っていくしかない」
明日香	「そうすると、相手チームの『あいつは人として間違ってる』っていうのもお門違いですね」
ぱうぜ	「そう。進吾くんは死刑賛成論者の立場に立つという役割を全うしているんだから、人格攻撃になるのはおかしいよね」
明日香	「そっか、だから〈悪魔の代弁人〉の話とつながるんですね!」
ぱうぜ	「よく気づいたね。そう、**ディベートをやるとね、『自分の本心とは切り離して、全力で反対説に立つ』っていう訓練をすることができるんだ**。また、人の話を聞くときも、冷静にな

	れるよね」
かすみ	「悪口じゃなくて、批判だ・・・と受け止められるように訓練するんですね」
ぱうぜ	「議論に対して批判したとしても、それは書いた人の悪口を言っているわけじゃない。そこを切り離せるようになることが大事なんだ」

　〈ディベートモード〉に思考を切り替えるときのポイントは、「それぞれが全力で与えられた役割を演じる」ということである。「この人が主張していることと、本心で考えていることは違う」ということがきちんと共有したルールになるように気をつけよう。[*8]

　上述の通り、〈ディベートモード〉のポイントは、**メリットとデメリットを出し尽くすこと**にある。ひとつの立場をとるのであれば、その立場から言えることは全力で言い尽くさなければならないし、反対の立場からの応答にも、苦し紛れに対応することになる。**それらは、あくまで「プラン」や「メリット」「デメリット」に対する論評であり、その主張をする人個人に対する非難ではない。**「偶然その立場につくことになった」というルールのもとで議論をすることに慣れてくると、日常の会話や、文献を読むときにも、「確かにその立場に対して論理的にはそういう批判はありうるな」とか、「この人の性格はあまり好きではないけれども、言っていることそれ自体は根拠もあって確からしい」など、**人物に対する評価と主張に対する評価を分けて考えることができるようになる。**

　そして、もうひとつ大事なこととして、議論を判断するのは反対チームのメンバーではなく、公平な第三者としての役割が与えられたジャッジ（審判）であるという点にも注意してほしい。そのため、ディ

---

*8 　私の担当する講義やゼミで実際にディベートを行うときには、あみだくじやじゃんけんなどのランダム要素がある方法で賛成側・反対側のチームを決めるようにしている。そうすることで、「偶然」その立場に立つことになったということが体感できるからである。

ベートの話法は、「君たちの言っていることは間違っている！」ではなく、「彼らは確かに〇〇と主張しています。しかし、その議論についてはこういう反論があります」というようになる。[*9]

　「議論をしてください」とお願いをすると、なんだか悪口を言いあっているような気がして苦手だ、と言う人がいる。そんな人は、きちんとルール化されたディベートをやってみることで、主張と人格とを切り離す訓練をしてみてほしい。〈**悪魔の代弁人**〉という考え方を共有したうえで議論をする練習をすれば、だんだんと慣れてくるはずだ。

（4）ジャッジの考え方とレポートへの活かし方

（ぱうゼセンセにディベートのコツをくわしく聞いた3人は、実際にディベートをやってみた。この(4)では、ディベートを終えた後の3人が、どんな知見を得られたのかを聞いてみよう。ディベートそれ自体の様子やコツについては(5)〜(7)にあるので、一度読み終えてからもう一度(4)を読んでいただきたい。）

明日香　「なんとか終わりましたね。こちら（次頁に掲載）が、審判のあたしが書いたフローシート[*10]です」

かすみ　「わぁ…思いもしなかった論点がたくさん出てきてびっくりです」

ぱうゼ　「それで、明日香さん、結論は出せそう？　ジャッジとして、**本当にメリットとデメリットそれぞれが成り立っているのか、批判に耐えて最後まで生き残っているのか、流れを追って考えてみて**ほしい」

---

*9　私自身が学んだ英語ディベートで言えば、"They said,"から始まるように気をつけよう、と指導された。"You"ではなく、"They"である。

*10　ジャッジ（審判）が賛成側・反対側双方の議論を書き込んでいき、最後に、どんな議論が生き残っているのか、どちらがより説得的かを判断するためのシート。形式について、松本＝河野・前掲書131頁を参照した。フローシートの書き方については、後の(6)で説明するので、ここではまずどんな話題が出てきたのかを確認してほしい。

論題：日本は義務教育を早期化すべきである

賛成側立論	反対側立論	反対側反駁1	賛成側反駁1	反対側反駁2	賛成側反駁2
【プラン】 「認定こども園」で3歳から読み書き・英語も メリット1：英語が得意に A）現在小1から、英語苦手〜% ☆○○統計(2010)〜頁 グローバル化を害するので重大 B）プランは3歳から C）5歳頃から英語教育で解決 ☆××論文(2003)〜頁		グローバル化と英語は関係ない プランが3歳〜であることと5歳〜のこの研究は結びつかない	英語が必須であることは現状から言って明らか 3歳から始めれば5歳からよりも進展する	将来は中国語の方がメジャーかも かえって母国語が習得できなくなり害があるかも	制度運用しつつ見直せばいい
	デメリット1：財政悪化 A）プランは国と自治体負担増 B）赤字の発生→財政危機へ ☆国と地方公共団体の財政状況○○白書2014年〜頁 C）負担増は〜億円 ☆試算結果 財政悪化は現状深刻ではない		すべてを国が負担するわけではない 英語を使えるようになって稼げるようになる 試算が過剰に見積もられている どのみち財政悪化は起きる	保護者負担なら少子化進行 証拠がないむしろ移住してしまう恐れ 財政悪化を進行させる恐れ	経済成長により穴埋めできる 英語ができるだけでは移住は起きない

明日香	「…うーん、進吾くんの言う『母国語習得ヤバい』（反対側反駁2）っていう反論、けっこう魅力あるんですけど、これについての証拠（エビデンス）がないんですよね…。そういう意味ではここも生き残ってるかな…？」
進吾	「本当なら、もうちょっと調べて『ほんとに母国語修得がうまくいかない、っていう調査結果や論文はあるのかな』って確認すべきなんでしょうね」
ぱうぜ	「厳密なディベート大会ならそうしなきゃダメだね。…審判の明日香さん、今回の勝敗を聞かせて。どっちを勝ちにしてもいいけれども、ちゃんと選手と観客が納得できるような判定理由をつけてみてね」
	（…明日香さんは、フローシートを見ながら、生き残っている議論がどれだけあるかを説明した…）
ぱうぜ	「こうやって、ひとつひとつの点について、どっちの言うことに説得力があるかを考えていくんだね」
明日香	「今回は、賛成側が3歳から始めることの意義をうまく説得できていないこと、反対側が言う通り財政悪化が深刻そうで避けられなさそうなので、反対側の勝ちとしました」
ぱうぜ	「なるほど、理由もつけられましたね。お疲れ様でした」
進吾	「あー疲れたー！　なかなか、証拠をつけながら話すのは難しいっすね。これが〈ディベートモード〉なのかぁ」
ぱうぜ	「証拠がどうしても薄くなってきちゃうんだ。でも、**こういう発想法を身につけておくと、ちゃんと準備して、主張を支える論拠をつける習慣がつくよ**」
かすみ	「なんとかひねり出して反論しようとするからこそ、【母国語習得】、【移住】、【保護者負担】とか、当初あまり考えていなかったところまで議論が進みましたね」
ぱうぜ	「そうだね。**議論の進み方にもよるけど、思ってもみなかった論点の発見や、より説得的な提示の仕方、そしてプランの改善策**などが見つかるね」

⑨　考えを深めるためのコツ
——ディベートモードを取り入れる

ディベートが終わったら、フローシートを見返して、メリットとデメリットのそれぞれが最後まで生き残っているかどうか、残った分を比べるとどちらが勝っているかなどを考えてジャッジをしてみよう[*11]。できあがったフローシートに、異なる色のペンで、生き残っている議論を丸で囲んでみるとわかりやすくなる。

　〈ディベートモード〉を経てみると、思いもしない論点が見つかったり、より説得的な提示の方法、プランの改善策が見つかる。ただ、このフローシートをレポート作成にあたってそのまま用いたのでは、雑なレポートになってしまう。もし、〈ディベートモード〉をレポートに活かしたいのであれば、あくまでこのフローシートは〈発想〉段階のヒントにしよう。さらなる調査のきっかけにしたり、反論を取り入れた形で提言をより細かく丁寧にしていくなど、もう一工夫必要になるだろう。

　上述の論題で言えば、費用負担についてもっと明確にするとか、外国語は英語に限らないことにするとか、国語の重要性も考えたカリキュラムにするとか、プランを改善する方策はいろいろと考えられる。もっとも、やることを増やせばその分「財政悪化」というデメリットも強くなるし、「そもそもそんな詰めこみ型の教育は良くない」という批判も生じうる。

　また、レポートの場合は、必ずしもどちらか一方に賛成／反対、という立場にならなくてもいい。でも、いったんそういう人たちになったつもりで考えてみてからもう一度整理すると、より深まったレポートになる。〈発想〉するだけにとどめず、〈読み手目線〉での〈整想〉と、きちんと形式を守った〈成果物〉に仕上げることまで手を抜かないようにしてほしい。

---

*11　本書ではジャッジの考え方については深く紹介できなかったので、詳細は全国教室ディベート連盟「審判講習会テキスト」〔http://nade.jp/koshien/judge〕を参照。

(5) ディベートのコツ1：ロジックの型を知る

（ここから(7)までは、少し時間を巻き戻して、ディベート中の様子を見てみよう。）

進吾　「なんか、わくわくしてきました。ちょっとやってみたいんで、ディベートのやり方、もう少し詳しく教えてください！」

ぱうぜ　「賛成側が論題を具体化するプランを立案してメリットを述べる。次に、反対側が論題をとると起きてしまうデメリット（否定側立案）と、プラン（賛成側立案）に対するツッコミをいれる、っていうのはいいよね」

かすみ　「何か気をつけることはありますか？」

ぱうぜ　「そうだね、初心者でも気をつけてほしいポイントはふたつある。**ひとつは、それぞれの発言にはきちんと Evidence をつけることを徹底しようってこと。もうひとつは、ツッコミどころを探すにもコツがある**、ってことかな」

かすみ　「えびでんす？ …あ、〈主張・理由・証拠〉の証拠ですね」

明日香　「レポートと一緒で、〈**問い**〉に答えるための〈**主張**〉に対応した〈**論拠**〉を示すことが大事なんですね」

進吾　「ツッコミどころのコツって？」

ぱうぜ　「ロジックの型があるんだよ。肯定側が立てたプランとそのメリット、否定側が立てたデメリットがそれぞれ成立する条件を考えてみると、対応したツッコミどころも見えてくる」

明日香　「ええと、メリットというのは賛成側の、デメリットは反対側の『立論』ですよね。ではそれに対するツッコミって？」

ぱうぜ　「逆の立場からの反駁、さ。『その流れは成り立たないよ』って、それぞれの立論が成り立たないことを示すんだ」

　立論の立て方や反駁の考え方にはいくつかの型がある。ここでは2種類紹介しよう。

松本茂＝河野哲也『大学生のための「読む・書く・プレゼン・ディベート」の方法〔改訂第2版〕』（玉川大学出版部・2015年）121-125頁では、比較的シンプルな立論（基調スピーチ）の型を「作成用紙」という形で紹介している。

賛成側立論は、プランの概要を述べたうえで、それらにどんなメリットがいくつあるのかを説明する。そのうえで、それぞれのメリットについては、小論点A（現状の問題分析）、小論点B（論題との関連）、小論点C（問題の解消／メリットの重要性）を述べるという形である。

反対側立論は、小論点A（賛成側プラン〔論題〕の目的・特徴）、小論点B（デメリットが生じる過程・理由）、小論点C（デメリットの深刻さ）を述べるという型が示されている。[*12]

他方、議論を強くするためのトレーニングとしてディベートを紹介している瀧本氏は、メリット・デメリットが成立するための3条件、という整理をしている。[*13]

> **メリットの3条件：**
> （1）内因性：何らかの問題があること
> （2）重要性：その問題が深刻であること
> （3）解決性：問題がその行動によって解決すること
>
> **デメリットの3条件：**
> （1）発生過程：論題の行動をとったときに、ほかの問題が発生してしまう過程
> （2）深刻性：その問題が深刻であること
> （3）固有性：現状ではそのような問題は生じていないこと

[*12] 104頁のフローシート中のA）～C）はこれらに対応している。また、実際の読み上げ原稿スタイルも掲載されているので、気になる方はぜひ原典にあたっていただきたい。

[*13] 瀧本・前掲書103-128頁。より詳細には、全国教室ディベート連盟（NADA）「ディベート甲子園スタートブック」〔http://nade.jp/material/beginners/startbook〕を参照。

ディベートでは、さらにこれらに対する反駁(はんばく)が待っている。**反駁とは、「その論理展開はおかしい、成り立たない」と批判すること**である。対話文中では「ツッコミをいれる」と表現した。瀧本氏の紹介は、このツッコミの型にも及んでいる。メリットの3条件それぞれについて、以下のような「ツッコミ」が考えられる。[*14]

> 1）内因性：何らかの問題があること
> 　　←そんな問題そもそもある？
> 2）重要性：その問題が深刻であること
> 　　←たいした問題ではないのでは？
> 3）解決性：問題がその行動によって解決すること
> 　　←重要な問題でも、これでは解決しないよ？

同様に、デメリットの3条件についてもツッコミを入れてみよう。

> 1）発生過程：論題の行動をとったときに、ほかの問題が発生してしまう過程
> 　　←プランだけでは問題は発生しないよ？
> 2）深刻性：その問題が深刻であること
> 　　←問題が発生しても、深刻じゃないよ？
> 3）固有性：現状ではそのような問題は生じていないこと
> 　　←プランをとってもとらなくてもその問題は発生するんだよ？

　デメリットの3条件に対するツッコミはややわかりにくいので、ひとつ例をあげておこう。財政破綻シナリオをデメリットとしてあげた場合は、「1) プランを採用すると財政破綻につながる、2) その規模は深刻、3) 現在財政破綻はしていない。しかし、プランをとってしまうと財政破綻してしまう」という内容が、デメリットの3条件になる。

---

*14　瀧本・前掲書138-139頁。一部、表現を改めた。

これらが成り立つのであれば、まさにこのプランをとったときに、重大なデメリットが生じてしまうのだ、ということになる。

これに対する反駁としては、「1)' 財政破綻は起きない、2)' 起きたとしてもたいした規模ではない」という内容に加えて、「3)' どのみち財政破綻は起こるから、別にプランをとってもとらなくても関係がない」という主張になる。3)' は一見 1)' と矛盾するので主張はしにくいように見えるかもしれないが、「否定側の言っている問題は現状でも起こる。**むしろその問題を解決するには、プランをとることが必要だ**」という言い方である。デメリットの 3 条件を覆そうという議論となっていることはおわかりいただけただろうか。

ところで、**プランに対してのデメリット（否定側立論）と、メリットの 3 条件をつぶすための議論（否定側反駁）は、役割が違う**ことに気がついただろうか。相手の言っていることが成り立つかどうかは気にせず、「成り立ったとしてもこんな不利益がある」と示す否定側立論は、法学用語で言えば「抗弁」に近い考え方である。これに対して、「相手の言っていることは成り立たない」と批判する否定側反駁は、法学用語で言えば「否認」に近い考え方である。後述するフローシートの書き方をマスターすると、自然と抗弁と否認の区別が身につくようになるので、その点でもディベートの練習はおすすめである。

(6) ディベートのコツ2：フローシートの書き方

明日香　「ええぇ、あたし、なんだかこんがらがってきました…」

ぱうぜ　「そこで、じゃーん。特別なシートをご用意しました。これを書き込んでいけば、議論が整理できるよ」

かすみ　「これ、何ですか？」

ぱうぜ　「**フローシート、という。ジャッジはこれに議論を書き込んでいって、最後に、どんな議論が生き残っているのか、どちらがより説得的かを判断するんだ**」

進吾	「ターンごとに書き込む場所が違うんですね」
ぱうぜ	「そう。…それじゃ、やってみようか」

(反対側反駁1まで終了。なお実際にどんな議論がなされたのかは、弘文堂スクエアの「タイムリープカフェ」で補う予定である。)

進吾	「ふう、疲れた…」
明日香	「ええと、ここまでの流れを、賛成側立論と反対側立論、反対側反駁1まで書いてみました」

論題：日本は義務教育を早期化すべきである

賛成側立論	反対側立論	反対側反駁1	賛成側反駁1	反対側反駁2	賛成側反駁2
【プラン】 「認定こども園」 3歳から読み書き・英語も メリット1： 英語が得意に ☆○○新聞7/4朝刊 メリット2： 学級崩壊↓		ソースがない 現状の幼稚園？			
	デメリット1： 日本の財政悪化				

　ディベートでは議論が錯綜しやすい。そこで、順番と議論の関係をメモするために、フローシートというメモのとり方を行う。縦軸は2段に分かれている。上段が「賛成側チームの立論とそれに対するツッコミ」、下段が「反対側チームの立論とそれに対するツッコミ」を書く場所であり、横軸はターンの順番になっている。通常、ディベートは6ターンないし8ターンで行われるので、A4以上、できればA3の紙を折って使うことが多い。

実際にはじめての人がやってみると間違えやすいポイントがある。それは、**賛成側立論と否定側立論の内容を書き込む場所**である。例をご覧いただきたい。まず最初に、最も左上の場所に賛成側立論（プランとメリット）を書く。それが終わったら、横に続くのではなく、斜め下の場所に、否定側立論（デメリット）を書くことになる。横並びになるのは、あくまで「立論とそれに対するツッコミ」である。だから、**立論のターン以降の発言者は、「相手チームの立論に対する否定」なのか、「自チームの立論に対する否定への応答や補強」なのかを区別して述べていかなければならない**。

　また、**主張には必ずエビデンスをつけなければならない**。松本＝河野・前掲書 133 頁のフローシート例では、エビデンスには☆をつけることで対応している。このように、どの議論に適切なエビデンスがあるのか、そのエビデンスからきちんと主張を支える箇所は見つかるのか（我田引水な引用・参照になっていないか）を考えたりするためにも、フローシートにもきちんとエビデンスの出典元とその概要をメモしておこう。

（7）ディベートのコツ3：ジャッジを説得する話し方

ぱうぜ	「そうそう。その調子で、仕切り直して最後まで1回やってみよう。さっき、反対側立論の途中からフローシートの書き方がおかしくなってたから、反対側立論の途中からやり直してみよう。では、進吾くん」
進吾	「はい。プランは国と自治体に財政負担をかけます。そうすると赤字に転落する自治体も出てきます。財政状況のヤバさは白書にも書いてあることっす。この負担増は〇〇億円規模になるけど、これはプランをとらなければ発生しなかったはず」
かすみ	「うーん・・・（お金は勝手にわいてくるわけじゃないもんなあ）」

ぱうぜ	「じゃ、次は反駁のターンにしよう。相手の立論にツッコむのか、自分の立論を補充するのか、ちゃんとジャッジにわかるように区別して発言してね」
進吾	「それじゃ、賛成側立論の変なところをツッコミます。英語力ってそんなに大事なんすか？」
明日香	「おっと、ここでこっちに書き込むんですか…」
ぱうぜ	「進吾くん。**ジャッジが聞き取れない、書き取れないスピードで話しても意味がない**よ。あくまで説得したいのはジャッジの明日香さんなんだから、彼女の顔を見ながら話そうね。**書き取りやすいように、順番を述べる**のも大事だよ」
進吾	「おっとっと、そうでした。ええと…うーんと、もう１回最初からイイっすかね？」

　実際にフローシートを書きながら議論をしてみると、「ジャッジがメモをとりやすいように話し始める」ことの重要性が身にしみてわかるようになる。工夫としては、ナンバリングとロードマップがあげられる。

　ナンバリングとは、自分の議論に番号を振っておくことである。プランの内容やメリットに番号を打っておけば、相互の関係も見えやすくなる。**ロードマップとは、ナンバリングして整理した順番を、自分が話し始める冒頭に概要だけ述べておくこと**である。たとえば次のような具合である。

> 　私たちは論題に賛成する立場から、認定こども園で３歳からの義務教育を始めるプランを提示します。このプランのメリットは３つあります。以下、メリット１：英語得意化、メリット２：初等教育の円滑化、メリット３：保育の充実による働き方改革について説明します。

> **まとめ**
> - 相手を説得するために、論拠を伴った主張をしよう
> - 意見と人格を切り離して、どんな立場からも全力で考えよう
> - 相手の議論が成り立たないという批判(反対側反駁)と、生じてしまう不利益の指摘(反対側立論)という、2種類の反論を身につけよう

work…3
ひとりディスカッション・ひとりディベートを経てフローシートを書いてみよう

論題:○○という講義を履修すべきか否か?
発想:メリット・デメリットをありったけ書き出そう
整想:それぞれに理由と証拠を書き添えてみる
成果物:フローシートにしてみよう

　フローシートという形式は、いろいろに散らばった議論を整理する形式としても有効である。慣れてくると、人の話を聞いていたり、自分で考えているときにもフローシートのような考え方が自然とできるようになる。ここでは「ひとりディベート」をして、〈ディベートモード〉の考え方を踏まえてから、重要な決断をしてみよう。

> ——もうすぐ新学期。選択必修科目としていくつかの講義から選んで受講しなければならない。火曜日5限の「環境法」という科目を履修するかどうかを考えてみよう——

　このときのコツは、「火曜5限の環境法と、木曜5限の情報法、どっ

ちにしよう？」ではなく、〈ディベートモード〉のルール通り、1科目ごとにどうするかを考えよう（フローシートはその分用意して、単位取得上限などの関係は、一通り終わってから考えよう）。

　いきなりフローシートを書くのが難しい場合は、とりあえず、その科目について知っていることや気になることをありったけ書き出すブレインストーミングをしてみよう。科目受講によって得られる知識は何か、教科書はいくらか、その時間が空いていたらほかにできることはあるか…など、思いつくままに書いてみよう。

　もし、友達にも相談できるなら、いろいろ聞いてみるとよい。私が「環境法」の講義で即興ディベートをやるときには、この「それぞれもくもく考える」時間と、「みんなでわいわいディスカッション」を挟んでからディベートをするようにしている。

　フローシートを書くときには、本文で紹介したプランやメリット、デメリットの書き方を参考にしてみよう。理由や証拠を探すためのヒントにもなっている。

column…3
「レポートあるある」と仕事の進め方

　レポートや卒論を書いていると、様々なトラブルに巻き込まれる。考えられる悪いことはすべて起こるのだ、と思って準備するくらいでちょうどよい。以下では、「レポートあるある」と称して、困ってしまうことについて紹介しよう。

提出直前にパソコンやプリンタが壊れる、消耗品がなくなる

　一番多く、そして困るトラブルはこちら。提出直前は自分も無理をするが、それは使っている機器にも無理をさせているということである。また、これまでは印刷したこともないような枚数を印刷することもある。そうすると、消耗品が足りなくなったり、壊れてしまったりする。また、ホチキス留めや紐綴じが求められているのに、それらの用意を忘れてしまったりする。

画面では気がつかないミスが、印刷するとわかる

　不思議なことに、誤字・脱字や、印刷箇所のズレは、印刷してみてはじめてわかることが多い。学生の中には自分でプリンタを持っていなかったり、提出がオンラインであることをいいことに一度も印刷しないまま提出してしまう人が結構いる。しかし、いったん印刷してみるとミスがわかることが多い。

思ったよりも資料が集まらない

　もっと手前の段階で相談に来てくれた学生でも引っかかるトラップ。資料が貸し出し中だったり、自分が利用している図書館にない場合には、ほかの図書館からの取り寄せなどが活用できる。しかし、そのこと自体を知らなかったり、意外と時間がかかることを考慮しそびれていたりする。本当ならば使えたはずの資料が、手元にないまま不十分なレポートになってしまうのだ。

＊　＊　＊

　それでは、これらの「レポートあるある」を回避するためにはどうしたらいいだろうか。**良い対策は、本文でも述べたように「課題がわ**

かった時点でとりあえず3日だけやってみる」ということと、「冗長性を確保する」ということである。とりあえず3日だけやってみれば、いち早く資料を集めることができるし、取り寄せも間に合う。冗長性とは、「代わりの手段を用意しておく」ということである。自宅のプリンタや大学のプリンタだけでなく、コンビニなどのコピー機からUSBメモリやスマホアプリを接続することで印刷できたりする（ただし、pdf形式のファイルしか印刷できないことが多いので注意）。また、データは、ローカルのパソコン本体だけにではなく、外付けハードディスクなどの外部機器やクラウドサービスにも同時に保存しておこう。

　早めに取りかかるという観点からも、またデータの保存先を複数にしておくという観点からも、友人とのピアレビューは有効である。友達に見せるためには早めに取りかかる必要がある。また、いったんメールで友達に送っておけば、万が一自分の手元からデータがなくなってしまっても、友達の手元には残っているかもしれない。そして、簡単な誤字や脱字は、友達同士でも指摘できるし、他人の文章のおかしなところは自分のものよりもわかりやすいので、相互に教えあうことができる。何より、友達も取りかかっているのだから自分も早くやらなきゃ…という効果が一番大事かも。

　レポート課題はある意味で「最初の仕事」と言える。**期限が決まっていて、形式が指定されている成果物をきちんと出す。これが当たり前にできるようになると、バイトや仕事でも役に立つだろう。**第II部（2年生編）で述べたことは、早めに自分の中でのクセにしてしまうことをおすすめする。

---

*15　冗長性とは、そのままの意味では「（無駄に）長い部分」という意味だが、情報システムやリスク管理の観点からは「メインのシステムがダウンしてもそれを補うことができるサブシステム」の意味で用いられる。ここではもちろん後者の意味で用いている。

第 **III** 部

法学を学ぶあなたに

3 年生編

🫘🫘🫘

法学学習を進めていくと、大教室講義と少人数ゼミの違いに戸惑うかも。自学するにしても、どうしていいかわからない。そして待ち受ける定期試験…。どうやって勉強したらいいんだろう？ 自分なりの学習法を見つけるために、第Ⅲ部（3年生編）では、いろいろと試してみよう。

10 講義・ゼミ・自学のトライアングル
——〈自分の時間割〉を作ろう

3年生になり、専門としての法学系科目についても大教室講義をいくつか受講して、しばらくたった頃。進吾くんと明日香さんはガッカリした表情でぱうぜ研究室にやってきた。

(1) 法学部生の戸惑い

明日香　「法学の講義って、なんでこんなに覚えるの…？」

進吾　「講義に出なくても、暗記できればいいんじゃないすか？」

ぱうぜ　「いや、そうでもない。法学を学ぶのは、単に覚えるだけじゃなくて、法律的にものごとを考える力を身につけるんだよ」

進吾　「大教室講義がつまんなくて飽きちゃうんですけど…。こんなんで考える力って身につくんですか？」

ぱうぜ　「法学系科目は、大教室講義だけじゃないよ。演習・ゼミもあるし、自学も大事なんだ。**これらを組み合わせることで、『自分とは異なる考えや立場に立っている者の利益も適切に考**

える力』が身につくよ」

　法学部に入ってみたものの、法学ってそもそもどんな学問かわからない。そんな疑問を持って戸惑ってしまうのは、今も昔も変わらないようだ。現在の民事判例研究のあり方を形作り、労働法学・法社会学の先駆者としても知られる末弘厳太郎先生は、昭和12年（1937年）4月の記事で「元来法学については──他の諸学部と違って──中学や高等学校で予備知識を与えられる機会が少ない[*2]」ことを踏まえたうえで、法学学習の落とし穴について説明している。[*1]

　よくある勘違いは、「法学というものは法典の意味を説明するもの」であって、法学学習は「暗記物」だというもの。そして、講義を聴かなくてもプリントや教員の著書を読めば試験勉強は済むと判断して、講義に出てこなくなってしまい、気がつくと置いてけぼりになる[*3]。[*4]

　しかし、法学教育の目的は「法律的に物事を考える力」の養成にあり、講義が「法典の意味に関する知識の蓄積」だけを目的にしているように見えて、実は「**物事を公平に扱う能力**」を養うことに役立っている、と力説する。末弘先生によれば、「**法律的に物事を考える力**」**とは**「**物事を処理するに当って、外観上の複雑な差別相に眩惑されることなしに、一定の規準を立てて規則的に事を考えること**」であるという。法学的素養のない人は、つい感情に流されたり、声の大きな人の言うことを取り入れたりして、その場その場を丸く収めようとしてしまいがちである。これに対して法学部出身者が長期間にわたって多数の人を公平に取り扱えるのは、**法学的素養のある人は**「**一定の規準を立てて、大体同じような事には同じような取扱いを与えて、諸事を公**

[*1]　末弘厳太郎「新たに法学部に入学された諸君へ」末弘厳太郎（著）／佐高信（編）『役人学三則』（岩波書店・2000年）151頁（初出、法律時報9巻4号（1937年））。なお、著者の死後50年を経過して著作権が消滅している（著作権法51条2項）本作は、「青空文庫」〔http://www.aozora.gr.jp/〕というサイトにて無償公開もされている。
[*2]　末弘・前掲152頁。
[*3]　末弘・前掲155頁。
[*4]　末弘・前掲160頁。

平に、規則的に処理」するための考え方を身につけているから、だという。[*5]

「物事を公平に扱う能力」に付け加えて、あえてもうひとつだけ法学を学ぶと得られるものをあげるとすれば、それは[*6]**「自分とは異なる考えや立場に立っている者の利益も適切に考える力」**だろう。様々な法解釈や立法、そして判例は、その形成にあたって多面的な利益が考慮されている。その中には、「どうしてこんな意見があるのか、わけがわからない」と思えるものもあるだろう。

法典の意味、法解釈のあり方、そして具体的な事例を学ぶうちに、自分の考えや感情とはいったん切り離して、その立場になった場合にとるべき思考を組み立てる能力が身についてくる。そこでは、単にひとつの立場から見て「かわいそうだから厳罰にすべきだ」では足りない。[*7]裁判官や**異なる立場にある人を説得したり、その事案を異なる状況と区別したりするためには、根拠となる法や判例を引っ張り出して、理由（法解釈）をつけて、しかるべき基準に照らしてその主張を支えなければならない**からである。

(2) 大教室講義・ゼミ・自学をつなげてみよう

ぱうぜ	「大教室講義だけでなく、演習（ゼミ）の科目は取ったかな？」
明日香	「議論するんですよね？　なんだか怖い…。勉強不足だし」
進吾	「あと、グループワークが面倒なんだよなあ」
ぱうぜ	「自分の意見を言うのが怖いっていう人は、『みんなでいろんな見解を考える』練習だと思ってゼミに出てみよう。**大教室**

---

*5　末弘・前掲 155-158 頁。
*6　田高寛貴＝原田昌和＝秋山靖浩『リーガル・リサーチ＆リポート』（有斐閣・2015 年）9-12 頁〔秋山靖浩〕では、末弘のいう「法律的に物事を考える力」に相当する「物事を公平に扱う能力」に加え、「論理的な思考力」、「多面的な利益への視点」、「落としどころを見る目」、「主体的に取り組む力」を法学学習から得られるものとして紹介している。
*7　第Ⅱ部（2 年生編）❾で紹介したディベート思考や「悪魔の代弁人」も参照。

	講義で体系的に学んで、ゼミでみんなで考える。それだけじゃ足りないんだったら、自学でそれを埋めればいいんだよ」
進吾	「自学？ 単に予習するだけじゃダメなんすか？」
ぱうぜ	「進吾くんは、予習としてどんなことをやっているのかな？」
進吾	「だいたいの先生は指定の教科書とかプリントがあるから、次回の範囲を読んでから講義を受けます」
ぱうぜ	「うーん、もう一声！ 自分なりの疑問や、質問をぶつけるつもりで予習・復習をしてみるといいよ。なんなら、『講義後必ず質問をする』ことを目標にしてみてもいい」
進吾	「どうしてですか？」
ぱうぜ	「質問するためには、いったん自分の頭の中で理解しようとしてみたり、講義の要点をまとめたりしないと、なかなか『そもそも何を質問すべきか』がわからない。逆説的だけど、ちゃんと質問するためにはある程度勉強しないといけないんだよ」
明日香	「いったん自分の頭を通してみる、ってことですか…」

　法学がつまらなくなってしまったら、ぜひ、少人数のゼミ（演習科目）にも出てみよう。法学部におけるゼミでの学び方について必要な事柄を丁寧に説明している田高寛貴=原田昌和=秋山靖浩『リーガル・リサーチ＆リポート』(有斐閣・2015年)の第2章では、よくあるゼミ形式として、裁判例を素材とする「判例研究」、法律学に関する特定のテーマを素材とする「テーマ研究」、架空の事例問題を素材とする「事例演習」の3つが紹介され、どのような内容が行われているのかを、著者らの専門である民法を素材に解説されている。法学部でのゼミは、おおむねこの3つのどれかにあてはまるものが多い。[*8]

---

*8 　なお、大学によって、半年完結型のゼミもあれば、同じ教員・同じゼミメンバーで2年間の受講を前提としたゼミもある。自分の大学がどちらのパターンなのか、先輩の話も聞いてよく確認してみよう。

ゼミはふたつの意味でとても重要な科目である。**学生にとってはじめて「調べ物をする必要性」を感じるところ**だからである。そして、**ほかの参加者の報告に対して〈良い質問〉を出すことができるように、自分の頭を使って考え、発話する訓練をすることも重要である。**

　実際にきちんとゼミ報告や質問をしようとすると、これまでの学習では修得が不十分だったことや、法が活用される現場では実に様々なことが生じて、考慮されているといったことがわかるだろう。欠けている知識を埋めたり、習ったことを相互にひもづけるためには、自学の時間を意識的に作る必要がある。

(3)〈自分の時間割〉を作ろう

明日香	「そうはいっても、何から始めたらいいですかね？」
進吾	「いろいろ思いついたけど、講義の予習・復習、ゼミの準備、自学…。全部やってるととても大変だ…」
ぱうぜ	「人それぞれ、使える時間と足りない能力、そして目標が違うんだ。まずは、〈**自分の時間割**〉を作ってごらん」
進吾	「履修登録した科目、ってことっすか？」
ぱうぜ	「**単に履修登録だけじゃなくて、大教室講義の予習・復習の時間とか、ゼミの準備とか、試験対策とかの自学時間も織り込んだ〈自分の時間割〉**だよ」
明日香	「あたし、夜11時にはもう眠たくなっちゃうんです、部活の朝練があるので」
進吾	「うわ、けっこう大変なんだな…。俺も俺で、電車の時間が長くてしんどいんだけど、どうしたらいいのかなあ」
ぱうぜ	「自分のペースを知るために、今の時間の使い方を書き出したことがあるよね？　あれの続きだよ」

---

*9 「調べ物をする必要性」と〈良い質問〉については、第Ⅲ部（3年生編）⑭を参照。

たとえば私が担当している「行政法1」は、週に2回（月曜・木曜の2限）、講義がある。この講義に出席するには、講義の時間に教室にいることはもちろんとして、月曜分の予習→月曜分の講義→月曜分の復習→木曜分の予習→木曜分の講義→木曜分の復習・・・というように、サイクルを回していかないといけない。それに加えて、ある程度インプットがたまってきたら、まとめノートを作ったり過去の定期試験問題を解いてみたりするなどの実践練習も必要になる。実際にはほかの講義もあるし、ゼミもある。レポートを書いたりしていると、日々の自学がついつい後回しになってしまうこともあるだろう。

　そうならないように、「この授業の予習はこの時間にしよう」というように、だいたいの時間割を組んでしまうとよい。電車の中にいる時間が長いのであれば、その体勢（立っているとき・座っているとき）でもできることをやると決めておくなど、自分の時間の使い方を考えてみて、**〈自分の時間割〉**を作ることが大事である。

　「大学は学年が上がるごとに楽になる」は大間違い。確かに大学生活には慣れてくるが、学年が上がるにつれて資格試験のための勉強や就活などもある。まずは**〈やることリスト〉**の作成から始めてみよう。[*10]

まとめ

- 法学を学ぶと、「物事を公平に扱う能力」と「自分とは異なる考えや立場に立っている者の利益も適切に考える力」が身につく
- 法学学習は大教室講義だけでなく、少人数ゼミや「自学」の時間も大事
- 自分の頭を使って考える時間をとり、〈自分の時間割〉を作ってみよう

---

*10　具体的に〈自分の時間割〉を作る手順については、第Ⅰ部（1年生編）**⑤**を参照。

11 インプットの心がけ
——〈鳥の目〉と〈虫の目〉を使い分ける

大教室講義が始まってしばらくたった頃、明日香さんは落ち込んでいた。連休明けのある日を境に、急に講義の内容がわからなくなってきた——。どうしたらいいんだろう？

(1)「初見殺し」のトラップがいっぱい

明日香：「講義を受けても身についている感じがしません…。毎回、ちゃんとその回に対応する部分の教科書は読もうとしてたんですけど」

ぱうぜ：「あー、**〈虫の目〉のようにある項目だけを〈狭く深く〉読む学習**だけで挑んじゃダメだよ。教科書は、**〈鳥の目〉のように全体を〈薄く広く〉読む方法もある**[*1]」

---

*1 〈鳥の目〉と〈虫の目〉については、後掲**(4)**で詳しく述べる。

進吾	「次の授業でやるところだけ読むんじゃダメなんすか？」
ぱうぜ	**「法学学習には『初見殺し』のトラップがいっぱいある**んだ。後ろの方の内容とつなげるとわかることも多いよ。そう考えると１周目を講義直前にやるのはもったいない。まずは〈薄く広く〉先まで読んで、どれが専門用語なのかくらいはわかるようにしておこう」
明日香	「時間が足りなくて読み切れないこともあるんです。先まで読むなんて、できないですよ…」
ぱうぜ	「それでも、講義を耳で聴いてノートをとるためには最低限の予習は不可欠。専門用語は**外国語のようなものだから、新しい語句をメモするためだけでも予習はしておこう**ね」[*2]

　はじめて学ぶ人にとっては、そもそもどの言葉が重要な語句かがわからなかったり、一般の意味とは違う意味で使われている語句に気がつかないということがよくある。また、**何と何とが「似ているけれども違う語句」なのかがわからない**。それ以前の問題として、**そもそも「似ているけれども違う語句」の存在に気づかないこともある。**

　たとえば、民法総則の講義では成年後見制度の「後見」「保佐」「補助」という３つの言葉について学ぶことがある。普通の感覚では「後見」という言葉は後ろから見ているだけのように思えるかもしれないし、「保佐」と「補助」が同じような意味に聞こえるかもしれない。しかし、**これらは民法上明確に区別された言葉であり、普通の感覚とは異なる意味内容を持つから、意識して違いを押さえなければならない。**この講義では、「行為能力」という概念を習うはずだけれども、成年被後見人（成年で、後見開始の審判を受けた者、民法８条）、被保佐人（保佐開始の審判を受けた者、民法12条）、被補助人（補助開始の審判を受けた者、民法16条）は、どのような違いがあるか（民法７条から21条を見てみよ

[*2]　念のための注意：読者の中には、音の聞こえ方が違ったり、急に集中力が切れるなど、「聞き取った言葉を書き取る」までの一連のプロセスに何らかの困難を感じている方もいるかもしれない。もし、その可能性について気づいた場合には、早めに学習支援室等に相談することを勧める。

う）、きちんと考えながらノートをとらないと、「取消し」ができる範囲はどこまでなのか、「同意」を受けなければならない範囲はどこまでなのか、「催告(さいこく)」という言葉と後見／保佐／補助の関係がどのようになっているかを聞き漏らしてしまうだろう。

　もっと言えば、そもそも聞いたこともない言葉は、ノートに書き取れない。上述の例でも、講義で「ホサ」と聞いたときにこれを書き取ろうとすると、予習なしでは「保佐」なのか「補佐」なのか迷ってしまうだろう（民法上の用語としては「保佐」が正解）。[*3]

　似たような言葉が連続して出てくることもある。たとえば、刑法総論で「事実の錯誤、具体的事実の錯誤、抽象的事実の錯誤、客体の錯誤、方法の錯誤、因果関係の錯誤」という語が並んでいるレジュメを見たとしよう。これらは何を指していて、どれが同じ階層の言葉で、どれとどれとが違うのだろうか？[*4] 初見では戸惑うばかりだろう。もう一度読んでみてはじめて、それらが何によって区別されているのかを注意しながら読むことができるようになる。**初見の言葉は区別が難しく、定義や意味を正確に理解することが難しい。「似ているけれども違うもの」があることをひとつひとつ押さえていこう。**

(2) 1周目でクリアできないRPG

ぱうぜ	「私も学生の頃やってた勘違いだからあえて言うけど、『**講義を真面目に受けていればだいたい理解できる**』っていうのは**大間違い**だからね」
進吾	「な、なんだって…！」
明日香	「そんなの、先生の教え方が悪いんじゃないですか！」

---

*3　ほかにも、非訟と費消、法人と邦人、交付と公布など、まったく違う意味なのに発音・アクセントが同じ語はたくさんある。

*4　実は私自身も学部生時代にこんがらがってしまった。おかげで刑法総論の成績はさんざんなものだった。お手持ちの教科書を使って、これらの用語の階層構造を箇条書きにしてみてほしい。おすすめのやり方は第Ⅲ部（3年生編）⓭(4)参照。

ぱうぜ	「そういうこともあるかもしれない（苦笑）。でもね、法学の勉強って、たとえて言うなら『1周目では完全にクリアできないRPG』なんだよ」
進吾	「ラスボス倒した後じゃないとルートが開かなくてたどり着けないダンジョンがあるとか、見つからない宝箱があるとか、そういうことですか」
ぱうぜ	「そうだねえ、『ルートが見つからない』っていうのはいい感じのたとえだ。法学系科目の勉強では、**ほかの科目やほかの箇所を学習してからの方が容易に理解できる事柄が多いんだ**」

　法学の講義では、序盤で出会う語句が終盤で出会う語句と密接に関連していることがしばしばある。特に、民事訴訟法や刑事訴訟法のような「手続法」はその傾向が強い。刑事訴訟法は捜査段階の手続を学んでから公判段階の手続を学ぶことが通常だけれども、**捜査段階**で違法に取得された証拠が**刑事裁判においてどのような位置づけを与えられるのか**は、**公判段階**の手続を理解しないと正確にはわからない。

　もっと言えば、ほかの教科で学ぶことも踏まえて考えないと理解できない記述もかなりある。特に、「どうしてこんなことを決めてるんだろうか？」と思うときは、ほかの箇所を学んでから戻ってくる方が理解しやすいことが多い[*5]。

　たとえば、私自身は刑事訴訟法の「訴因変更手続（そいんへんこうてつづき）」がいつまでたってもしっかり理解できなかったのだが、これは刑法総論の段階で「罪数論（ざいすうろん）」の理解をサボっていたことに原因がある。

　まず刑法総論でいう「罪数論」とは、「行為者が複数の罪を犯した場合における法的処理」のことであり、1個の罪なのか複数の罪なのかを区別する問題と、複数の罪をいかに取り扱うかの問題を扱っている[*6]。刑法総論の講義では最後の方に学ぶ事柄であり、学部2年生の私には

[*5]　なお、以下の記述それ自体も「ほかの箇所を学んでから戻ってくる方が理解しやすい」記述である。ある程度法学を学んでから再読してほしい。
[*6]　山口厚『刑法〔第3版〕』（有斐閣・2015年）180頁。

何のためにする議論なのか理解できなかったので放置していた。

次に刑事訴訟法での「訴因の変更」とは、「検察官が、被告人の罪責に関する主張内容を変更すること」であり、言いかえると「起訴状の『公訴事実』の記載欄の内容である訴因を書き換える」ことである。

ここまで聞くと、両者はあまり関係がないように思えるかもしれない。しかし、訴因変更が可能かどうかを決める「公訴事実の同一性」（刑事訴訟法312条1項）という要件について考えるときに、刑法総論での罪数論の理解が不可欠になっているのだ。

また、民法の担保物権（金銭債務の債務者が履行できないときに備えて、物の交換価値を確保しておくこと）の部分は、債権を取り立てる手続としての「民事執行法」を理解していないと、どういうことなのかがわからない。つまり、「お金を貸します」「借ります」という契約によって債権が発生するという場面のような、**権利の発生や変更、消滅について定める「実体法」**と、その権利を実現するためにどういう風に裁判をするか、裁判をした後にどうやって取り立てるかという**権利の実現過程を表す「手続法」**というのはつながっていて、**手続法のイメージができていないと、実体法でよく考えておかなければならない問題が見えてこない**、ということがよくあるのである。これらは、2周目・3周目の学習になってようやく見えてくる面白みでもある。

（3）教科書と条文と講義ノートを突き合わせる

ぱうぜ　「さっき進吾君が言ってた、『講義前にその回で扱うところだけ教科書を読む』という予習方法にはもうひとつマズい点があるんだけど、わかるかな？」

進吾　「ええっと、なんだろう…」

*7　緑大輔『刑事訴訟法入門〔第2版〕』（日本評論社・2017年）249-250頁。
*8　たとえば「家に忍び込んでいただけでなく、財布も盗んでいたことが後になってわかった」というときに、訴因の変更が問題となる。このとき「住居侵入罪と窃盗罪」のふたつが別々に成立するのか、それともひとつにまとめ上げて考えるべきなのかという、刑法総論での罪数論の議論が出てくる。参照、緑・前掲書267-270頁。

ぱうぜ	「法学系の試験に持ち込むものがあるでしょ？」
明日香	「持ち込み可能なのは学習用六法・・・。そっか、条文か！」
ぱうぜ	「そう。自学が大切なのは、**条文と教科書と講義内容とをきちんと突き合わせて、納得しながら覚えたり考えたりしていくための時間を作る必要がある**からなんだよ」
進吾	「教科書の順番と講義の順番が違うこともありますしね」
ぱうぜ	「教員側からしても、教える順序は悩ましいところだね」

　受講生に「教科書読んでおいてね」という指示を出すと、文字通り「教科書をそのまま読んでいるだけ」で済ませている学生が多い。しかし、教科書は実際のところ法律の条文を前提に、その条文の内容やいままでの解釈などを書いているのである。だから、条文の文言がどのようになっているかを確認して、教科書の説明がどんな文言を出発点としているのかを理解するように心がけて自学しよう。また、教科書だけを読んでいると、ある条文と次の条文のつながりを見失ったり、離れたところにある条文との関係を見落とすこともあるので注意してほしい。[*9]

　さらに、教科書が辞書のように分厚い「体系書」[*10]タイプである場合には、「ある程度法学科目全般の知識がたまっていかないとわからない」事柄まで書いてあることが多い。そんな本を隅々まで理解しようとすれば、いくら時間があっても足りなくなってしまう。

　ここでも、高校までの授業と大学での学びの違いがあらわれている。[*11]高校までの授業は、系統立てて教えるために何年生で何を教えるのかが決められていて、それに沿って教科書も作られている。[*12]これに対して、大学の授業で使われることのある教科書は、体系的な記述を優先して「教える順番」向けの並びにはなっていないこともある。「**教科書**

---

*9　期末試験でいざ問題に取り組むときにはじめて条文を見るような状況では、誤った条文を引用したり、全然関係のないところを参照してしまうことになる。
*10　教科書の種類やつきあい方については、**column…5**（190頁）を参照。
*11　第Ⅰ部（1年生編）**❶(1)**参照。
*12　高校までの学びと大学からの学びの違いについて、第Ⅰ部（1年生編）**❶(2)**参照。

なのだから頭から素直に読めばすべてわかるようになっている」とは限らないし、それを期待してはいけない。指定した教科書とは異なる、独自の工夫をした順序で講義する先生も多い。

(4)〈鳥の目〉と〈虫の目〉のススメ

進吾 「なんか、こんがらがってきたぞ…。要するに、1回勉強しただけじゃダメなのか」

ぱうぜ 「まあ、**何周か回らないとわからないこともあるから、あまりこだわりすぎずに先に行こう**ってことでもあるし」

明日香 「なんかそれを聞いて安心しました」

ぱうぜ 「うん、**〈薄く広く〉**全体を見渡す〈鳥の目〉と、**〈深く狭く〉一歩一歩細かく理解していく〈虫の目〉両方が大事**、ってことだね。はじめて歩く街の地図を見るのと同じだよ」

かすみ 「最初は駅とかを起点に、地図で全体像を確認してから詳細の地図を見ると迷わないですよね。街全体を眺めるのと、一歩一歩歩いていくってことですね」

ぱうぜ 「そうそう。どっちか片方ではなくて、交互に使う方がいいと思うよ。だから、『講義前にその箇所だけ』という〈虫の目〉学習だけじゃ、なかなか理解できないんだよ」

　法学初学者の皆さんは、「何周も回らないとわからないこともあるのだ」ということを前提に、勉強を進めてもらいたい。それは、**「わからないことにいつまでもこだわってないで先に行こう」**ということでもあり、**「3周くらいしなければわからないくらいに奥深いのだから、安易にわかったつもりにならない」**ということでもある。

　ある街の地図を作る場面を想像してほしい。最初はどこに誰が住んでいるのか、どんなお店があるのかもわからない。そのとき、街を自転車に乗りながら回ってみて、どのあたりにどんな建物があるのか、特徴のある交差点はどんな名前なのか等をメモしていく。このような

俯瞰的な視点が〈鳥の目〉である。

　これに対して、ひとつひとつの建物に自分の足で上がっていって、階段の配置や、部屋ごとの大きさや表札などを見て回るのが〈虫の目〉である。これは恐ろしく時間がかかるけれども、ひとつひとつの建物について詳しく考えるためには欠かせない作業だろう。

　何周もしなければならないのに、**最初からすべての項目を細かいところまでよく観察する〈虫の目〉**だけで挑むのは、無謀である。先に進んでから戻ってこないと見つからない「隠し通路」もたくさんあるのだから、怪しそうなところをメモしておいて、次の階に進む勇気も必要である。[13]

　他方、**全体のつながりを意識して、項目の重要そうなところだけをつまみ食いしていく〈鳥の目〉**は、学習のスピードはとても早いかもしれないけれども、それだけで理解したとは言えない。「あの建物とこの建物、つながっているみたいだ」というところまではわかる。しかし、どのようにつながっているのかは、実際に歩いてみないとわからないだろう。ここでは〈鳥の目〉と〈虫の目〉を交互に使うことを勧めたい。講義だけでなく、自学の時間も使ってやってみよう。

まとめ

- 最初から全部わかるわけではない、と割り切ろう
- 自学の時間できちんと条文や教科書を読んで、自分なりに整理しよう
- 〈鳥の目〉での概観と、〈虫の目〉で一歩ずつ身につける学び方を両方やってみよう

---

[13]　**(2)** で説明した通り、実体法のうち理解が難しい項目は、手続法をある程度やるとわかるようになることが多い。また、ある程度学習が深まってくると、今度は科目間の「リンク」を探すことがとても楽しくなる。後者については第Ⅴ部（進路編）㉒を参照。

12 アウトプットの心がけ
——試験問題にチャレンジしよう

「え、こんなのどうやって書くの?」はじめて法学系講義の試験を受けてみたら、呆然として固まってしまった明日香さん。また、進吾くんも、ゼミ報告で戸惑ってしまった。アウトプットってどうやるの?

(1) 試験問題を見てびっくり

明日香 「憲法の試験受けてみたんですけど…。論述式試験って、何をどうやって書いたらいいのか、全然わかんなかったんです…」

進吾 「ほんと、『〜について説明せよ』とか言われてもさあ、答案用紙の半分も埋まらなかったよ…」

明日香 「うーん、なんていったらいいのかなあ、ケーキの作り方のレシピを一生懸命覚えたのに、お店では全然使えなかったっていうか」

ぱうぜ	「そうねえ、そのたとえで言うと、単に『ケーキを作りなさい』ではなくて、『ケーキを日曜日の午後4時に女性客1人に提供するにはどのようにすればよいか、基本的な方針を述べながら答えなさい』とかいう問題だもんねえ」
明日香	「ケーキの作り方は体系的に覚えたけれども、どうやって切り取るか、盛り付けるかについてはまったく教わっていないですよ。どうしたらいいんですか？」
ぱうぜ	「もうある意味答えが出ているけどね…。練習あるのみ、だよ」

　法学部の試験問題を見たことがない人にとっては、「定期試験問題って、習った知識を覚えているかどうかを確認するものなのでは？」と思うかもしれない。しかし、実際には、長文を書く記述式の解答を求める問題が出題されることが多い。大きく分けて、「一行問題」と「事例問題」という形式がある。[1]

　一行問題とは、ある法的課題や概念について説明させるという方式である。法科大学院制度および新司法試験が始まる前の旧司法試験論文式問題ではこちらの形式が多く出された。現在だと、地方公務員の試験問題においてこの形式の問題が出されることがある。たとえば、平成26年度の東京都1類B（一般方式）の専門科目（行政（一般方式））では、他分野（政治学、社会学等）を含む10題から3題を選んで解答する方式で、以下の3つの問題が出されている。

> 1．憲法　私人間における人権の保障に関して、私人間への適用を認める2つの考え方とそれぞれの問題点について、三菱樹脂事件及び日産自動車事件の最高裁判決に言及して説明せよ。

---

[1]　一行問題と事例問題の考え方について参照、「特集　一行問題と事例問題─法律基本科目の学び方と論じ方」法学セミナー678号（2011年）1-36頁〔憲法・小山剛、民法・北居功、刑法・亀井源太郎執筆〕。

> 2．行政法　行政上の強制執行の意義を述べた上で、行政上の強制執行の種類を4つあげ、それぞれ説明せよ。
> 3．民法　債権者代位権の意義、要件、客体、行使及び効果について説明せよ。[*2]

　もうひとつの形式である「事例問題」とは、ある仮想事例をあげたうえで、それに対する見解を問うタイプの問題である。現在の司法試験や予備試験の問題はこちらの形式である。いわゆる「教室設例」のように、論点をもとに作られることもあれば、実際の裁判例をモデルとして作成されることもある。

　過去、実際に千葉大学法経学部の行政法1中間試験問題として出した問題は、問（1）が一行問題で、（2）・（3）が事例問題である。参考のために引用しよう。[*3]

> 行政法1（行政法総論）中間試験問題
> 　大阪府S市の市立小学校で7月12日、O-157（腸管出血性大腸菌）による集団食中毒事件が発生した。12日提供の給食の献立は「豚丼、かいわれ大根とにんじんのサラダ、牛乳」であった。厚生労働省は調査をしたが、原因食材をなかなか特定できないでいた。そんな中、8月7日に厚生労働大臣Aは「貝割れ大根については、原因食材とは断定できないが、その可能性も否定できない」という中間報告を発表した。
> 　この中間報告を受けて街は大騒ぎになった。連日ニュースで貝割れ大根の危険性が喧伝され、全国の小売店の店頭

[*2] 東京都ウェブサイト〔http://www.saiyou2.metro.tokyo.jp/pc/selection/26/section-1b1-answer.html〕および同リンク先〔http://www.saiyou.metro.tokyo.jp/saiyou2015/26mondai/1-b/senmon/26gyousei.pdf〕から抜粋した。
[*3] 後掲 **column**…4（142頁）では、この問題の出題意図を紹介する。実際に答案構成をしていただくと、かなりの引っかけ問題である。行政法総論を学習済みの人は、ぜひ自分でもチャレンジしてみてほしい。

からは貝割れ大根が撤去され、出荷停止に追い込まれた貝割れ大根生産者の売り上げは激減した。そのかいがあってか、以降貝割れ大根が原因と疑われる食中毒は発生しなくなった。他方、当初敬遠されていた豚肉や、にんじんには疑いがないことがわかり、これらについては売り上げは元に戻った。

千葉市の貝割れ大根業者Xは、国の中間報告により営業妨害を受けたので、国家賠償訴訟を提起したいと考えている。
〔実際の問題文にはここに法律の留保をめぐるK弁護士とF修習生の(仮想)会話と関係条文をヒントとして出したが、ここでは省略する〕

(1) 法律の留保の原則とは何か。以下の言葉を用い、さらに足りない言葉も補いながら、後述(2)、(3)の解答に必要な範囲でその意義と学問上の位置づけを説明せよ。
【組織規範 法律による行政の原理 法規 全部留保説】

(2) Xの立場に立って、「国の中間報告は法律の留保の原則との関係で違法である」と主張するとしたら、どのような主張をすることができるかを検討せよ。

(3) Xから提訴された被告国(Y)の立場に立って、「中間報告は法律の留保の原則との関係で適法である」と反論するとしたら、どのような主張をすることができるかを検討せよ。

(2) やってみてはじめて気づくこと

進吾: 「ほんと、1回やってみないとわかんないっすよね。明日香ちゃんよりも一足先に試験を受けたけど、ほんと戸惑った。だから俺、勉強のやり方変えたもん」

明日香: 「え、どういうこと?」

進吾: 「用語の意味とか、確かに講義で習ってるはずなんだよ。でも、いきなり聞かれるとどう書いていいかわかんなくなっ

	ちゃう。それって結局、書いて説明できるほどにはちゃんと覚えてなかったり、理解できてなかったってこと」
明日香	「そ、そっか…」
進吾	「だから、復習のときにまとめノート作って書き出してみたりとかしたんだ」
ぱうぜ	**「アウトプットが意外と難しい、ってことは、やってみないと気づかないんだよね…」**
進吾	「そういう意味ではゼミの報告も難しいっすよ。レポートにしようとすると、教科書読んだだけじゃ絶対無理っす」

　講義の予復習はキチンとやっていても、試験ではなかなか力を発揮できないという人は、アウトプットとインプットとを往復することを心がけてみよう。実際に「頭の中から知識を取り出して書き出す」作業を繰り返して、本当に理解しているのか、理解したことを的確に表現できているのかを試してみよう。これも一種の「練習」が必要な課題であり、これをおろそかにしてしまうと、なかなか成績に結びつかない。

　進吾くんがぼやいているように、ゼミでの報告原稿や、レポートを書いてみるのもよいだろう。「報告するために調べる」と、いままで「一応わかっていたつもり」の事柄にも、いろいろな疑問点があることがわかる。その分岐を意識してまとめてみるだけでも、とても大変である。

　これらのアウトプットをやってみると、「やっぱり覚えてなかった…」と落ち込んでしまうかもしれない。そうしたらまたインプットの時間をとればよい。落ち込む時間があったら次のインプットをどうすればよいのかを考えよう。

（3）即興レポートとしての論述問題

明日香　「でも、どうしたらいいんだろう…。ついなんとなくの流れで書いちゃうし、時間切れになったり、最初と最後で方向が変わっちゃったりするんですよね」

ぱうぜ　「さっき進吾くんから出た〈レポート〉という言葉はヒントになるね。**調べたことを書き出して、それをちゃんと整序して書き出すという意味では、論述式問題というのはいわば〈即興レポート〉だ**」

明日香　「え、ということは…。いままでやってきた、レポート課題と似たようなものってことですか？」

ぱうぜ　「そう。共通する要素があるってことだね。どちらも問いに対して、きちんとした根拠をつけて、論理的に主張を述べていく、っていうことだから」

進吾　「となると、レポートで必要な〈問い・主張・論拠〉のうち、〈問い〉が与えられているタイプってことっすね[*4]」

ぱうぜ　「ただ、**漠然としているときや、複数の可能性があるときには、適宜論点提示や場合分けをしたりして、〈問い〉を細分化する必要があるかもしれない**」

進吾　「覚えていることを吐き出すだけじゃダメっすね」

ぱうぜ　「そう。ヤマを張ったりすると、〈問い〉に対してまっすぐに向き合わない答案になりがちなんだ」

　私がはじめて一行問題を解こうとしてみた頃を思い出すと、「講義で聴いた話をそのまま書き出せばよいのだ」と考えて、いきなり答案用紙に書き始めていた。しかし、これは「ケーキの作り方しか知らない人がなんとなくカットケーキを出そうとする状態」に近い。できあがった答案を、冷静になって後で思い返してみると、以下のような欠

---

*4　レポート課題における〈問い〉の重要性については、第Ⅱ部（2年生編）❻を参照。

点があった。

> - なんとなくの流れで書いている
> - 〈問い〉に対して答えることが、〈問い〉の一部分についてしかできていない
> - 段落と段落の間の論理がつながっていない
> - 答案の冒頭で考えていた方向と違う方向に結論が向かってしまっている
> - 時間切れになって、答案が未完結のまま提出してしまっている（中途答案）
> - ある部分での記述はとても細かいが、肝心の論点にはあっさりとした記述しかない

　これらの失敗は、大きくまとめるとふたつの問題に行き着く。**ひとつは「〈問い〉に答える」ことから離れてしまっていること。もうひとつは、「思いつく順序と読みやすい順序が違う」ことに気がついていないことである。**これらの問題に対応するために、第Ⅱ部（2年生編）で検討したレポート課題への取り組み方を参考にしてみよう。
　実は、論述式試験問題に答えるのも、調べ物をしてレポート課題として提出するのも、本質的な部分は似ている。学生と話をしていると、レポート課題と定期試験はまったく別物だと考えているように見える。しかし、決められた時間の中で、一定の内容を含むある程度長い文章を書くという意味では、論述式問題もレポートも同じことなのである。ただ、試験では〈問い〉が与えられており、それにあわせた採点基準があるので、自分で勝手に〈問い〉を立ててしまって、出題者の意図とまったく見当違いのことを書いてはいけない、というだけである。
　まず、「〈問い〉に答えることができていない」という問題について考えてみよう。これは、インプットをまんべんなくこなすことができずムラができてしまった人だけでなく、実はインプットだけを頑張りすぎた人も引っかかる罠である。

まず、インプットにムラができてしまった学生は、ヤマを張ってくることが多い。「先生は講義でAという箇所を重点的にやっていたから、なんとかここだけは覚えていこう」という感じである。実際、試験でAに関連する問題が出たので喜んで答えてみると、実はAはそこまで重要な扱いを受けておらず、関連するBについて主として聞いている問題だということがある。これは、ヤマを張った内容で何とか答えようとするあまり、問いに答えることができていないのである。

　同じような思い込みは、実は頑張った学生にも生じる。より正確に言えば、インプットだけを頑張りすぎた学生にも生じる。**ある概念Aに関連する問題が出て、Aについての教科書的な内容についての記述はできた。しかし、実際の答案ではAだけでなくそれを問われた状況にどのように適用するのか、いわゆる「あてはめ」部分も聞いているということが多い。**そちらの配点の方がむしろ多いこともあるのに、時間切れになってしまったり、重要性に気がつかずに結論だけをあっさりと書いてしまう。あるいは、結論が書きやすいように、批判しやすい「わら人形*5」を立てるような記述になってしまうことすらある。**アウトプットの練習を欠いていたために、自分が自信のあるインプット内容を吐き出すことだけに注力した結果、〈問い〉のすべてに答えることができていないのである。**

　現実の問題に対応するためには、「この事例ではどんなことが課題になるだろうか？」と自分の頭で考えることが必要になる。定期試験においても、単に覚えたことを吐き出すのではなく、**「この問題では何が聞かれているのか？」についていろいろな〈問い〉を自分で考えたうえで、そのひとつひとつに対して、根拠（条文や学説、判例、事案の事実関係など）を付した主張（法解釈やあてはめ）をしていく**、という発想で考えてみよう。

---

*5　「わら人形」論法では説得力を欠くということについて、第Ⅱ部（2年生編）⑨参照。

column…4
実際に事例問題の答案を採点してみると…

　本文の**(1)**で紹介した中間試験問題を素材にして、事例問題の出題意図を説明してみよう。問題（2）は「**X の立場に立って、『国の中間報告は法律の留保の原則との関係で違法である』と主張するとしたら、どのような主張をすることができるかを検討せよ。**」と聞いている。これは、「法律の留保」という論点についての理解を踏まえて、**この事案においてはそれらがどういう意味を持つのかを聞く問題である**。[*6] [*7]「法律の留保」とは、ある特定のタイプの行政活動をするときには、法律形式による議会の事前承認が必要だ、という考え方であり、どんなタイプの行政活動についてそのような要請が働くのかについて、学説が分かれている。問題（1）においては、現在もなお実務においては通説的な地位にある伝統的議論として、「侵害留保説」という考え方を説明することになる。これは、市民の自由や財産を「侵害」する場合を「法律の授権が必要である行政活動である」と捉える考え方である。[*8] ここでは「侵害」というキーワードがポイントとして出てくる。[*9]

　これらを踏まえて問題（2）では、設問の事例との関係で、「侵害」にあたりうるかどうかを判断することが求められている。つまり、この事例に出てくる様々な事情（「情報を提供する」ということそのものズバリの「根拠条文」は存在しないこと、通常、行政からの情報提供だけでは業者に迷惑をかけることは少ないこと、本件では風評被害を生じさせてしまったことなど）のもとで、行政が行った中間報告は、はたして「法律の留保」の判断枠組みで重要な「侵害」という概念にあてはま

---

*6　これはそのひとつ前の問題（1）で問われている。
*7　なお、この問題に続く（3）では、逆の立場からの立論が問われている。
*8　参照、大橋洋一『行政法Ｉ〔第3版〕』（有斐閣・2016年）22-39頁。
*9　そして、問題（1）では侵害留保説に対する批判として、全部留保説（あらゆる行政活動に根拠規範を求める説）、社会留保説（侵害だけでなく、社会給付活動にも根拠規範が必要だとする説）などの射程範囲拡大を試みる説や、議会による規律密度という観点を提示する本質性理論（重要事項留保説）などが続くことを説明することになる。

るのかどうかを、もともと提示した「侵害」という語の定義との関係で説明しなければならないのである。

しかし、実際に中間試験で出題してみると、答案のほとんどは、次のような記載であった。

> 侵害留保説ではなく、全部留保説に立てば、すべての行政活動には根拠規定が必要である。だから、Ｘの立場からは、全部留保説に立ったうえで、本件公表には法律上の根拠がないことを問題視すればよい。

念のために書いておくと、全部留保説は、すべての行政活動に根拠規定が必要だという考え方であり、行政による柔軟な対応を妨げてしまう恐れがある。本当にそんな考え方で法律を作ろうとすると概括的な内容しか記載できない、という批判を受けて現在では強く否定されている説である。このことは、多くの答案が問題（1）への解答として書いていたことであり、学生もみんなわかっていたらしい。しかし、実際の答案は、おそらく（次の問題（3）で書くことになる）反対の立場と簡単に区別ができるよう、説の違いで説明しようとしたのだろう。(3)の解答も、このようなあっさりとしたものだった。

> Ｙの立場からは、侵害留保説の立場に立って、本件中間報告の公表は「侵害」にあたらないと主張すればよい。なので違法ではない。

この答案には、なぜ本件中間報告が侵害留保説にいう「侵害」にあたるかどうかが問題となりうるのかについての検討がまったくない。実際の裁判[*10]で問題になったのは、まさにその論点であったにもかかわらず、である。結果的には「わら人形」を立てて論じてしまったため、出題者が本当に聞きたかった点に答えられなかった、というこ

---

*10 この事例問題はいわゆる O-157 事件の東京事件第一審判決（東京地裁平成 13 年 5 月 30 日判決（判時 1762 号 6 頁））において、中間報告の公表について法律の留保との関係が争われている点をもとに作成した。気になる方はぜひ判決原文を読んでいただきたい。

とである。

　この事例問題で私が伝えたかったことは、「学説の違い≠結論の違い」ということである。ベースにしている学説が同じでも、異なる結論に至ることもできる。逆に、学説が違うとしても、どちらもある結論を支持するということも珍しくない。過程を学ばずに結論だけ学ぼうとすると、かえって混乱してしまう。上述の事例においては、事例のどの事情を重視するかによって結論が異なりうるだろう。たとえば「行政機関による食中毒調査途中経過に関する記者会見」が「侵害」にあたるかどうかについて、「単なる危険性のお知らせに過ぎない」と考えれば「侵害」にあたるとは考えにくく、適法になる。他方、「そのお知らせが原因で売り上げが減少してしまう業者が出てくることを重視すべき」と考えれば、それもまた「侵害」とみるべきである、といったように。このように、**これまで理解してきた抽象論を、具体的な事情に「あてはめ」ていくことも問われている**のである。

（4）法学版〈発想・整想・成果物〉

明日香　「論述式試験って、なんか考えることが多くて大変…」

進吾　　「いっぺんにやろうとするからダメなんだよね。どうしたらいいかな…」

明日香　「論述式試験は即興レポート…。そうか、レポートのときみたいに手順を分割すればいいのかな」

ぱうぜ　「そう。**論述式試験を解くときにも、素材を頭から吐き出す〈発想〉と、重要性と順序を考える〈整想〉、そして人に見せる答案として仕上げる〈成果物〉の3段階に分けて考えてみたらどうだい？**」

---

*11　問題をもう一度よく見ていただくと、問題（1）でヒントとして「全部留保説」をあげているあたり、この問題の作者はかなり意地悪な引っかけ問題を出したな…ということがおわかりいただけるだろうか。

進吾 : 「そうか、よく考えてみると、段落を分けたりナンバリングするのって、アウトラインを作るのと同じですね」

論述式の答案作成についても、第Ⅱ部（2年生編）❼で紹介した〈**発想・整想・成果物**〉という書くための3つのステップが使える。〈発想〉は「頭の中から書くための素材を出す」こと、〈整想〉は「重要性をみて取捨選択をし、〈**読み手目線**〉の順番になるよう並び替える」こと、そして〈成果物〉が「求められた形式で書くこと」。この手順を意識するだけで、論述式問題の「よくある失敗」のほとんどは回避できる。ただし、実際にやってみると、ふたつ問題が生じるので注意してほしい。

ひとつは、時間切れになりやすいということ。〈発想〉と〈整想〉の段階では、答案用紙はまだ白紙である（問題用紙の余白などに書くことが多い）。このまま時間切れになると、せっかく考えたことが反映されない答案になってしまう。**目安としては、〈発想〉と〈整想〉までを試験時間の1/3で行い、その時点がきたらもう書き始めてしまおう。**

もうひとつは、〈発想〉で棚卸ししようとしても、なかなか覚えたことが出てこないということ。もしこの点がうまくいかないのであれば、インプットのやり方を見直そう。せめて、「**試験前には試験のときに思い出せるような形での暗記をする**」というように、意識を変える必要がある。アウトプットの練習をするうちに、インプット不足が明らかになる。早めに過去問に取りかかって、時間配分も含めた練習をしよう。

まとめ

- 自分の頭から吐き出すアウトプットの訓練を、インプットとセットでやってみよう
- いきなり書き出すのではなく、きちんと問題を読み解いてみよう
- 論述式試験も〈読み手目線〉で書いてみよう

work…4

手順を決めて答案を書いてみよう

練習問題
行政上の強制執行の意義を述べたうえで、行政上の強制執行の種類を4つあげ、それぞれ説明せよ。

〈発想〉――手持ちの素材を棚卸し

まず問題文を見たら、この問題を解くための素材としてどんなものがあるのかを、問題文中の記述と自分の記憶の中から棚卸しする。問題文は何を聞こうとしているのか、何に答えればこの〈問い〉に答えたことになるのかを意識して、連想ゲームのように、対応するキーワードや言葉を問題用紙の余白に書き連ねていこう。

「ええと、**行政上の強制執行**って**義務履行確保**のことだよな、**行政罰**とは違うんだよね…。ああ、そういや**執行罰**っていう紛らわしいのがあったな。たしか**間接強制**ともいうんだっけ。あれ、**行政罰と執行罰の違い**ってなんだっけ、**制裁**かそうでないか、だっけ？」…といった具合である。実際には、太字にしたキーワード部分を書き出してみるようなイメージになる。

〈整想〉――見出しだけのアウトラインを作る

発想で出てきたキーワードと、問題文をよく読んで、見出しだけのアウトラインを作ろう。ここで、取捨選択と読み手にとって読みやすい順番（〈読み手目線〉）を考える。

上述の一行問題は問題文そのものがアウトラインを示唆している。問題文と〈発想〉で出てきたキーワードとを組み合わせると、以下のようなアウトラインが浮かんでくることだろう。

```
1. はじめに
2. 行政上の強制執行の意義
   定義
```

>   制裁との違い
>   3．行政上の強制執行の種類
>   種類
>   それぞれの内容
>   （1）間接強制（執行罰）
>   （2）…
>   （3）…
>   （4）…

　こうしてみると、さきほどの連想には、強制執行の意義（問題前半）についてはともかくとして、その種類を4つ聞かれているにもかかわらず、まだ残り3つが出てきていないことがわかる。このように、アウトラインを作りながら足りないものをさらに思い出していくことも大切である。

〈成果物〉——実際に論述式答案の形式で書く

　〈発想〉で問いに対して漏れなく答えるための素材を棚卸しし、〈整想〉でアウトラインを作ったら、実際に書き始めてみよう。そうすれば、どこに向かうのかわからなくなったりする心配はなくなる。

　もし心配であれば、レポートでいう「はじめに」と同じように、どのような内容をどのような順序で書くのかを最初の段落で示してみるとよい。

ポイント——終わったらすぐに振り返ってみよう

　やってみたら、「どの段階まででどれくらい時間がかかったか？」「インプットしておきたい事柄は何か？」「次からはどう工夫しようか？」という質問についても〈内なる声〉のメモを作っておこう。そうすることで、今後のインプットのやり方も変わってくるだろう。

13 自分なりのインプット・アウトプット法を見つけよう

インプットとアウトプットの心がけを試してみた明日香さん。しかし、大学生活は思った以上に忙しい。うまくいっているのか自信がなくなってきた…。

(1) 法学学習の6ステップ

明日香：「インプットもアウトプットも大事だってわかって、いろいろやってみました。でも、講義とゼミと自学の組み合わせ、けっこうこんがらがっちゃってます」

進吾：「いろいろやってはみたけど、これでいいのかよくわかんないっす」

ぱうぜ：「じゃあ、インプットとアウトプットとをうまくつなげて、6ステップで考えてみようか。そうだなあ…。君たち、ショートケーキの作り方、わかる？」

進吾	「(確かに今日のおやつはイチゴのショートケーキだけど、いきなり何言ってるんだ?)」
明日香	「バイト先の喫茶店で見ているんで、わかります。スポンジケーキ焼いて、スライスしてサンドして、クリームを薄く塗ったあとで、ちゃんとデコレーションして…」
ぱうぜ	「うんうん。**それぞれの手順をインプットして、再現できるようになる**…っていうのが大前提になっている」
かすみ	「ケーキ屋さんには常時 15 種類くらいのケーキがありますから、季節に応じて作れるようになるのは大変ですね」
ぱうぜ	「そして、ここからアウトプットを考えてみよう。法学系科目の試験問題って、たとえて言うなら『コーヒーによく合う、30 代女性におすすめのケーキをちょうどいい分量出して』っていうオーダーみたいなものだ」
進吾	「え、そんなあいまいなオーダーでいいの?」
ぱうぜ	「こんな言い方でも、ちゃんとしたケーキ屋さんならおすすめしてくれる。明日香さん、そういうときどう考える?」
明日香	「ええと、当店のコーヒーは濃いめなのでクリームを使ったケーキが合うし、ちょっと大人向けということですから、甘さ控えめショコラケーキを 1/8 カットでどうでしょう」
進吾	「大人向けで甘さ控えめ…。すげー、さすが明日香バイトリーダー! あ、そうか、**問題文からさらに分割して、理由づけまで考えている**んすね」
ぱうぜ	「理由も根拠があってしっかりしてるし、おすすめされた方も納得だね。でも、これで終わりじゃないよ。**実際に問題に答えるためには、オーダーにあわせて方針を決めて、これまで用意したケーキを必要な分だけ切り取ったり、お客様の好みにあわせて盛り付けたりする必要がある。これがアウトプットの難しいところさ**」
明日香	「1/8 カットをキレイに盛り付けて出すのって、やってみるとけっこう大変なのよね」

進吾	「ケーキひとつ出すのにもこんなに手順があるんだなあ…俺、心のどっかで『ケーキ！』って言えば完成形がすぐ出てくるもんだと思ってたわ」

　ここで一度、インプットの心がけとアウトプットの心がけで述べたことをつなぎあわせて考えてみよう。大きく分けて、6つのステップに分かれている。

> 【インプットの手順】
> 1）スポンジを焼く←全体像をなんとなくつかむ（〈鳥の目〉1周目）
> 2）サンドして薄塗りをする←ひとつひとつの素材を扱う（〈虫の目〉1周目＋〈鳥の目〉2周目）
> 3）デコレーションする←使えるレベルまで頑張る（〈虫の目〉2周目＋〈鳥の目〉3周目）
>
> 【アウトプットの手順】
> 4）オーダーを見て自分が作れるケーキのうち、どの種類のどの部分を使うか考える←知識を棚卸し（発想）
> 5）どこを切り出すか考える←問いに答えるためのアウトラインを作る（整想）
> 6）お皿を用意して盛り付ける←答案用紙に書く（成果物）

インプットの手順

　インプットのポイントは、全体像をつかむ〈鳥の目〉と、細かくひとつひとつ覚えていく〈虫の目〉とを往復することであった。その往復を3ステップの「ケーキのたとえ」を交えながら考えてみよう。

*1　第Ⅲ部（3年生編）⑪参照。

❶スポンジを焼く←全体像をなんとなくつかむ（〈鳥の目〉１周目）

　まず、入門書か教科書の「大事そうなところ」だけを、とにかく最後まで読んでみる。全体像をつかむための〈鳥の目〉１周目である。これは、ケーキ作りで言えば土台のスポンジを焼く作業に相当する。まだこの段階では売り物にはならないけれども、全体の大きさがなんとなくわかる、というような状態である。

❷サンドして薄塗りをする
←ひとつひとつの素材を扱う（〈虫の目〉１周目＋〈鳥の目〉２周目）

　次は、ひとつひとつの用語を覚えたり、用語の相互関係をつかんだり、細かいことも覚えていこう。このように、細かい手順をひとつひとつ行うのが、〈虫の目〉１周目である。ケーキ作りの場合、焼いたスポンジを少し冷ました後、均等にスライスしたうえで、具材とクリームを用意して、きれいに並べ、サンドしていく。

　ある程度作業が進んだら、今度はもう一度全体を見てみよう。これが〈鳥の目〉２周目である。ケーキ作りだと、最後のデコレーションを行う前に全体にクリームを薄く塗る「下塗り」に相当する。ここでいったん全体を見渡すことで、次の段階がしっかりと身につくようになる。

❸デコレーションする
←使えるレベルまで頑張る（〈虫の目〉２周目＋〈鳥の目〉３周目）

　最後に、人に見せることができるようなレベルまできちんと覚えたのかどうか、実際の事例との関係で使えるような知識になっているのかどうかを確認しながら改めて覚えていく。ケーキ作りで言えば、具材を丁寧に並べたり、クリームを絞ったりという、デコレーションを行うことになる。サンドして薄塗りしただけでも一応おいしく食べることはできるけれども、食べる人を喜ばせるのならば、丁寧に仕上げをする必要がある。ここでは〈虫の目〉も〈鳥の目〉も必要になるので、状況に応じて使い分けていくことになる。

アウトプットの手順

アウトプットのポイントは、頭の中から必要そうなものをとにかく吐き出す〈発想〉と、それを読みやすい順序に過不足なく並べる〈整想〉と、実際のアウトプットである〈成果物〉の3段階を意識してみよう、ということだった。そ

の過程をインプットと同じように、3ステップの「ケーキのたとえ」を踏まえつつ確認してみよう。

❹オーダーを見て自分が作れるケーキのうち、どの種類のどの部分を使うか考える←知識を棚卸し（発想）

まず、定期試験の問題文やゼミの課題など、「オーダー」にあたるものをよく読んで、自分が持っている知識の中で関係のありそうなものを引っ張り出してみよう。いくつかのケーキの作り方を知っているけれども、問題文がそのものずばりを聞いてくるとは限らない。「焼き菓子」にもいろいろあるし、「コーヒーによく合う大人向け」って何だ？と考えてみるのも、ここで必要な作業になる。「コーヒーによく合う大人向けとは、味のしっかりとしたケーキだ、ならば自分の作れるもので言うと…」というように、「解釈」が必要になることもある。

❺どこを切り出すか考える
←問いに答えるためのアウトラインを作る（整想）

〈発想〉段階だと、「なんとなく使えそうなもの」がたくさん並んでいるだけである。そのうち、必ず使わなければいけないものは何か、どの順番で書けばよいのかなどを考えながら並び替えていく。この〈整想〉は、選んだケーキのどこを切り取ろうか、と考えることに似ている。せっかく良いケーキを選んでも、切り取り方が雑で、オーダーにあわないサイズや形になってしまっては困る。そうならないように、

この問題やこの課題ではどのような範囲でどの順序で答えればよいのかを、成果物を作り出す前に大枠だけでも考えておくとよい。

❻お皿を用意して盛り付ける←答案用紙に書く（成果物）

〈発想〉段階できちんと述べるべきことをすべて書き出して、〈整想〉段階でそれを過不足なく読みやすいように並べ替えたら、あとは答案に仕上げるだけである。とはいえ、どんなにきれいに構想を練っても、最後はその通りにお皿に盛り付けられなければ意味がない。時間内にここまでたどり着けるよう、ペース配分も考えておこう。

6つの手順は繰り返し

アウトプットをやってみると、インプット段階での漏れや失敗に気がつくだろう。わかったつもりになっていたのに、いざ**〈発想〉**をしてみようとすると、どうしても定義がわからない単語があったり、**〈整想〉**でアウトラインを組んでみようと思っても、思いついた用語がどのような相互関係にあるのかについて忘れてしまっていたりする。多くの場合、インプットの方法を見直せば、もっと良くなるはずだ。

　以上の6ステップは**1回きりのプロセスではなく、アウトプットを振り返って次回からのインプットの方向性を考える**・・・など、繰り返しになっている。得意な科目・好きな科目でいったんやり方を見つけることができれば、苦手な科目にも応用できる。

（2）自分にあったやり方を考えよう

進吾　「なんとなくわかったけど、具体的にどうやったらいいか、やっぱりよくわかんないっすよ」

ぱうぜ　「まあ、**どのレベルまで必要かは人それぞれだし、各自の性格や使える時間も人それぞれ**だから『自分にあったやり方』が一番。6ステップを身につけるやり方を試行錯誤しよう」

明日香　「できるかなあ・・・」

ぱうぜ 「ふたりとも、これまで色々学んできたんだし、そのやり方を振り返ってみて、しっくりくるやり方を考えればいいんだ」

　まずは、学習するにあたって**どのようなレベルまで身についていればよいのかを考えてみよう**。定期試験を受けた直後であれば、「試験会場でここまでわかっていればもっと良い答案が書けたのに！」と、くやしい思いをしているかもしれない。また、**将来受けることになる試験の過去問を持っているのならば、今は全然できなくてもかまわないので、一度ちゃんと問題と向き合ってみて、今の自分に足りないものを洗い出してみよう**[*2]。何が自分に足りないのかがわかれば、どう対策をすればよいのかも見えてくる。

　あなたも大学生になるまで、いろいろな勉強や学習をしてきたことだろう。何かを覚えたり、考え方をつかんだりして、それをきちんと資料に基づいてまとめ、そして一定のやり方で表現するということは、いままでの経験の中にもあったはずである。

　このとき、それが狭い意味での「勉強」に属するものだったかどうかは気にしなくていい。それが日本の歴史についてなのか、英単語なのか、はたまた部活での戦術メモやスコアの取り方なのか、趣味のゲームやアイドルなどについてのデータ整理なのか、バイト先でのメニューやマニュアルの覚え方なのかは様々だろうけれども、**自分なりに「こうやればうまくいく」という感覚のある方法がすでに見つかっているのであれば、「自分にあったインプット・アウトプットのやり方」の例として、それらを棚卸ししてみよう**[*3]。

---

*2　ときどき、「過去問は自分の力を測るために後で使うので、もったいなくてまだやっていない」という人がいるが、このように過去問を最後までとっておくことはあまりおすすめできない。アウトプットの方向性によってはインプットのやり方も変えなければならないので、一度問題をちゃんと読んでみよう。

*3　私の例をあげると、バイト先でお客さんからの要望があったときには、その場ですぐに書き留めるメモを作ったうえで、上司に相談し、マニュアルに対応する箇所があるかを確認していた。これは、問題に挑んでみて、書き留めるメモを作ってから、先生に質問して、もう一度基本書を確認する、ということと同じである。バイト先では当たり前にできていたことが学習面では意外とできていない、ということはけっこう多い。

大学生活は思った以上に忙しく、またこの先には別のアウトプットの機会（ゼミの課題や、予備試験・法科大学院入試・公務員試験など）もあることだろう。そうすると、どの時期にどこまでをやれるようになればいいのか、という中長期的な目標管理も必要になる。

また、自分のこれまでの大学生活を振り返ってみて、どの時間帯に何の作業をするのが最も効率が良いのかも考えてみてほしい。[*4]

(3) 代替案（プランB）を用意しておこう

明日香 「できましたー！　このスケジュールなら、予習も復習も試験対策も、〈鳥の目〉と〈虫の目〉を往復してばっちりです！」

進吾 「おぉー、ちゃんと論述式試験の練習時間も確保してある。すごい！…けどさ、これ、過労で倒れたりしない？　明日香さん、ときどき貧血で起きられなくなるじゃん…」

ぱうぜ 「理想のプランAができたら、まずは１週間試してみて、無理だったらちゃんと減らすんだ。あと、本当に体調が悪くなったり、急な約束が入ったりしたとき用の**代替案（プランB）も用意しておく**といいね」

かすみ 「うまくいかなくてもくじけない、ようにですか」

明日香 「そっか、〈とりあえずこれだけはやっておこう〉って決めておくんですね。次の自分にバトンタッチする、みたいな」

実際にインプット・アウトプットをやってみると、思いのほか大変である。きっちりやろうとすればするほど、忙しくなる。特に梅雨の時期は休みも少ないし、湿気にやられて体調を崩す人もいるだろう。そんなときは、**完璧主義に走ってはいけない**。すべてを〈虫の目〉で最初から走りきることはできないし、ぼやぼやしていると次の講義が来てしまう。そこで、「自分なりの時間割」を立てるときには、うまく

[*4] 詳しい考え方については、第Ⅰ部（１年生編）⑤を参照。

いかなかったときのための代替策（プランB）も一緒に考えておこう。

　たとえば、講義を1回休んでしまったのであれば、その部分についての「入門書」を読んだり、友達にノートを借りてコピーだけでもしておく。体調が戻ったら、それらと教科書を照らしあわせて、わからないところを教員に質問に行く等である。また、**遅れを引きずらないように、直近の回に向けた最低限の予習だけは毎回欠かさないでやることにしておくとよい**。何が「最低限」といえるのかは何度か講義を受けて自分でラインを設定してみよう。目安としては、「この講義を受けてもったいないと思わないでいられる程度」「授業がつまらなく感じてうっかり寝たりしないで済む程度」だろう。

　うまくいかないときに自分を責めてもあまり良いことはない。そうであれば、**「どこまでやっておけばなんとかなるかな」という視点で、復調するまで低空飛行で粘ってみる**というのも大切なことである。

　体調が悪いわけでもないけれども、なんだかモチベーションがわかないという人は、各ステップで「次の自分」がやりやすくなるように心がけてみよう。たとえば、予習がうまくいって講義がわかるようになってきたのであれば、次の自分も「わかった」状態でいられるよう、工夫するといい。次の復習のタイミングで自分がやりやすくなるように、教科書や講義ノートのよくわからないところに印をつけたり、できれば「なぜわからないのか」を一言書いておくようにするとよい。また、ある程度内容が理解できれば、「似ているけれども違うもの」などがわかりやすくなるようなノートの書き方もできるだろう。どうせ後で復習するのであれば、その復習するタイミングでの自分が一歩踏み出しやすくなるような工夫を積み重ねていくとよい。

（4）ぱうぜのインプット：「3色ボールペン法」

明日香　「せっかくなんで、センセがどうやったのか教えてくださいよ。自分のやり方を見つけるヒントにしたいんです」

進吾	「ぜひ、どうしてそういう方法に至ったのかという考え方も教えてほしいっす」
ぱうぜ	「それじゃ、学部生当時の教科書と判例付き六法を見せるよ」
明日香	「下線がたくさん引いてあるし、けっこう書き込みがありますね…3色ボールペンを使ったんですね」
ぱうぜ	「用語とその定義を覚えたり、本文と但書を対照させて覚えるようにしたんだ」
進吾	「この赤字で Ⓟ のマークは?」
ぱうぜ	「うーんと、『ポイント』のPだね。議論が分かれているところにつけてあるよ。通説的な見解や最高裁判例/それに対する反対説/自分がとろうと思っている見解の3つを色分けしたんだ」
明日香	**「違いを際立たせながら覚えていくんですね」**
ぱうぜ	**「長い通学時間だったからね、電車の中でもできるように工夫した**んだよ」
かすみ	「なぜ色塗りを?」
ぱうぜ	「もともと高校までの学習で、白地図や年表に意味を持たせた色ペンで書き込むのが好きだったんだ。覚えるときに、意味を考えながら書き込むから、記憶しやすくてね。法学学習でも、違いや意味づけを考えながら覚えればいいんじゃないか、とひらめいたんだ」
明日香	「続けられたのも、それが自分にあったやり方だ、と思えたからなんですね」

　私自身は、高校までの世界史や地理の学習で、カラーペンを用いた意味づけ（例：農業は緑、など）を施した白地図・年表作成をして、知識を体系的に覚えていた。ただ単純に資料を読むのではなく、意味づけを考えながら読むようにすれば覚えやすい。法学学習でも、自分がいままで身につけたやり方を応用できるかどうか、考えてみよう。

自分が記憶するためには「色に意味を持たせる」こと、「自分の手を使って書き込むこと」がしっくりくるという長所は残しつつ、「あまりに多色すぎると持ち歩きに不便だし、時間がかかる」ということに鑑みて、ノック式で切り替えができる3色ボールペンを使うことにした。

　講義内容や教科書で理解した内容をすべて手書きで書き写すのは時間がかかるので、色も3色に絞ることにして、次のルールで教科書や書き込みのできる六法に色づけを行った。

ぱうぜの「3色ボールペン法」のルール

1）教科書で用語を覚える

　大事な用語が出てきたら、青、赤、黒を使い分け、楕円形や長方形で囲む。

　用語の定義にあたる内容は、同じ色で下線を引く。

　階層構造がある場合は、色や囲む図形を統一することで、どのレベルが共通なのかがわかるようにする。（160頁の例を参照）

2）教科書で問題点や論点を覚える

　問題点や論点が出てきたら、赤字で「Ⓟ」をつけて、論点だとわかるようにする。

　通説的な見解や最高裁判例は黒、

　それに対する反対説は赤、

　自分がとろうと思っている見解は青で下線を引く。

　特に、それぞれの対立点になっているところは強調する。

3）判例付き六法などで条文と判例要旨を覚える

　短答式問題などで間違えたりあやふやだったところを中心に、判例付き六法など、書き込んでもよい六法の条文を用意して、「原則／認められた判例」は薄い青、「例外／認められなかった判例」は薄い赤のペンで線を引く。必要に応じて、余白や参考条文欄に書き込みを行う。

このようなルールで一通りすべての教科書をもう一度精読してみたところ、覚えやすくなった。それは、なんとなく読んでいてもこれらのルールを守った色づけはできないので、何度も何度も読み返すのと同じような注意深さが身についたからである。[*5]

3色ボールペン法を使うときのポイント

　3色ボールペン法を使うときには、**まず第一に「用語」とその「定義」を意識しよう**。勉強を進めていくと、なんとなく「この単語は何度も見たような…」というものが少しずつ増えてくるはずである。また、講義などで先生が繰り返し説明しそうな単語（＝キーとなる用語）というのもだんだんつかめてくる。そして、その前後にはその用語がどのような意味で使われているのか、別の用語とはどういう観点で区別されているのかが示されていることが多いので、共通の色で塗ることで、関連づけをしていくのである。

　次に、**頭の中で〈整想〉のアウトラインを意識した階層構造を考えてみるとよい**。同じレベルの違う言葉は同じ形の別の色で囲んだり工夫してみよう。用語がただ並列に並べられているのか、ある語の具体例として出てきているのか、ある語の下位に属する言葉なのかというような、用語間の相互関係も考えていく。これは一読するだけではよくわからないこともある。場合によっては、読んでいる箇所が目次上どのように位置づけられているのかを確認しながら考えることもある。私の講義録（行政法１の初回講義）[*6]を素材として前掲「ぱうぜの『3色ボールペン法』のルール」内の「**1) 教科書で用語を覚える**」を実際にやってみた例は次の通りである。「**2) 教科書で問題点や論点を覚える**」や「**3) 判例付き六法などで条文と判例要旨を覚える**」については、自分で試行錯誤してやってみていただきたい。

---

*5　そのため、1回目の〈鳥の目〉読みのときではなく、2回目以降の〈虫の目〉読みのときに行うこととした。
*6　内容について参照、原田大樹『例解 行政法』（東京大学出版会・2013年）9-11頁等。

2 行政法の体系

　それでは、次に行政法の見取り図を皆さんにご案内したい。行政法は大きく分けて、行政法各論と行政法総論という部門に分かれる。行政法各論とは、個別の課題ごとの法制度を扱うものであり、「個別法」や「参照領域」ともいわれる。具体的には、租税法、社会保障法、都市法、警察法、環境法などがある。そのうちのいくつかは「行政法」という科目からは独立し、別の科目として講義されている。これに対して、行政法各論での各分野における法制度の共通要素をまとめて議論するのが行政法総論、という関係になっている。大学で「行政法」と名付けられた科目では、主として行政法総論の枠組みに沿って教えながら、行政法各論、すなわち個別法の仕組みについても少しずつ触れることになる。

　行政法総論は大きく分けて、行政組織法、行政作用法、行政救済法に分かれる。行政組織法は、誰が行政を行うか、行う場合の役割分担はどうあるべきか、ということについて検討する。行政作用法は、行政としてどのようなことをどのように行うかについて検討する。行政法の基礎概念や、行為形式論、実効性確保など、「行政法」という科目で学ぶ中心的な部分である（そのため、行政作用法をさして狭義の「行政法総論」ということもある）。行政救済法は、行政活動に伴ってなんらかの被害が出た場合、その救済を求めるにはどうすればよいのかについて検討する。お金で解決する場合の国家補償と、行政活動によって変化した権利義務等の法状態を裁判所等によって変更してもらうという解決を求める行政争訟がある。

　この「3色ボールペン法」は、単に読み進めていくときだけでなく、後で読み返すときにも役に立った。一度決めたルールに沿っているので、1週間くらいたってから読み返しても、その部分の構造がつかみやすくなっているからである。

　なお、まとめノートを作るときには、次のような階層図も書いてみよう。階層図は、Freemind（フリーマインド）というフリーソフトを

用いると、簡単に作ることができる。[*7]階層化できればどのような方法でもよく、手書きでもかまわないので、ぜひ試してみてほしい。

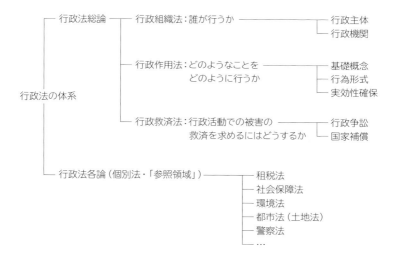

(5) ぱうぜのアウトプット：「予想問題作成法」

進吾　「アウトプットはどうやったんですか？ 市販の問題集にはなかなか手が出せなくて」

ぱうぜ　「自分で自分に問題を出してみればいいよ。もし難しかったら、友達と互いに問題を出しあいっこしてみてもいいし」

明日香　「えー！ 問題を作るなんて、めちゃくちゃ大変じゃないですか」

ぱうぜ　**「一行問題にはフォーマットがあるし、どこが問題として出そうか予想するのもまた勉強になるよ。なあに、毎回の講義の復習になるように考えてみればいいんだよ」**

---

*7　同様の方法をとって階層構造を可視化している学習向け解説書として、大島義則『憲法の地図』（法律文化社・2016年）がある。また横田自身による Freemind の活用につき、Tak.『アウトライナー実践入門』（技術評論社・2016年）213 頁以下のインタビュー記事参照。

進吾	「書いてみて、互いにチェックするのもいいかもしれないね」
明日香	「ふぇ、出来が悪いかもしれないけどよろしくね…」

　第Ⅲ部（3年生編）⑫(1)で紹介した一行問題は、工夫次第で自作できる。以下のフォーマットに適宜キーワードを代入して、仮想試験問題として解いてみてほしい。ものすごくハードだけど「効く」勉強法である。

　【　】内のAやBやCには、あなたの感覚でかまわないので、その講義の試験で出そうなキーワードを入れてみよう。試験に出そうなキーワードを講義ノートからまんべんなく探すことが、試験に向けた実践練習の第一歩である。その際にはぜひ、〈発想→整想→成果物〉の段階も意識して練習してみよう。

一行問題のフォーマット

1)【　A　】に関して、【　B　】についての（複数の）考え方とそれぞれの問題点について、【　C　】事件の最高裁判決に言及して説明せよ。
2)【　A　】の意義を述べたうえで、【　A　】の種類を【　】つあげ、それぞれ説明せよ。
3)【　A　】の意義、要件、客体、行使および効果について説明せよ。

まとめ

- アウトプットができるようになることまで視野にいれて、インプットのやり方を見直そう
- どんな要素が必要か、〈鳥の目〉と〈虫の目〉が行き来

できるように考えてみよう
- 過去の自分がやっていてうまくいったやり方を応用できないか、試してみよう

work…5

〈自分の学習法〉を作ってみよう

手順1 自分が目標とする試験の過去問があれば、入手しておき、どのレベルにどの時点で到達すればいいのかを確認してみよう。

手順2 自分のスケジュールをバーチカルタイプの手帳に書き出してみて、どの時間にどこにいるのか、その場所ではどういう資料や道具を使って勉強ができるのかを考えてみよう。

手順3 これまで自分がやってきた学習法を書き出してみて、どんなやり方が自分に向いているのかをイメージしてみよう。

手順4 手順1からは必要な学習内容が、手順2からは使えるリソースが、手順3からは方法のヒントが見つかるはずである。これらを組み合わせて、「自分が考える理想の学習法とスケジュール」を書き出してみよう。第1部（1年生編）❺で紹介した〈どうせやるなら二毛作〉を応用して、ひとつの行動にふたつ以上の目的をつけてみるのもおすすめ。

手順5 まずは1週間、記録をとりながら、「理想」をやってみる。実際には、7割くらい（二毛作にした時間はどちらかひとつ）できれば上出来。

手順6 振り返りの時間をとって、どれくらいうまくいったか、できなかった原因は何かを考えてみよう。突発的な出来事はよくあることなので、無理のない計画を立て直してみて、少しでも続けてみよう。

14 少人数ゼミのススメ
―― 調べて考え、質問してみよう

ぱうぜセンセの勧めに従って、少人数ゼミを受講してみた明日香さん。思った以上に大変で四苦八苦。そんな様子を見て、後輩のかすみさんは心配になってきた。どうしてぱうぜセンセはゼミの受講を勧めるのか、改めて聞いてみよう。

(1) 法学のゼミってどんなところ？

かすみ 「そもそも、ゼミってどんなところなんですか？」

ぱうぜ 「大学や先生によってもいろいろなんだけどね…」

進吾 「法学だと半年でおしまい、ってゼミも結構あるよね。判例評釈をやったり、事例問題を解いたり」

明日香 「政策系のコースだと、2年間かけて卒論を書いたりするところもあるらしいよ。自分で問いを立てて、調べ物するの」

進吾 「ああ、法学の半年単位のゼミでも、そういうテーマ学習のものもあれば、みんなで文献を読むっていうものもあるよね」

明日香	「文献を読むとか、テーマ学習っていうのは１年生ゼミでも似たようなのがあるけど、判例について調べるっていうのは法学以外では聞いたことないなぁ」
かすみ	「ひとくちに〈ゼミ〉って言ってもいろいろなんですね」
進吾	「人数や期間、やってる内容によっても様々だし、先生や学生のカラーが出るよね」
ぱうぜ	「そうだね。まあ、どんなゼミでも共通しているのは、法学学習におけるゼミは、法学の知識をただ〈知っていること〉から〈使える、生きた知恵〉に押し上げる練習をみんなでするところってことだね」

　少人数ゼミについてイメージがわかない、という学生も多いだろう。第Ⅲ部（3年生編）⑩で紹介した３種類（裁判例を素材とする「**判例研究**」、法律学に関する特定のテーマを素材とする「**テーマ研究**」、架空の事例問題を素材とする「**事例演習**」）のほかに、研究者の執筆した論文を分析する**文献講読**や、法律問題を素材とした**法律ディベート**も行われている。

　私自身、法学学習が楽しくなってきたのは、少人数ゼミで教員や学生と一緒に報告し、調べ物をして、議論をし、レポートを書いたという体験がきっかけとなっている。ところが、教員になってから学生に話を聞いてみると、「ゼミって何をやるのかわからないから怖い」「グループワークが面倒」「勉強不足だから議論するのが怖い」など、ゼミを履修しないままに卒業する学生もいることがわかり、驚いた。そこで、以下では「調べ物」と「ゼミでの質問」ということに焦点をあてて、少人数ゼミがなぜおすすめなのか説明しよう。

　法学学習におけるゼミは、法学の知識をただ「知っていること」から「生きた知恵」に押し上げる練習をみんなでするところである。**報告者として参加するとき**には、話すために調べ、調べたことをきちんと説得的にレジュメに書き下ろし、そして説明する。説明をしたら、今度は報告を聞いてくれたゼミ仲間からの質問にも答える。**報告者以外の聞き手や質問者として参加するとき**には、報告者の言うことを理

解して、いままで自分が学んだ内容との関連を思い出し、よくわからないことをきちんと質問する。これらの活動ひとつひとつが、法学を「使える」ようになるためのトレーニングなのである。

　一度このようなトレーニングを積んでからもう一度大教室講義に戻れば、どのようにどこまで理解すれば「生きた知恵」にしやすいのかもつかめてくるようになる。その目的を達成できるように、自分なりの「法学学習のトライアングル」のパターンを作ってみよう。

(2)「調べ物」の難しさ

かすみ	「まだよくわからないです…。やっぱ恥ずかしいって気持ちの方が大きくて」
ぱうぜ	「うーんとね、教員側から見ると、ゼミって〈自分の頭で考えるための下準備を練習するところ〉なんだよね。あるいは、〈調べ物の必要性を与える〉ところ、というか」
明日香	「あー、わかりますそれ。やってみたら本当にびっくりしました」
ぱうぜ	「明日香さんはまさにそうだったね。ちょっとかいつまんで説明してみてよ」
明日香	「私はテーマ報告だったんですけど、いざ、人に説明しようとして調べ始めると、きりがないんです。あと、図書館での本の探し方とか、webの検索の仕方とか、よくわかってなかったなあって」
進吾	「俺も、判例研究だったんだけど…。ああ、今思い出してもツラいなあ。報告するまで、データベース[*1]の使い方も、判例の読み方も、文献の種類とかも全然わかってなかった」
かすみ	「え、1年生のときに図書館ガイダンスとかありますよね」

*1　進吾くんが言うように、LEX/DBや判例秘書などの判例データベースの使い方や、Cinii（サイニー）を活用した論文の検索は、実際にやってみないと感覚がつかめないことが多い。

明日香	「ううん、確かに情報としては知ってるの。でもね、**自分で必要があって調べてみてはじめて身につく『やり方』っていうのがけっこうある**んだよね」
かすみ	「あと、聞きにくいことなんですけど・・・。そもそも『判例研究』って何をするんですか？」
進吾	「ええとね、判例をひとつ取り上げて、事案の概要と判決要旨をまとめたうえで、その判例がどういう意義を持つのかを研究するんだよ」
明日香	「そうそう、進吾くんがやってるの見てびっくりしたの。それまで『判例百選』シリーズに載ってる文章が判決だと思ってたんだけど、あれって判決文そのものじゃないんだって」
ぱうぜ	「ああ、そこからか・・・。それじゃ、判例評釈っていうものを説明するところから、ゼミでの失敗談をお話しするよ」

　「判例研究」、つまり判例について考えると言うと、法学初学者は有斐閣の『判例百選』シリーズを思い浮かべるようだ。法学の大教室講義で、テキストとしての教科書とともによく教材として指定されるために、学生にとってはなじみ深い判例教材である。また担当教員によっては別の判例教材を指定することもあるだろう。

　しかし、それらは「判例そのもの」ではない。くだけた言い方をすれば、**判例を構成している文章（判決文）を読み込み、大事なところ（判例要旨）をまとめ、それに対して解説をつけたスタイルの文章が法学の世界には存在する。これを、〈判例評釈〉という。**有斐閣の『判例百選』シリーズは原則として見開き2頁、5000字程度でひとつの判例を紹介し、解説するという学習者向けの（極めて短い）判例評釈をまとめたものである。判例評釈には種類があって、『判例百選』のように学習者向けの短いものから、大学紀要や法律雑誌、学術書などに収録されている、2万字を超えるような長大な研究成果としての判例評釈も

---

*2　さらに略して判旨ともいう。長い判決文のうち、ほんの一部であることに注意して判決文を読んでほしい。

ある。

　「判例研究」型のゼミでは、自分が担当する事件について単にまとめればよいというものではない。**その事件の判決文（第一審・控訴審・上告審すべて）はもちろんのこと、その事件について書かれた判例評釈も収集し、その事件で問題になった論点についての論文や書籍も探してくることが当然の前提**になっている。[*3]

　こうしたタイプのゼミにおけるはじめての報告については、私自身、苦い思い出がある。「株式会社の政治活動」に関する判例を調べてくるという課題に対して、民法のゼミであったにもかかわらず、憲法研究者の評釈ばかりを参考にして議論してしまったのである。指導教員は民法学の立場から、法人の権利能力や目的によるその制限についての議論について深掘りすることを期待していたらしい――しかし、当時の自分たちは、「同じ判例を憲法でも民法でも議論することがある」だなんて考えたことがなかった。

　さらに、調べたつもりになっていても、議論していくうちによくわかっていないことが判明する。「調べきった」と思い込んでいた（憲法研究者による）論文や判例評釈も、もっと深く読み解くべきだった。

　こんな風に、はじめての報告では赤っ恥をかいた。今、教員の立場から11年前の大失敗を振り返ってみると、**「ゼミは、〈調べ物をする必要性〉を学生に作ってあげるところである」ということ**である。

　仮にリーガルリサーチについての知識があったとしても、きっと「大失敗」は避けられなかっただろう。なぜなら、実際の事件にはいろいろな立場からの議論があるということや、どの点に着目するかによってその判例に対する記述の方向性がかなり変わるというようなことは、

---

*3　そのため、田高寛貴＝原田昌和＝秋山靖浩『リーガル・リサーチ＆リポート』（有斐閣・2015年）は大きく2編に分かれており、第1編は「法律学の表現と議論―リーガル・リポート―」として法律学の文章の作り方やゼミの進め方を解説し、第2編では「法律学の情報調査・収集―リーガル・リサーチ―」として、法令、判例、文献の調査方法を解説している。具体的なやり方やその内容については、同書の記載が丁寧かつ必要十分な優れたものなので、そちらに譲ることにする。

初学者にとっては大きな落とし穴になるからである。このような、**「法学をプロとして用いる人にとっては当たり前なのに、初学者にとっては思いもよらないこと」というのはたくさんある。**そこまで含めて「調べ物の能力」なのである。この**「調べ物の能力」は、必要性がなければ身につかないし、必要性や時間制限がなければどこまで調べればいいのかがわからない。**必要性がなければ、どうやったら求める情報にたどり着けるかの嗅覚が身につかない。この「必要性」は、ゼミの課題によっても、自分自身が目指すものによっても変わってくる。

(3) 〈良い質問〉って何だろう

かすみ	「自分で調べて、まとめて、報告して…。その後、質疑応答があるんですね」
進吾	「…あれ、なんか複雑な顔してるけど」
かすみ	「質問するのもされるのも、実は苦手なんです。何を聞いたらいいのか、どう答えたらいいのか困るんです。変なこと聞いて、みんなに迷惑かけちゃいけないなって考えると…」
進吾	「ああ、わかる…。聞いている側からすると何を質問していいかわかんなくなっちゃったり、逆に報告者としては誰も質問してくれなくて困ったり、とかあるよね」
明日香	「あ、そういえば、ぱうぜセンセに言ってもらったことで気持ちが楽になった覚えが。ええと…『自分の疑問はみんなの疑問の氷山の一角だよ』とか」
進吾	「ささいな質問に思えても、意外とみんなそう考えてるよね」
明日香	「あとは、『いきなりしゃべろうとすると大変だから、疑問に思ったことはメモとっておこうよ』とか」
かすみ	「あ、〈**内なる声**〉のメモですね。確かに、そうしておけば、まとまりのない質問になるのは避けられそうですね」
ぱうぜ	「書き出しておくと、質問すべきタイミングもわかるね」

明日香	「どういうことですか？」
進吾	「俺のことですね。前は、質疑応答が始まると、最初からフルスロットルで議論をふっかけてたんだけど、最近はちょっと一息おくようにしたんだ」
かすみ	「どうしてですか？」
進吾	**「最初の方の質問は、報告者だって緊張しているし、うまく説明できていないところもあるから、よくわからなかったところを中心に聞いた方がいいん**だ」
明日香	「確かに。みんなわかってないところを先に聞くんだね」
進吾	**「ある程度みんなの理解が深まってから、『それで報告者はどう考えるの？』っていう質問をした方が盛り上がる**んだ」
ぱうぜ	「まずは質問をすること自体にも慣れるようにする。その後、『どう発言したらよく伝わるか？』とか、〈良い質問〉になるように、さらに考えてみるといいね」

　質問を怖がってしまう人が出て、一部のゼミ生だけが発言するようになってしまうと、ゼミの効用である「覚えた知識を〈使える、生きた知恵〉にする」という利点を十分に活かしきれない。そんなときは、質問の相手方になっている報告者だけでなく、ほかのゼミ生もまた質問を聞いているということを意識してみよう。

　まず、「同じ疑問を持っている人はほかにもいるかもしれない」と考えてみよう。報告者の勘違いや、説明不足もあるかもしれない。

　また、**ゼミでの〈良い質問〉**とは何だろうか？　実践の中で受講生と議論して得た結論は、**「自分の心の中の疑問をうまくすくい取り、質問の相手や周りの聞き手とも共有できる質問」**である。くだらない質問と思えても、すくい取った疑問をうまく形にすれば、報告者やほかの聞き手もその意図を共有したり、議論のきっかけとすることができるからである。

　そもそも、なぜ質疑応答は難しいのだろうか。その原因のひとつは、「その場で考えてすぐに発話しなければいけないから」ということに

あるだろう。まとまりのない質問では、聞いている側（報告者やほかの参加者）もよくわからなくなってしまう。そこで、以下では〈質問の型〉と、質問の順序について考えてみよう。

「即興スピーチ」を応用して、質問をしてみよう

　私は法科大学院在学中、質問をする際に英語サークルで学んだ技法を応用してみようと思い立った。即興スピーチとは、事前に準備するのではなく、その場で与えられたお題について、短い準備時間を経て、すぐにスピーチを行う競技である。*4 なぜこんなことができるかというと、**あらかじめ「型」を決めておいて、それにお題をあてはめていくように考える**からである。即興スピーチでは、自分の**〈主張〉**（メインクレーム）を、冒頭と最後の両方ではっきり二度言う。その間に、その主張を支える**〈論拠〉**を挟みこむ（サンドイッチ構造）。これは、**これから話すことがどこに向かっているのかをまず示し、それがどこから生まれたのかを説明して、最後にもう一度大事なことを言う、という型**である。これを、ゼミでの質問にあてはめてみよう。*5

即興スピーチとしての〈質問の型〉

❶見出し：何の項目についての質問か

　最初に、何の項目についての質問かをはっきりさせよう。報告者がレジュメを配っているのであれば、何頁の何の項目についての質問なのかを述べるとよい。これで、報告者だけでなく、周りの聴衆も、どんな質問なのかがわかるようになる。

❷論拠（理由・根拠）：疑問の背景や前提を述べよう

　次に、どうしてその疑問を持ったのか、理由を述べてみよう。何が

---

*4　あらかじめ原稿を準備し暗記しておく Prepared Speech に対して、Extemporaneous Speech では、お題が与えられてから 3〜15 分の準備時間でスピーチの大枠を作り、即興で 4 分間スピーチを行うのが標準的である。

*5　これらを応用するための質問シートを **work**…6（173 頁）で用意したので、ぜひ試してほしい。

原因で疑問に思ったのかを述べることで、質問の前提になっている知識をはっきりさせると報告者も答えやすい。もしデータや文献、体験談をその根拠として示せるのであれば、それも伝えておこう。

❸疑問文：何が聞きたいのかを疑問文で

最後にもう一度、何が聞きたいのかを疑問文の形で述べよう。❶で述べたこととまったく同一でもかまわない。これを添えることで、報告者は何について答えればよいのかをはっきり認識することができる。

質問の種類

また、質問にも2種類ある。それは、❶報告者の報告内容を受けて、その内容を確認したり、説明不足のところを補うよう促して、理解をほかの聞き手も含めた参加者全体で共有するための質問と、それを踏まえて❷議論をさらに先に広げたり、深めるための質問である。

❶理解を共有するための質問

報告がハイレベルすぎてついていけないときには、初歩的な質問から始めて、報告者が何を言いたかったのかをみんなで理解することができるようにしよう。報告者の方も、説明すべき大前提をすっ飛ばして報告してしまうこともある。おそらくは**みんなが感じている疑問の「氷山の一角」**なので、恐れずに聞いてみよう。

また、報告者自身もよくわかっていないときには、「私は（ほかのところで習った知識から）○○のことかと思ったのですが、それで合ってますか？」という形で、**報告を補うような質問**をするのもひとつの手[*6]である。

❷議論を広げて深めるための質問

いくつか❶の質問をしてからは、質疑応答で出てきた議論を踏まえて、より先に進むための質問をしてみよう。たとえば、「報告者の結論を踏まえると、○○についてはこれからどう考えればいいと思います

---

*6　異なる専門性を持つ聴衆が混在しているときには特に大事な質問である。

か？」などという質問である。意見交換をするのもよい。

このような質問を横で聞いているときには、ぜひ、「私は〜と思うのだけど、ほかの人はどうですか」というように、いろいろな意見が出るよう発言してみるとよいだろう。

限られた質問タイムをうまく使うためには、質問の順序にも気を配る必要がある。順序が逆になると、必ずついていけない人が出てしまうので注意してほしい。頭の回転が良い人は、先に❷の質問からしてしまうことがある。しかしそれでは、報告が難しいなあと思っているほかの聞き手が、❶の質問をするタイミングを失ってしまう。

報告者としても、報告直後は緊張でガチガチである。最初の質問は、前提を確認するような❶の質問の方が答えやすい。答えていくうちに緊張もとけてきて、少し難しい❷の質問にも答えられるようになるだろう。

まとめ

- 少人数ゼミは、法学の知識を〈使える、生きた知恵〉に押し上げる練習の場
- 調べてみてはじめてわかる難しさもたくさんあるので、必要性に迫られつつ報告準備をしてみよう
- 理解を共有するための質問から、議論を深めるための質問に進んでみよう

work…6

質問シートを作って質問してみよう

質問内容や順番に気をつけようと思っても、頭の中だけで構成するのは大変である。そこで横田ゼミでは、質問シートを利用してい

る。横田ゼミ冬学期は外部からゲストを招いて報告をしていただき、それに対して学生が質問をするという内容になっている。そのとき、学生の質問を助けるものが質問シートである。

学生には、まずノートに何について疑問を持ったのかをメモしてもらった後に、このシートに記入してもらうことにしている。〈発想・整想・成果物〉の3ステップとの関係では、手元のノートが〈**発想**〉、シートへの記入内容を選ぶところが〈**整想**〉、シートへの記載が〈**成果物**〉となっている。いきなり質疑応答に入るのではなく、まずは書いてもらうことにしているのである。こうすると、口に出して質問することが苦手な性格の学生も、良い質問をたくさん書いてくれることが経験上わかっている。読者の皆さんも、ぜひ次のような質問シートを活用して、ゼミを実り多いものにしていただきたい。

質問シートの例

	キーワード	質問内容
1	良い質問とは	ゼミでの質問が怖い。良い質問とはどのようなものだろうか。
2	「鳥の目」「虫の目」	「鳥の目」学習はいつまで続ければよいか？
3	調べ物スキルの応用	ゼミ初心者なのでよくわからない。調べ物スキルを応用する場面としては、どんなことが考えられるか。
…	…	…

【使い方】

1．〈内なる声〉をメモしながら報告を聞く

レジュメやノートに、メモをとりながら報告を聴いてみよう。よくわからないなら「？」、びっくりしたなら「！」というような、マークだけでもいい。詳しいやり方は第Ⅲ部（3年生編）**⑮**を参照。

2．質問の内容について、質問シートにキーワードと内容を書く

質問シートの左側は、質問のキーワードを書く欄である。ここは即興スピーチを応用した〈質問の型〉でいう「見出し」に対応しており、何を質問したいのかという〈主張〉でもある。

そして、それを踏まえたうえで質問内容を右側に書くようになっている。なぜキーワードを思いつくに至ったのかという〈理由〉を書

いたり、報告内容や参考文献のどこを見て考えたことなのかという〈根拠〉を記載するとよりわかりやすい。

3．報告者に提出し、質問順を並び替える

このシートは、報告者（ゲスト）の話が終わった後、10分間の時間をとって、記入と回収を行う。[*7] 質問シートを受け取った報告者は、それらを並び替えて、似た質問があればまとめて答えていく。

4．質問の骨子→その理由→聞きたい内容、となるように質問する

司会者（あるいは報告者）が質問者に順に問いかけるようにして、質疑応答を進めよう。質問者は〈質問の型〉に沿って、はじめに見出しや質問の骨子を述べ、なぜその質問をするに至ったかの理由を説明し、そして再度質問の核となることについて述べるサンドイッチ構造で質問をしてみよう。そうすると、ほかの参加者にも理解しやすくなる。

質問シートの例3で記入した質問については、こんな具合である。

> 「調べ物スキルの応用についての質問です。【見出し】
> 　報告レジュメでいうと3頁のところです。（報告者やほかの参加者が頁をめくるまで少し待つ）
> 　どんな場面で活用できる、と報告者は考えていますか？【質問の骨子】
> 　ゼミ初心者でまだよくわからないのと、もっと進路に関係する勉強をしてみたいので質問します。なので、進路選択にあわせて例があれば嬉しいです。【理由】
> 　このレジュメ3頁では、『判例評釈の難しさ』を例にしていますが、ほかにも応用できる場面などがあるのでしょうか。【根拠】
> 　調べ物スキルの応用についてほかの例に踏み込んで教えてください。【改めて見出し・質問の骨子】」

[*7] 報告者に渡す前に各自で質問シートをスマホ等で撮影しておき、自分用の控えも作っておこう。

15 自学につなげるためのコツ
——〈自主ゼミの罠〉に気をつけて！

法学部3年生ももうすぐ終わり。一通りの法学科目を学んだ進吾くんは、弁護士を目指して奮闘中。さて、効率的な勉強法ってあるのかな？

（1）〈内なる声〉をきっかけに

進吾　「ぱうぜセンセの言うように、ゼミもやって、自分なりに過去問もやって、講義も復習して…ってやってます。でも、なんか要領がつかめないっていうか」

明日香　「進吾くんって意外と飽きっぽいもんねー」

進吾　「ゼミとかでほかの人に質問するのとかは楽しいんだけどね…。その後が続かない、っていうか。地道な作業が苦手なんだよ」

かすみ　「センセはそんなとき、どうやったんですか？」

ぱうぜ	「そうだね、**自分が『知りたい！』と思った気持ちを大事にする**んだ。1年生の頃、大講義室での授業の受け方についてアドバイスしたの、覚えているかな？」
明日香	「あ、〈**内なる声**〉ですね！」
ぱうぜ	「その通り。法学の学習でも、〈内なる声〉のメモを応用してみよう。それが講義・ゼミ・自学のトライアングルをつなぐポイントだよ」

　第Ⅰ部（1年生編）❷で大教室講義の受け方として紹介した〈**内なる声**〉のメモは、法学学習がしばらく進み、ゼミを受けるようになってからも効果を発揮する。ゼミの質疑応答を振り返る例を挙げてみよう。

❶疑問：「〜がわからない」「○○って何だろう」という疑問

　わからないことがあったら、その箇所をメモしておこう。たとえば、ゼミの受け答えの中で、先生が用いていた「パンデクテン」という言葉の意味がわからなかったとしよう。その疑問をすぐにメモしたうえで質疑応答の中で質問したり、復習としての自学の時間に調べたりしてみよう。

❷驚き：はじめて聞いた言葉や視点

　話を聴いていて、**はじめて耳にした単語や、知らなかった視点**にぶつかったら、そのこともメモしよう。たとえば、条文の読み方についての指導があり、「条文中『よって』と書いてあったら『因って』のことであり、因果関係が問題になるときがある」というコメント。メモしておけば、次から六法を読むときに、ひらがなの「よって」にも意味があるのだ、ということに気がつきやすくなるだろう。

❸思い出す：すっかり忘れていたこと

　❷とは逆に、**一度習ったはずなのに、すっかり頭から抜け落ちていた**こともメモしておこう。たとえば、クリスマスケーキ（12月25日を過ぎてしまうと困る商品）の売買契約に関する事例問題を解く過程で、債務不履行の損害賠償責任（民法415条）ばかり考えてしまって、定期行為の履行遅滞による無催告解除（同542条1項4号）については検討

しなかったことをメモした学生がいた[*1]。今後の事例問題の検討では、「もしかして」と思いやすくなるし、復習にも力が入るだろう。

❹意欲・アイデア：やってみたいこと

ゼミを通して、**この先の学習でこんな風に試してみたい、という意欲やアイデアが出てきたら、それも一緒にメモしよう**。たとえば、「もっと条文を一から読み直してみよう」とか、「解除は請負契約の場合にはどうなるんだっけ？ 解除のまとめノートを作ろう」という具合である。次に何をやるべきかがわかるし、そのための意欲もわいてくる。

ほかにもいろいろな場面で、メモすべき〈内なる声〉が見つかるかもしれない。第Ⅰ部（1年生編）❷のwork…1（16頁）で紹介した「コメントシート課題」のリストも参考にしてほしい。

(2) 〈内なる声〉をインプット・アウトプットにつなげてみよう

かすみ	「講義でもゼミでも、自分が気づいたちょっとした疑問とかをメモするようにしてるんですけど、そこからどうしたらいいかわからないんです…」
ぱうぜ	「その小さなアウトプットを、ちゃんとしたアウトプットにつなげるための練習をしてみたらいいんだよ」
かすみ	「え、単なるはてなマークとかもアウトプットなんですか？」
ぱうぜ	「それだって、少なくとも、〈内なる声〉としてその記号を書いたときの自分は、まさにそこが気になったんだよね？ それなら立派なアウトプットだよ。それをほったらかしにしないで、**小さな疑問から出発して、自学で補えばいいんだよ**」
明日香	「講義とかゼミとかのときは、インプットするので精一杯で、

[*1] 学生に詳しく聞いてみると、「ちょっと条文の位置が離れていて別々の機会に学習していたこともあって、うっかりしていた」という。近時の教科書では、解除権を「買主の救済」として追完請求権、代金減額請求権、損害賠償請求権とともにまとめて説明している。例として、潮見佳男『民法（全）』（有斐閣・2017年）395頁以下。

	アウトプットまで手が回らなくなっちゃうんですよね」
ぱうぜ	「じっくり考えるための〈自学〉の時間をちゃんと作って、後から補充することができればいいんだ。実は、この習慣をちゃんと作っておくのが一番大変で、難しいことなんだよ」
進吾	「耳が痛いなあ、授業についていくのが精一杯で、後はテスト前しか勉強してないもんなあ…」
明日香	「時間が足りないのは、何年生になっても変わらないね…」

　法学学習のトライアングルのそれぞれの場面（大教室講義／少人数ゼミ／自学）において、どんなインプット・アウトプットの機会があるのかを、〈内なる声〉の探し方とともに見ていくことにしよう。

❶大教室講義のインプット・アウトプットと〈内なる声〉

　大教室講義での学生の行動をよく見てみると、「先生の話を聴く」・「教科書やレジュメを読む」、「板書を読む」、「六法から条文を探して読む」ことが、インプットとして行われている。

　これに対して、アウトプットはどうだろうか。**「教科書やレジュメの大事な箇所を判断して線を引く」**こと、**「先生の言っていることからノートを書くこと」**は、情報を取捨選択してまとめるという点で、**立派なアウトプットになっている。**それに加えて、**(1)**でも触れたように、講義を聴いているときにふっと浮かんだ疑問や驚き、感想やこれからやる学習のアイデアなどの**〈内なる声〉**も一緒に書き留めておこう。

　すべてをやろうとすると時間が足りずに先生の言っていることまでメモしきれなくなることもある。そのような場合は適宜、省略を使って後から補充するとよい。「授業時間内は教科書の該当頁やレジュメの見出し番号だけメモし、項目名等は後から補充する」などの工夫をして、必ず講義後に補充と読み返しを行う自学の時間を作ろう。[*2]

[*2] 　レジュメ書き込みでのメモをとっていると、図解用のスペースが足りなくなることもある。黒板の図解だけは別途（ルーズリーフなどに）ノートをとり、後でレジュメの記述と一緒にまとめノートを作って統合するなど、工夫してほしい。

❷少人数ゼミでのインプット・アウトプットと〈内なる声〉

　少人数ゼミでは、自分の担当する報告内容をまとめるための調査や、ほかの人の報告や先生の解説を聴くことなどがインプットにあたる。

　これに対して、報告内容のレジュメを書くということが少人数ゼミでの最大のアウトプットである[*3]。また、報告者ではない回であれば、ゼミ中に質問や感想を話すことも立派なアウトプットと言えるだろう。

　このように、少人数ゼミではどちらかというとアウトプットの比重が大きいが、実際にやってみると、インプットの必要性に迫られることが多い。その想いはゼミノートの片隅に書き留めておこう。この〈**内なる声**〉が、自学をするときの動機づけになる。

❸自学でのインプット・アウトプットと〈内なる声〉

　大教室講義や少人数ゼミだけでは足りないことや、自分でもっとやってみたいことを、自主的に行うのが自学である。そのため、いろいろなインプットとアウトプットの方法が考えられる。たとえば、大教室講義の予習や復習のために教科書やレジュメを読むというのが代表的なインプットである。それ以外にもノートをまとめるときにほかの教科書類や六法、各種試験対策の参考書を読むという人もいるだろう。発展的学習のために、論文集や判例を読む人もいるかもしれない。

　これに対して、自学でのアウトプットの代表例としては、大教室講義を受けて自分なりのまとめノートを作ってみるという作業があげられる[*4]。このまとめノートは手書きにこだわる必要はなく、パソコン等を使ってもいい。

　また、各種問題を実際に解いてみて、答案を書くというのも立派なアウトプットである。択一形式の過去問を解いて、間違えた箇所を確認しながら判例付き六法に書き込む（サブノートにするようなイメージ

---

*3　事例演習型であれば事例問題を解いて答案にすることがアウトプットである。
*4　第Ⅰ部（1年生編）❷の work…1（16頁）でコメントシートのお題タイプ2として紹介した「今日の講義内容からあるテーマに沿ってキーワードをピックアップしてみよう」という質問を活用してほしい。

で）という方法も、アウトプットとして有効である。

(3) 何のためにやるの？〈自主ゼミの罠〉

明日香	「勉強が身についているかどうか、確かめるにはどうしたらいいんですかね？」
ぱうぜ	「一番手っ取り早いのは、理解したことを人に説明してみることだね。同輩や後輩相手にやってみたらどう？」
かすみ	「そうですよ！ みんなで約束すれば、楽しく習慣化できそうです！ 自主ゼミやりませんか？」
明日香	「え〜…。自主ゼミにはあんま良い思い出がないんだよね。正直、知識がないうちに自主ゼミをやっても、ウンウンうなって気がついたら時間だけが過ぎてて…。勉強したつもりになってるだけじゃないかって」
進吾	「わかるわー。時間ばっかり過ぎちゃったり、あと、課題やってくる人とやってこない人がいてイライラするとか」
ぱうぜ	「ははーん、それは〈**自主ゼミの罠**〉だね」
明日香	「何ですか、それ」
ぱうぜ	「ひとりではうまくいかないから集まるんだけど、『自主ゼミで何がしたいのか』という目的意識がばらばらなんだ」
かすみ	「え、みんな、試験対策したいんですよ？」
ぱうぜ	「コツコツやる勉強のツラさを紛らわすために一緒にやりたいAさんと、議論が楽しくてもっと話したいBさん、アウトプットの練習不足でうまくしゃべったり書いたりできないからアウトプットの訓練をしたいCさんがいたとする。どうなると思う？」
進吾	「あ、それはまとまらないですね。Aさんは楽しければいいってなりそうだし、Bさんはしゃべりっぱなしで、Cさんは結局話に割って入れなくなるっていうか」

> ぱうぜ 「それぞれが何のために自主ゼミをしようとしているのかをきちんと共有して、その目的を達成するにはどんな設計をすればいいのかをきちんと話し合っておく必要があるね。改善策をいくつか示すから、試してみよう」

　自主ゼミは、楽しい。楽しいけれども、**注意して行わないと時間ばかりが過ぎてしまって「勉強した気分」になって終わってしまう。しかし、実際には知識も考える力も身についていない**──。これが〈**自主ゼミの罠**〉である。ここからは、自主ゼミをやるときの注意点について説明しよう。

　最初の心構えとして大事なのは、「**どうして自主ゼミをやるのか、目的を全員で確認しておく**」ということである。同じ大学の同じ学部だとしても、各自の目標や学習の進度、自由に使える時間は様々である。関係のない話題にそれたり、議論が延々と続いてしまったり、「結局よくわからないね」で終わって勉強した気にはなるけれどもあまり身についていない…という〈**自主ゼミの罠**〉に陥らないように、目的意識をみんなで確認しておこう。

　目標を確認したら、各自が自主ゼミでやることと、自主ゼミの準備のために先にやってくることを確認しよう。**ここで大事なのは、「ひとりでやってきた方がいいこと」は先に事前準備としてやってきてしまう**、ということである。バイトやサークル、講義の予習・復習や演習科目など、いろいろな予定があるだろう。それらと組み合わせながら、自主ゼミとして集まる時間を有効に使えるように、何をしてきたらよいのかを考えよう。[*5]

　また、学年が違う仲間で集まったりした場合など、「教える人」と「教わる人」に分かれる自主ゼミもありうる。そういうときには、教わる側の心構えも必要になる。なんでもかんでも教わろう、という受動的

---

*5　みんなで集まる時間をそろえるだけでなく、それぞれが事前準備の時間もきちんととれるかを考えておこう。

な考え方ではなく、まずは自分でやってみて、ひとりではうまくいかなかったところを中心に質問してみよう。教える側も、自分で説明しようとするとよくわかっていないことに気がつくはずだ。**不公平な関係ゆえに不満がたまる、ということを避けるには、お互いに教えあえるくらいに勉強したり、教わる側も教える側にとって「良い質問」となるような質問を心がけたりなどの工夫が必要になる**だろう。[*6]

（4）行程表（ロードマップ）を共有しよう

ぱうぜ	「一番の問題は、時間の使い方についてみんながまとまっていないこと。だから、**行程表（ロードマップ）を作ろう**」
かすみ	「どんな内容ですか？」
ぱうぜ	「**自主ゼミを始める前に、自主ゼミ全体の目的、今回は何時に終わらせるか、今回の到達目標、途中で抜ける予定の人がいるかどうかなんかを確認する**んだ」
進吾	「えー、面倒くさい…」
ぱうぜ	「いや、これ大事なんだ。全員がいるうちじゃないとできないことは先にやるべきだし、時間を区切ることで集中できる」
明日香	「それ、とてもいいです！ トイレタイムが決まってなくて、いつも困ってました」
ぱうぜ	「そういうちょっとした休憩もあらかじめ決めておこう。おおむね、25分頑張ったら5分休憩とかね」[*7]
かすみ	「なんだか会議みたいですね。うちのサークル、会議のときにはタイマー使ってますよ」

---

*6 　私自身も法学学習が好きになったのは、勉強が先行して先に司法試験に合格していた友人に答案の書き方などを教えてもらう自主ゼミがきっかけである。教わるばかりでは気後れしてしまったので、「一科目くらいは教え返したい」と思って頑張った科目が行政法であり、研究者になるきっかけとなった。

*7 　これはポモドーロ・テクニックと呼ばれる有名な時間管理手法である。

進吾	「そっか、時間決めておけばダラダラしゃべることもなくなるもんね。かすみちゃん、ナイスアイディア！」

　自主ゼミの目的と時間が決まったら、次は時間配分を考えよう。日によってメンバーの退出時間が違うこともあるので、それもあらかじめ確認し、全体の終了時間を明確に決めておこう。[*8]

　また、休憩時間もあらかじめ見込んでおこう。「次のトイレタイムまでは頑張る」という意識も、集中力を高めるポイントになる。これは自主ゼミだけでなく、日頃の自学全般に使えるテクニックでもある。

(5)〈みんなでわいわい〉と〈それぞれもくもく〉

ぱうぜ	「行程表（ロードマップ）を決めるメリットはほかにもある。時間を区切ることで、モードを切り替えることができるんだ」
進吾	「モード、ですか？ 議論したり、休憩したり？」
ぱうぜ	「それだけじゃない。**〈うるさくしてもいい時間〉**と、**〈それぞれが頑張る時間〉を分ける**。図書館とかでも、しゃべっていいところと静かにする場所が分かれているでしょ？ あれを**時間で区切る**んだ」
明日香	「そっか、名づけて〈みんなでわいわい〉と〈それぞれもくもく〉ですね！」
かすみ	「それぞれが問題集を解くとしても、質問したいなあと思ったら、それは〈内なる声〉メモで書き留めておいて…〈みんなでわいわい〉モードのときに質問すればいいんですね！」
ぱうぜ	「飲み込みが早いね。こうしておけば、どういう目的を持っているかに応じて時間が使えるよね」

---

*8　実はこれ、効率的に会議を進めるためのテクニックでもある。人間の心理というのは不思議なもので、やるべきことと終了時間が決まっているとその時間内に結論が出るが、終了時間を決めずに始めるとついゆっくり議論してしまうのだという。

みんなで集まって話すだけが自主ゼミではない。お互いに勉強している姿を見せあうことで、集中力が高まる人もいるだろう。ひとりでは自学をする時間が十分とれない、つい SNS やゲームをしてしまう人でも、友達と約束をして、その時間内は精一杯頑張るというやり方ならうまくいくこともあるからだ。

　そこで、**ロードマップを決めるときには、〈みんなでわいわい〉議論をする時間なのか、それとも〈それぞれもくもく〉と勉強する時間なのかを決めてしまう**とよい。そうしておけば、〈それぞれもくもく〉の時間に集中している友人に話しかけて邪魔することもないし、どうしても確認しておきたいことは次の〈みんなでわいわい〉の時間に確認すればいい、と気分を切り替えて、別の項目に進むというやり方も使えるだろう。また、〈みんなでわいわい〉の時間に知識があやふやだと気づいたら、次の〈それぞれもくもく〉の時間に教科書を確認したりして、早めに疑問を解消しておくとよい。わからないままダラダラと議論をするよりは、真剣にインプットする時間をとる方が有益である。

まとめ

- 講義やゼミでの小さな疑問や驚きをメモしておいて、次の自学につなげよう
- 自主ゼミをする前に、それぞれの目的と持ち時間を確認しよう
- 「みんなで」やること、「ひとりで」やることを意識的に切り替えよう

work…7

自分たちのための自主ゼミを考えてみよう

　自主ゼミ仲間が集まったら、自分たちのための自主ゼミのロードマップを考えてみよう。以下では、よく行われている自主ゼミの例と、ロードマップの例をご紹介しよう。

タイプ1：試験対策ゼミ──定期試験などの過去問を解こう

　最も多く行われていると思われるタイプが、試験対策のために過去問を解く自主ゼミである。定期試験の前に、講義担当の先生が昨年度まで出していた問題を、みんなで解いて、お互いにコメントしてみよう。長い文章を書かなければならない論述式試験が出ることがわかっているのであれば、ぜひやっていただきたい。

【事前準備】

　試験対策ゼミでは、当然のことながら過去問を自ら解いてみなければ意味がない。当たり前のことでわざわざ注意すべきことではないと思うかもしれないが、ゼミの時間だけでなくその事前準備のための時間もかかるということをきちんと肝に銘じておこう。

　最初は書き方がわからないため、本当の試験時間通りにやろうとすると、まともな答案が書けない、ということがある。そこで、「正規の時間を計って解き、時間がきたら区切り線を入れて続きを書き、答案の最後には実際にかかった時間をメモしておく」というルールを作っておこう。

　また、互いの答案を見てみるといろいろなことに気がつくので、参加者それぞれがあらかじめ自分の答案を人数分コピーしてくることをおすすめする。

【おすすめロードマップ】

1．はじめに（5分）：参加者全員の答案を交換し、自主ゼミの終了時間を設定する
2．もくもく（15分）：全員の答案と問題文をもう一度読んで、疑問点や工夫すべき点など、〈内なる声〉を書

き出す
3. わいわい（20分）：全員で、問題の検討を行う。疑問点をお互いに質問したり、うまく書けた人にコツを聞く
4. 休　　憩（5分）：いったん休憩する。トイレに行ったり、おやつなどを食べるならばこのタイミング
5. わいわい（15分）：洗い出した問題点をもとに、どうすれば解けるようになるのかをみんなで考える
6. もくもく（10分）：議論を踏まえて答案構成メモを書き直してみたり、議論をしているうちに確認したくなったことを書き留めておく
7. おわりに（5分）：自主ゼミの進め方それ自体の反省点を確認して、次回の予定を決める

【ポイント】

・全員を全員でピアレビューする。みんなの答案をお互い読んでから議論を始めよう
・「わいわい」の時間を区切る。問題点の洗い出しと、それについてどうしたらよいかを考える
・盛り上がった後にきちんとメモをしよう。次の自学のために、何をすべきか書いておく

タイプ2：持ち寄り「もくもく自学」ゼミ――それぞれの課題に向きあおう

みんなで集まろうとしたら、思ったよりも人数がそろわない。そんなときには、各自の「自学」を持ち寄って、同じ場所で取り組むタイプのゼミをやってみよう。お互いのやり方を見ながら「もっと良いやり方」を探すこともできるし、みんなも頑張っているから私も頑張ろうというように、気分を高めるためにも有効である。

【事前準備】

このタイプは、ひとりでもできることをみんなで集まっている機会に行うものである。そこで、「やらなきゃいけないけれども、どうも取りかかりにくい課題」や、「自分のやり方でよいのか自信がない

課題」などを持ってこよう。たとえば、講義の予習・復習をするのなら教科書とノート、学習用六法を。択一式試験の過去問を解いていくのなら問題集と書き込み用の六法を、といった具合である。

【おすすめロードマップ】
1．はじめに（5分）：各自の目標と目的を確認し、もしメンバーに聞いてみたいことがあれば前もって言っておく
2．もくもく（25分）：各自の「自学」課題に取りかかる
3．休　　憩（10分）：いったん休憩する。お互いの進み具合などについて軽く声をかけあったりする
4．もくもく（25分）：さらに各自の「自学」課題に取りかかる
5．わいわい（15分）：どこまで進んだのかをお互いに確認し、疑問や相談事があれば質問する
6．おわりに（5分）：自主ゼミの進め方それ自体の反省点を確認して、次回の予定を決める

【ポイント】
・「もくもく」の時間は本当にもくもく頑張ろう
・各自の進度が違っていても気にしない。自分は自分、友達は友達
・目標と目的を宣言することで、「今日はここまではなんとか頑張ろう」と励ましあおう

タイプ3：「私のおすすめ」報告ゼミ——面白かった講義・ゼミを報告しよう

　最後に、ちょっと変わった自主ゼミをご紹介しよう。私が法学部3年生から4年生に進級する春休みに、仲間と一緒に「自主ゼミ合宿」を行った。それは、「興味のある事柄や、有益だった講義やゼミについての情報を共有するために報告する」というものだった。[9]

　大学の講義やゼミは、それぞれとても異なった内容（対象）や手法で行われていて、その掛け合わせもいろいろある。そのすべてを履修することはできないので、仲間の間で情報共有をしたり、発表の

---

[9]　千葉大学法政経学部には、初年度教育用の演習（基礎ゼミ）の情報を共有するための自主ゼミを開いた学生もいる。彼女たちによると、専門が違う教員による基礎ゼミの内容比較は非常に面白く、勉強になるそうだ。

練習をしてみてはどうだろうか。

【事前準備】

まず、報告したい人を募集しよう。報告者は、A4用紙で2枚程度のレジュメを作成すると、スムーズに報告できる。講義の内容を紹介するのなら、講義のシラバスを引用したり、参考文献などを載せておこう。

【おすすめロードマップ】

1. はじめに（5分）：報告順を確認し、レジュメを配布する
2. わいわい（15分）：報告者1が報告する
3. もくもく（5分）：報告者1に対する質問を紙に書き出す
4. わいわい（10分）：報告者1に対する質疑応答をする。このとき〈良い質問〉の練習になるよう意識する
5. 休　　憩（10分）：いったん休憩する。この間に次の報告者は準備する
6. 以下、2.～5.をすべての報告者が終わるまで繰り返す
7. おわりに（15分）：自主ゼミの進め方それ自体の反省点を確認し、報告がうまかった人にそのコツを教えてもらう

【ポイント】

・ゼミ報告とそれに対する質問の練習になるので、〈良い質問〉や紹介のやり方も工夫する
・緊張して発言がうまくできない人がいる場合はじっくり待ってみよう（あくまで練習！）
・面白い本・マンガ・映画…など、ほかのお題も考えてみよう

＊　＊　＊

いかがだろうか。どんな仲間とどんなゼミをやってみたいか、あなたの考えをぜひ、ノートに書いてみよう！　上述のサンプルを見せて、ほかの友達も誘ってみよう。足の引っ張りあいではなく、共に高めあう仲間が見つかれば、それは一生の財産になる。ぜひ自主ゼミを楽しんでほしい。

column…5
教科書とのつきあい方──体系書とテキストの違い

　法学学習が進めば進むほど、頭の痛い問題が教科書代の高さ。そのくせ、教員は指定教科書とは離れて講義することもある。どうしてそんなことになるのか、なぜ教科書指定をするのか、教員側の視点も交えながら説明しよう。

　まず、教科書指定される書籍には、**体系書とテキスト**という、大きく異なるふたつのコンセプトがあることを確認しよう。[*10] **体系書とは、ある分野における基本原理や基礎理念を体系として整理し、それを余すところなく書き尽くし、新たに生じる問題についての考え方を学界や裁判所などに提示する役割を担っている**。[*11] ものによってはとても分厚くてまるで辞書のようだし、3～4冊に分かれていることも珍しくない。単著であることが多く、言うなればその先生の理論体系を世に問うための本と言える。体系書は3周目以降の〈虫の目〉学習のための本であり、初学者にはまったくおすすめできない。しかし、皆さんが今後プロとして法学を使うときには「こんな論点にも考え方が示されているのか！」と驚かされることもあり、とても心強い書籍である。**体系書はまさに「学問の到達点」をその分野すべてについて示さなければならないという点でとても「重い」書**である。広範な分野について研究をし続けたからこそ執筆できるものであり、教育のためというよりは研究のための書籍かもしれない。

　これに対して、**テキストとは、学習のために用いられることを強く意識し、そのための工夫がしてある本である**。すでに何冊にも分かれるような体系書を著した著者が「一冊本」としてテキストを作

[*10] ほかにも「基本書」、「概説書」、「学習書」という呼び方もあるけれども、何をもって「基本」や「概説」というのかは難しい問題なので、ここではふたつの方向として整理したい。

[*11] 参照、伊藤眞「体系書今昔（民事訴訟法）」同『千曲川の岸辺─伊藤眞随想録』（有斐閣・2014年）88-92頁、同「体系書執筆者の三憂一歓─『会社更生法』を公刊して─」同書93-100頁。多くの体系書を執筆している著者の回顧録である。

り直すこともあるし、3、4人の著者による共著もある。また、入門書もあれば、司法試験合格を目標にする本もあり、レベルも様々。学部講義での指定教科書のほとんどはこちらのタイプであろう。

　最近の学生はなかなか本を買ってくれないというのは教員・出版社共通の悩みとなっている。重くて値段も高い体系書を教科書指定することは減ってきており、近年新たに発売されるテキストは薄くなる傾向にある。もっとも法改正や判例の充実に対応するために、どうしても改訂のたびに分厚くなる傾向はあって、それを避けるために一部資料をオンライン公開するテキストも現れた。[*12]

　それでは、教員側はどういう考えで教科書を指定するのだろうか？　実はこのことは、一教員としての私にとっても最大の悩みとなっている。**教員は教員でひとりの研究者でもあり、「教えやすい」体系と自分の説を持っている**。別に自説に固執して教えるということはしないけれども、いろいろなテキストや体系書を参照して講義準備をしている。そうすると、講義ではそれらの先行文献と自分の考え方を対比させながら論じる教え方になりやすい。

　また、自身で体系書・テキストを執筆している研究者が担当する講義でも、普通はそれを読み上げることなんてしない。「すでに本に書いたことは読んでくるだろうから、講義ではもっと先のことを話そう」というのが通常である。そんなわけで、指定教科書の通りに講義が進むなんてことは、普通はない。

　ではなぜ教科書を指定するのか？　それは、**「この本を繰り返し読むことで体系的思考を身につけて、自分の頭の中に法学の地図を作ってほしい」**と考えているからである。体系の役割は、未知の課題をこれまでの歴史や議論とどのように結びつけて考えるか、という考え方の地図を示すことにある。テキストはそれを簡略化して、体系書はさらに細かく深く示している。

　…ここまでの説明を読んでもなお「教科書は買いたくないな

---

*12　水町勇一郎『労働法〔第7版〕』（有斐閣・2018年）は、第5版（2014年）から、就業規則の例などを巻末に掲載するのではなく、出版社ウェブサイトの特設コーナーにアップしている。

あ…」という人は、ぜひ立ち読みでもいいので、本の「はしがき」「あとがき」を読んでみてほしい。そこには、**著者がどのようなコンセプトでその本を作ったのか、読者に向けたメッセージ**が書いてある。それを読んでもらえば、どんな状況にある人を想定して編まれた本なのかもわかるし、何より、著者の人柄が透けて見える。最近は出版社webサイトで目次・はしがき部分を公開したり、著者自身による解題やインタビューを載せていたりすることもあるので、それらも参考にしてほしい。

---

*13 弘文堂スクエアの「はしがき＆あとがきギャラリー」〔http://www.koubundou.co.jp/square/gallery/〕のようにまとめられている場合もあれば、各書籍の紹介ページにリンクが張られている場合もある（有斐閣や勁草書房の一部書籍）。

*14 有斐閣の発行する雑誌「書斎の窓」の人気コーナーとして、「著者が語る」というコーナーがある。同雑誌はウェブでも読むことができる〔http://www.yuhikaku.co.jp/shosai〕。

第 IV 部

卒論を書いてみよう

卒論編

第IV部（卒論編）では、実際の卒論指導経験をもとにして、本格的な論文を書くためにはどんなことを考えて進めていけばよいのかについてご紹介しよう。はじめて学術論文を書くことになったぱうぜ研究室メンバーと一緒に、皆さんも論文を書くための道筋を考えてみよう。

16 まずは広く探索してみよう
——テーマ探しと下準備

いよいよ最終学年。新年度が始まってしばらくたった頃、卒論を書くことになった進吾くんと明日香さんは、最初の相談にやってきた。卒論って何をするんだろう？

(1) ぱうゼミの募集要項

ぱうぜ 「うーん、そうだよね…。卒論か、困ったな…」

進吾 「え、どうしたんですか、センセ？」

ぱうぜ 「私自身は卒論書いてないんだよ。法学部には卒論がないところもけっこうあるからね、どうやって教えようかな…」[*1]

---

*1 私が所属していた大学の法学部のカリキュラムは、卒論を設定せず、半年ごとに異なるゼミを受講することが想定されているタイプであり、多様な法分野を学ぶことができた。私自身は法学部3年から法科大学院の4年間に民法（判例研究・テーマ研究）、行政法（判例研究・ドイツ語文献講読）、民事訴訟法（事例研究・テーマ研究）、西洋法制史（ドイツ語文献講読）、消費者法（テーマ研究）のゼミを受講した。

明日香	「そんな無責任なこと言わないでくださいよ…。あたしたち、2年生の終わりにセンセのゼミ募集要項を見て以来、4年生になったら卒論がんばろって気合いいれてきたんですから」
ぱうぜ	「うん、もちろん、気合いをいれて書いたよ。1年ちょっと前に掲示した内容は、こんな感じだったね」

> ぱうゼミは「対話で研究する行政法」をテーマとし、最終的には自分で主体的に約3万字の卒論を書くことを目標とします。「行政法で3万字？」と尻込みするかもしれません。しかし、心配しないでください。ゼミでは2年間かけて、議論をするための基礎トレーニングから徐々にステップアップし、着実にプロジェクトを進める力を養いつつ進めていきます。

進吾	「でも、これ、『自分で主体的に約3万字』としか、書いていないっすね。どうやったらいいんすか？」
ぱうぜ	「ただ長いだけじゃダメなんだ。この『主体的に』って言葉に込めた意味をお伝えするよ」

　自分自身は卒論を書いたことがなかったので、ほかのゼミ教員とも相談しながら作成した募集要項は、上述のようなものになった。これは**2年間のゼミ全体を踏まえたもの**（第Ⅰ部（1年生編）、第Ⅱ部（2年生編）で紹介した考え方や、第Ⅲ部（3年生編）で紹介した法学系ゼミ指導なども含む）である。卒論については「自分で主体的に」「3万字」というキーワードのみにとどめた。**実際、卒論を書くために必要な考え方は、実際の〈成果物〉である原稿そのものを執筆する最後の3か月だけで身につくものではなく、ゼミ全体で段階的に学ぶことになる。**

⑯　まずは広く探索してみよう
——テーマ探しと下準備

(2) 卒論は「論じてみる」課題

ぱうぜ：「以前、研究やレポートの目的について語ったの、覚えているかな?」

進吾：「覚えてますよ。研究って、いままでわかってなかったことを少しでも押し広げること、だし…」

明日香：「レポートは、〈論文を書くためのステップ〉を段階的に練習するものなんだってこともわかります」

ぱうぜ：「そうそう。よく覚えてたね。では、改めて確認すると、卒論って、正式名称は何だっけ?」

かすみ：「あ。卒業論文なんですね! それじゃ、**卒論も〈問いと、主張と、論拠がそろった文章〉である必要があるんですね**」

明日香：「レポートとはどう違うんですか? 長さが違うだけ?」

ぱうぜ：「**卒論はレポート4種類の最後のレベル、〈論証型〉でかつ〈自分で問題を立てて論じる〉タイプ**なんだ。たぶん、ほとんどのレポート課題ではそこまで行き着かないはずだ。卒論はまさに〈論文の卵〉なんだよ」

　第Ⅱ部（2年生編）❻でも述べたように、レポート課題とは論文を書くための練習であり、課題を与えられて報告するだけのものから、自ら課題を探して論じるものまで、様々なものがある。実際に大学の講義やゼミの課題として出されるものは、多くはその授業で取り扱う課題が決まっていてその範囲で調べて報告し、論じるものである。

　これに対して、卒業論文は、問題自体も自分で立てる必要があり、どのような方法で論じるかも自分で考えなければならない。その意味では、〈問うべき課題〉も、〈問い〉も、答えである〈主張〉も、そしてその主張（仮説）が正しいかどうかを検討するための「論じ方」もわからない段階から、卒論執筆はスタートする[*2]のである。

　これはあたかも、たくさんの変数がある連立方程式を解いているみ

たいで、この段階でうなっていても前には進まない。また、せっかく〈問い〉を立てても、「解いた」と言えるかどうかは、方法論だけではなく、対象が何なのかによっても変わってくる。大きすぎる〈問い〉を立てても、自分が扱える方法では答えが出てこないかもしれない。また、対象をある程度限定していくと、〈問い〉そのものの射程も変わってくる。そういう不確かさの中で手探りしながら進んでいくのだということを、最初に心に留めておいてほしい。

(3)〈論文の型〉の参考文献も探そう

かすみ 「でも、〈論じる〉っていうのがよくわかりません」

ぱうぜ 「それが一番の悩みなんだよ。ここに、私の博士論文をもとにした本があるんだけど…」

明日香 「えぇえ、そんな難しいの読めないですよ」

ぱうぜ 「いや、これを読むというより、**どういう課題についてどう論じようとしたのか、という**〈論文の型〉を見てほしい」

進吾 「うーんと…法学の論文だと、〈ほかの国の制度と日本の制度を比較して、問題点や解決策のヒントをあぶり出す〉という〈比較法〉という考え方がよく使われるって聞いたんですけど…。センセの本もそうみたいっすね。これ、学部生じゃ無理じゃないっすか?」

ぱうぜ 「課題にもよるけど、難しいね。それじゃ、進路が決まるまでの課題はこうしよう」

---

*2 これに対して、「ある分野のある手法」という風に決め打ちして身につけさせるという卒論指導方法もありうるし、実際には行われているだろう。しかし、自分自身も卒論を書いたことがなかったということと、行政法が関連する社会課題は無数にあることから(学生がどんな関心を有していても一応「行政法の課題」となりうる)、このような手法はとらなかった。

*3 本書では、対象とする議論の射程を絞ったり方法選択の適否を考えたりする過程を〈リサイズ〉と呼んでいる。詳しい内容は第Ⅳ部(卒論編)❶❽を参照。

> 自分の関心のある分野について、「問い」とそれを「答え」るための「方法」が見つかるように、ありったけ調べてみよう。調べるのは、単に「対象」だけじゃなくて、「論じ方」としても参考になるもの（〈論文の型〉をまねたい論文）も含めて探してみよう。

　はじめて論文を書こうとしたとき、一番わからなかったのが「論じ方」である。進吾くんが述べているように、博士論文や助手論文といったレベルの法学論文では、外国の法制度を丹念に紹介したうえで、日本の法制度にある課題をあぶり出し、問題点や解決策のヒントを見つけて論じるというスタイルが多くとられている・・・という一般論までは説明できるが、実際書き出そうとすると、なかなかわからない。[*4]

　そんなときは、自分が卒論で書いてみたいテーマについてこれまで書かれた論文を、その中身というよりは、構成や論じ方に着目して読んでみよう。また、自分が書きたいテーマとは直接の関係がない文献であっても、論証の仕方や、資料の提示の仕方などは参考になる。この**〈論文の型〉が守られている論文においては、たいてい「はしがき」（書籍の場合）や序章、あるいは「はじめに」（雑誌論文等の場合）に、どのような順序で、どのような対象を、どのような手法で論じるのかが書いてある。**

　〈論文の型〉の参考文献の一例として、私自身の博士論文をもとにした本の構成を、内容面について非常にかみ砕いた形で提示すると、次の通りとなる。[*5]

[*4] もちろん、法学研究者向けに特化した、論文の書き方についての本も存在する。詳しくは巻末の参考文献一覧を参照。

[*5] 横田明美『義務付け訴訟の機能』（弘文堂・2017年）。なお、同書の実際のはしがき、目次、著者解題（著者自身による要約）は弘文堂のウェブサイト〔http://www.koubundou.co.jp/files/31507.pdf〕にて公開している。

> 序　章：問題提起　「法律が改正されたけど、まだわから
> 　　　　　　　　　ないことがたくさんある」
> 第1章：国内の状況　法改正後の裁判例を分析して問題点
> 　　　　　　　　　をあぶり出す
> 第2章：外国を参照する　類似制度を持つドイツでの成り
> 　　　　　　　　　立ちや議論の展開を調べる
> 第3章：法改正前後の議論　法改正の時にどんなことが議
> 　　　　　　　　　論されていたのかを確認
> 第4章：第1章での問題点とこれまでの議論のうち踏み込
> 　　　　　　　　　んだ考えとの関係を示す
> 第5章：自説を提示し、論証する
> 終　章：まとめと今後の課題　ここまでの議論をまとめ、
> 　　　　　　　　　「できなかったこと」を次に引き継ぐ

　もちろん、この「論じ方」が成功しているのかどうかはなかなかすぐにはわからないので、いろいろな論文や書籍を、構造的に、そして批判的に読んでみるといいだろう。

（4）学内で一番詳しい人になろう

かすみ	「なんで〈**ありったけ調べてみる**〉んですか？」
ぱうぜ	「卒論はやってみるまで感覚がつかめないと思うから、一応の目標を示しておくよ。**卒論を書き終わった時には『そのテーマについては大学内で一番詳しい』と言えるくらいに知識や先行研究が整理できていて、そのうえでさらに何かを付け加える**ということを目指してほしい」
明日香	「ふぇええ、大学内ってことは」
ぱうぜ	「そう、目の前にいる指導教員も大学内の人、だからね」
進吾	「俺たちは、ぱうぜセンセよりも詳しくならなきゃいけないんですか」

卒業論文（卒論）・修士論文（修論）・博士論文（博論）についてよく言われているのが、「**卒論は学内で一番、修論は国内で一番、博論は世界で一番その課題について解明したと言えること**」という目安である。これは、単にたくさん調べればよいというのではなく、先行研究を適切な形でまとめ、資料やデータを適切に分析して、目の前の指導教員も知らないような新しい知見を生み出すためのステップを踏んでほしい。ここまでの本書の用語法で言えば、単に調べて報告したというだけではダメということである。**探索できる資料は（自分の議論との関係で必要な限りで）調べつくしてあり、それらをきちんと踏まえたうえでさらに新しい価値を生み出そうとしているかどうか**——。そんなレベルに到達することが、卒論でチャレンジしてほしい課題である。

まとめ

- 卒論は「自分で課題を立てて論じる」という意味で〈論文の卵〉である
- 〈論文の型〉を知るためにも、先行研究を幅広く探索しよう
- 学内で一番詳しい人になることを目標にがんばろう

column…6
就職活動・入学試験と卒論の意外な関係

　卒論のテーマは、3年次の頃から考えるように指導していた。「何を学ぶためにこのゼミに参加するのか」をある程度想定しながらゼミに出ると、進路選択にもプラスとなる。

　民間企業への就職、(国家・地方)公務員試験、法科大学院進学のいずれの進路でも、必ずエントリーシート(ES)や面接カード、ステートメント等がある。これらは、**応募者の志望動機や将来の目標などを書くようになっている。**

　その際、「大学では何を学んできたのか」は定番のテーマである。この時に、ゼミで主体的に学んできた経験が活かされる。**これまでの知見よりも一歩前に進むために課題を(仮)設定し、それを解明できるように努力する途中であれば、なぜその課題が重要なのか、どうやってそれを解明しようと考えているのかくらいまでは、説明できるようになる。それらは十分にあなたのESの「売り」になる。**もし卒論を書かないゼミであったとしても、そのゼミであなたが主体的に調べ、考えたことであれば、同じである。

　横田ゼミの受講生にも、面接カードに卒論の課題を丁寧に書いたことで、それを使った面接試験で臆することなく自分の問題意識を話すことができたという人が何人もいる。中には、「まだ自分は卒論を書いていないが、このようなテーマの卒論を書いている先輩のピアレビューをしているうちに、自分はこのように考えた」というように、ほかの学生の手伝いから学んだ人もいるくらいである。

　実際に教員の立場から見ても、学生が主体的に選んできたテーマは社会的にも関心が高く、しばしば公務員採用試験等においても小論文や集団討論のテーマに選ばれるような課題が多い。主体的に課題を探すということは、実は「予想問題を作る」(第III部(3年生編)⑬参照)ことにもなっているのかもしれない。

17 最初のアウトラインを作る
―― マイルストーン決めと
論文のガイコツ作り

もうすぐ夏休み。広く探索した後はどうするんだろう？ 卒論執筆に本腰をいれようと、明日香さんと進吾くんが研究室に戻ってきた。

(1) 資料集めの次にすることは

明日香 「センセ、やっと進路が決まりました・・・！ なんとか、希望の職種につくことができそうです」

進吾 「俺も予備試験の論文試験が終わったんですが、希望の法科大学院入試はもうちょい先なんで、今のうちにちょっと卒論進めておこうかなと思って、ついてきました」

ぱうぜ 「まあ、無理しすぎないようにね。確かに、夏休みに少し進めておくとゆっくり考える時間がとれるね」

進吾 「それで、『進路が決まったら卒論指導を本格化するから、研

	究室にいらっしゃい』とセンセが言ってましたよね…。次は何を？」
ぱうぜ	「うん、それじゃ、次はアウトラインを…言い直すと〈論文のガイコツ〉を作り始めよう」
進吾	「なんか懐かしい響き。レポートでもやりましたね」
かすみ	「ええと、〈入れ子状になった箇条書き〉のことでしたっけ」

　第Ⅱ部（2年生編）❼で説明したように、**〈読み手目線〉**で整理する段階で、アウトラインを作るとよい。アウトラインを育てながら、**〈論文の骨格（ガイコツ）〉**を作っていこう。論文として成立するためには、**〈問い〉と〈主張〉と〈論拠〉**がそろっていなければならない。最初のアウトライン（第Ⅱ部（2年生編）❼**(3)** の実例も参照）を作ることで、いろいろなアイデアを整理できる。自分の問題意識は何か、その**〈問い〉**に対してはどういう手法で答えが導き出せそうなのか、現時点での参考文献はどんなものがあるのかをいったん書き出してから、ここから先のステップに進んでいこう。

（2）マイルストーンを決めよう

ぱうぜ	「ところで、君たちの卒論提出期限って、いつだっけ？」
明日香	「え、1月のはじめです。冬休みに頑張ればなんとか…」
ぱうぜ	「いいや、その考えは甘いよ。私がはじめて長い論文を書いたとき、自分が思っていたよりもずっと大変で、なかなか第1稿すらできあがらなかったんだ」
進吾	「そうだよ明日香ちゃん。たった5枚のレポートだってなかなかできなくて、なんとか提出はしたけど『もっと時間があれば直せたのに』って悔しがってたじゃん」
明日香	「あー、そうだった…」
かすみ	「どうしてそんなに時間がかかっちゃうんでしょうねえ」

ぱうぜ	「一番は『なかなか書き始められない』だね。考える時間ばかりが長くて、踏ん切りがつかない」
進吾	「〆切がまだ先だと思うと、ゆっくりしちゃいますね」
ぱうぜ	「だから、〈マイルストーン〉を決めよう。『この時期にはここまで進む』という目標だね。このゼミでは1か月に1回、〈成果物〉を出してもらうことにする」

　卒論執筆は3か月以上かかる長期戦だ。大目標（本当の〆切）だけでなく、途中の小目標（マイルストーン）を決めておこう。〈マイルストーン〉とは、物事の進捗を管理するために途中においておく節目のことである。

　〈マイルストーン〉の決め方のコツは、〈みんなでわいわい〉見せあいっこができる場を作ることである。卒論は〈問い〉も自ら立てる〈論証型〉であり、各自の課題が違う以上、その内容や進み具合は様々である。しかし、それぞれの課題を持ち寄って見せあうことで、相互に励ましあうことができるし、ほかの人のやり方が参考になることも多い。横田ゼミでは、月に1回、どのような〈成果物〉を持ち寄ることにするのかをあらかじめ決めておき、卒論最終〆切3か月前から開始した。

（3）ぱうゼミの卒論スケジュール

かすみ	「調べてきたことを報告するってことですか？」
ぱうぜ	「いやいや、そこに〈はじめての論文〉のトラップがある。単に『調べただけ』では、〈問い〉に答えたことにならないよ。卒業論文は〈自分で課題を立てて論じる〉タイプのものだから、それじゃあ甘い」
明日香	「でも、どうしたらいいんだろう…」
ぱうぜ	「まあ、少しずつやってみよう。ぱうゼミの〈マイルストーン〉は、次の通りだ」

> ぱうゼミの卒論スケジュール
>
> 【第1の課題】10月上旬:「論文のガイコツ」〔簡略版〕を作ろう。資料はA4用紙で1枚、5分間口頭報告
> 【第2の課題】11月上旬:進捗報告。内容自由。資料はA4用紙で2枚、10分間口頭報告
> (12月上旬の回は、「その時点で困ったこと」を報告しあう予定)
> 【第3の課題】12月28日:その時点での「論文」本体をオンライン提出すること
> 【提出日】来年1月8日:決められた様式に従って論文本体(A4用紙で40頁くらい)を執筆し、提出する
> 【提出後の課題】1月15日:提出した論文から、目次+要旨(合わせてA4用紙で4枚)を作成して、15分口頭報告

ぱうぜ 「おおむね、1か月に1回、君らとひとつ下の学年のゼミ生(かすみさんたち)とで合同ゼミにするから、そこで成果物をもとに口頭報告をしてもらうよ」

　具体的なマイルストーンの例として、横田ゼミ1期生のスケジュールをもとに「ぱうゼミの卒論スケジュール」を作成した。各課題の詳しい内容は後述することとして、ここではそれぞれの意図を説明する。

　【第1の課題】は、最初のアウトラインを書いてくる、という課題である。千葉大学では9月末まで講義がないため、これが夏休み明け最初の課題となる。実際には8月下旬までは資料探索、9月上旬から焦り始めて、9月中旬から徐々に学生たちが相談に来るようになった。

　【第2の課題】は、自由形式の進捗報告とした。これは、文献中心に調査をするのか、それともインタビューなどの社会調査を行うかどうかで大きく内容が異なる。インタビューを行う場合は、この時点ですでに終わっているか、具体的な予定が組んであるという段階までいか

ないと日程上間に合わない。他方、文献中心の調査の場合、ちょうどこのあたりで「問題関心と調査可能な内容とがずれている」といったことが明らかになってくる。そこで、このあたりから「実際に〈成果物〉としての卒論原稿の一部を書き始めてみよう」とか、「調査結果を分析したうえで、論文を〈リサイズ〉しよう」という指導が始まる。

　【第3の課題】は、冬休み前半の最後に指定した。年末年始期間に入り大学が閉鎖されるため、「それまでにいったん完成形を出してほしい」という意図がある。実際には、この時点で「完成形」に近いものを提出できた人は少数であり、多くは「全然間に合いません…」というコメントとともに、7割ほどのものが提出された。

　もっとも、【第3の課題】がこの時期に設定されている意図は、「直前になってから〈成果物〉としての原稿を書き始める」というような、無謀な計画にならないようにすることにある。その意味では、多くの学生が原稿執筆を遅くとも12月上旬からスタートさせていたことからすれば、むしろ意図通りの進行となったと言える。

　【第3の課題】から【提出日】までの間は、ペアになった下級生によるピアレビューの時間と、本人の執筆時間とが繰り返される。卒論執筆を行う4年生と同人数の3年生ゼミ生がいたので、3年生は翌年度に自分たちが卒論を執筆するときの参考にするために、それぞれ担当を決めて、4年生の執筆を補佐していた。具体的には、「てにをは」や文法のおかしなところがないかどうかのチェックや、構成を見直すときの相談などである。形式面だけでもチェックしてもらえることはとてもありがたいことである。

　最後に【提出後の課題】として、要旨を作成したうえで、15分の口頭報告を行った。ゼミ生相互の質疑応答により、より深く、論文の意義について考えることができたようである。

(4) はじめのガイコツは A4 で 1 枚

ぱうぜ 「さて、それでは、夏休みの間は、資料収集を続けながら【第1の課題】、論文のガイコツ〔簡略版〕を作ってほしい」

進吾 「ほんとブッソウな言い方・・・。何でガイコツなんすか」

ぱうぜ 「まだ頭と骨しかない状態、だからだよ。それも〔簡略版〕で、最初は A4 用紙 1 枚で十分。後から肉を足していくから問題ない。でも、ちゃんと肉をつけるためには、骨格がしっかりしてないとねえ」

【第 1 の課題】10 月上旬：論文のガイコツ〔簡略版〕

次の内容を含む、論文のガイコツを作ろう。
1. 論文のタイトル（仮）
2. 現時点での関心事項：箇条書きでよいので、どういうことに興味があるのかを書いてみよう。
3. 論文の目的：どんな問いを、どんな仮説を立てて、どんな方法で答えようとするのかを、文章の形で、1 段落分書いてみる。「仮説」がすぐに見つからないなら、「どういうことを検討したいのか」をその方法とともに書いてみよう。
4. 構成案（アウトライン）：章のレベルでかまわないので、だいたいの流れを書こう。見出し（＋書きたいこと）、でよい。
5. 資料・参考文献の状況：論文の目的やアウトラインを踏まえると、どんな資料が必要か、手元に集まっているかどうかを確認しよう。
6. その他：先生やほかの学生と相談したいことがあれば、メモ書きを残しておこう。

明日香	「ひええ、できるかな…」
ぱうぜ	「まあ、とりあえずやってみてよ。9月中旬にはもう、私は研究室に出てきているからね」

　この【第1の課題】の作例は、第Ⅱ部（2年生編）**⑦(3)**において紹介した通りである。〈問い〉がなかなか絞れないのならば、とりあえず参考文献欄を埋めるつもりで書き始めることをおすすめする。実際には学生たちは研究室で参考文献や統計資料等を確認しながら、この【第1の課題】に挑んでいった。

まとめ

- 〈論文のガイコツ〉であるアウトラインをとりあえず1枚分書いてみよう
- 定期的に「見せあいっこ」する〈マイルストーン〉を決めておこう
- 友人の論文にコメントしたり、誤字脱字をチェックしたりする〈ピアレビュー〉を取りいれよう

column···7
アウトライン・目次・相互参照

　レポートと卒論の大きな違いは、形式面にも存在する。レポートはせいぜい数千字だが、卒論は数万字。とても長いということは、目次も作らなければならないし、脚注の数がとても多くなる。社会科学系では Word で卒論を執筆することが多いと考えられるが、皆さんは自動で目次を作成する方法や「脚注番号の相互参照」の設定方法についてご存じだろうか？

　「スタイル」で適切に見出しレベルを設定しておけば、アウトラインモードでの執筆が可能となるだけでなく、目次の自動生成ができるようになる。

　また、相互参照とは、脚注番号などを別の箇所で参照することである。同じ文献を示す場合、後からつける注では「前掲注（●）」と、先に出てくる番号を示すのが通例である。もし、●の部分の入力を人力でやろうとすればとてつもない時間がかかる。ひとつ注を挿入するだけで、全部ずれてしまうのだから・・・。

　卒論執筆において、目次の自動生成と相互参照は必ず身につけておいた方がよいスキルである。「あとから一気に作成すれば・・・」と考えているかもしれないが、無謀すぎるためおすすめできない。

　京都大学文学研究科学生支援プロジェクト「情報支援プロジェクト」〔https://www.bun.kyoto-u.ac.jp/2009gakusei-sien/researchinfo/〕において、学部生・院生向けの解説がついている。ここで紹介されているアウトライン機能＆目次の自動生成機能、脚注番号の相互参照機能を使いこなしてほしい。卒論執筆の必須スキルである。

18 ふせんシートとにらめっこ！適切に〈リサイズ〉しよう

論文のガイコツ、そして進捗報告と、マイルストーンを決めて徐々に卒論を進めてきた進吾くんと明日香さん。論文提出まであと1か月、という段階での【第2の課題】。進捗報告の場で、大量の資料を抱えた明日香さんがあきらめ顔で切り出した。

(1)「〇〇と言われている」じゃあ進めない

明日香：「はあ…センセ、あたし、卒論出せそうにないです」

かすみ：「え、先輩、すごく頑張ってたじゃないですか。先行文献もインタビュー調査も。どうしちゃったんですか？」

明日香：「うん、一生懸命調べたのはいいんだけど、どの文献の言ってることも、もっともだなあと思えてきて…何を書いていいかわからなくなっちゃったんだよ」

ぱうぜ：「ああ、真面目な人によくあることなんだよなあ…」

進吾：「災害対策を考えなきゃ、と思って調べたんだったら、それ

	に沿ってまとめればいいんじゃねえの？」
明日香	「うう、『○○がわかった』『○○と言われている』・・・そういうことは書ける。でも、それだけじゃ論文にならないでしょ？」
ぱうぜ	「まー、それはごもっとも。〈問い〉と、〈主張〉と、〈論拠〉がそろっていないといけないんだからね」
明日香	「いろんなことに詳しくなれたとは思うんです。でも、このままだと卒論にならないんですよ、どうしましょう・・・」

　ある程度調べ物が進んでくると、いろいろな先行文献や調査結果が集まってくる。そろそろ〈論文の型〉に整理して、原稿を書き始めなければ――。卒論提出1か月半～1か月前はそういう時期である。明日香さんは、情報が多くなりすぎて、何が大事なことなのかがわからなくなって悩んでいる。このままでまとめてしまうと、情報が羅列されただけで、何を言いたいかがわからない文章になってしまう。

　ここから脱却するためには、自分自身でこの論文の軸を考えなければならない。軸が定まれば、取捨選択ができるようになる。大きすぎる問題関心を絞り込んで、方向を見つける方策を考えてみよう。

(2) ふせんシートのススメ

ぱうぜ	「明日香さんはね、調べた結果いろんなことがわかったんだけど、**論文の中でどの情報や見解が意味を持つのか、大事なことなのかがわかっていない**んだ」
かすみ	「それだったら、前に〈論文のガイコツ〉を書きましたよね？」
ぱうぜ	「いいところに気がついたね。あのガイコツ、論文の進行に従った組み替えが必要なのさ」
進吾	「どうやってやるんですか？」
ぱうぜ	「明日香さん、いままで調べてきたことが、どういう風に〈論文のガイコツ〉と関係するか、わかるかい？」
明日香	「ええと・・・うーんと・・・」

ぱうぜ 「いわば、いままで調べてきたことっていうのは、〈論文の肉〉の部分なんだ。いろんな部品があるから、まずは、どんな部品があるのかを頭の中から紙に出してみよう」

明日香 「でも、正しい順序なんてわかりませんよ・・・」

ぱうぜ 「まあ落ちついて。頭の中だけで考えるんじゃなくて、ふせんを使えばいいんだ」

ふせんシートのススメ

【用意するもの】
・A3くらいの大きな紙または見開きでA3になるA4ノート
・正方形のふせん（少し大きめでも、ミニサイズでもよし）
・書きやすいペン（色にはこだわらない）

【やり方】
1）いままで調べてきたこと、考えてきたことを、小見出しや短文でどんどんふせんに書き出して、シートに貼りつける
2）ある程度たまったらグループ分けして貼り直す
3）やっている途中に思いついたことがあったらどんどんふせんを増やしてみよう
4）その中で、〈問い・主張・論拠〉がそろった論文の「幹」となりそうなものは何かを考えてみよう
5）なかなかあてはまらないふせんも捨てずに、「がまんするゾーン」に入れておこう

　自分が調べてきたことをまとめた文章は〈虫の目〉思考での文章であり、〈**論文の肉**〉である。それを単につなげただけでは論文の構成要素である〈**問い**〉と〈**主張**〉、そして〈**論拠**〉との関係が見えてこない。肉をそぎ落とした〈論文のガイコツ〉を作るためには、調べた内容や思いついた考えをふせんに書き出して、何が本当に論じたいことなの

かを考えてみよう。

　なお、一通り終わったら、次のようにシートの写真を撮っておくとよい。もし違う並び順が見つかったらまた並び替えればいいので、一時保存するようなつもりで撮っておこう。[1]

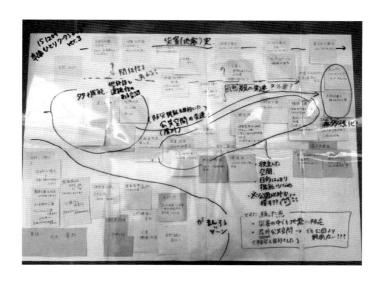

(3) 何に力点をおくか考えて、問いを〈リサイズ〉しよう

明日香	「センセ、やってみました！　この写真見てください」
ぱうぜ	「お、なんか分類がしてあるね」
明日香	「はい！　ふせんを貼ったあと、上からビニールシートをかぶせて、いろいろキーワード書きながら考えてみたんです！」

---

*1 　写真は、横田ゼミ1期生の長谷川倭子さんが実際にやってみた時のもの（快く提供してくださったことに感謝します）。よく見てみると、「がまんするゾーン」（左下）が多いことに気づかされる。かなり広い関心に基づいて考えて調べていたからであろう。

進吾	「ビニールシート？ ああ、こないだ言ってたね、大掃除してたらいらないテーブルクロスが出てきたって」
かすみ	「これならホワイトボード用マーカーで何度も書き直せる…。クリアファイルでもできそうですね。すごいなあ」
明日香	「これでようやくわかりました…。あたし、災害の中でも地震のことがやりたかったんです！ 公共空間のあり方について、まとめ直してみます」
ぱうぜ	「ようやく何に力点をおいたらいいのかが見えてきたね」
進吾	「こうしてみると、最初はちょっと欲張ってたんすね」
ぱうぜ	「〈論拠〉までそろえて**きちんと書き切れる範囲には限りがあるから、資料を集めきった段階でいったん、論文で扱う〈問い〉のサイズを変えるんだ。**この**〈リサイズ〉**が大事だよ」

　このふせんシートの発想は、知的生産の古典である梅棹忠夫『知的生産の技術』(岩波書店・1969年)のこざね法、あるいは川喜田二郎『発想法』(中公新書・1967年)のKJ法と、本質的には同じことである。つまり、①**頭の中から取り出すこと(〈発想〉)** と、その後に②**俯瞰して並べ替えること(〈整想〉)** のふたつを同時にやるのは大変なので、いったん切り離そうというアイデアだ。

　迷子になりそうになったら、いったん「書き出す」ことに集中して、ほかのことを忘れてみよう。しばらくやってみて、つながりが見えてきたら、それを手がかりに〈問い〉のサイズを変えて(〈リサイズ〉)、アウトラインを組み直し、本文を並び替えていこう。

　行き詰まってしまったら、とにかく手を動かして書き出すようにしよう。ウンウンうなっているだけの時間はもったいない。少しでもいいから〈成果物〉にしたうえで、友達や先生に話を聞いてもらうようにすれば、一歩ずつ進めるようになる。本書で紹介している**work**(特に第Ⅰ部(1年生編)・第Ⅱ部(2年生編))は、いずれも「最初の一歩」を進めるための手助けになるはずである。

まとめ

- 広く探索した後に、いったんふせんに吐き出してみよう
- 「がまんするゾーン」を決める
- 何が大事なことなのかを見極めて整理する
- 行き詰まってしまったら、とにかく手を動かしてみよう

19 見取り図シートで〈書き手目線〉から〈読み手目線〉へ

いよいよ提出2週間前。【第3の課題】として、「とにかく年末に今の時点の卒業論文ファイルを提出すること」と言われたふたり。どうにか出してみたけれど——。年明けすぐのぽうぜ研究室では、進吾くんが不機嫌な顔でぼやいていた。

(1) 順調だったはずなのに

進吾 「センセ、俺、どうやっても『おわりに』が書けないっす…」

明日香 「進吾くん、前回の進捗報告は余裕そうだったじゃない」

進吾 「そうなんだよ、コンパクトシティ論と、人口減少社会と、空き家対策。この3つ、お互いに関係あるとにらんでて、実際に取り組んでる自治体の例も見つかったんだけど」

かすみ 「え、それでかなりいいんじゃないですか?」

進吾 「でも、『おわりに』でどう締めていいのかわかんないんすよ」

明日香 「あー、あたしも、こないだの〈ふせんシート〉でより分けて

おいた『がまんするゾーン』のアイデアをどうしていいのかわかんないです!」

卒論終盤戦に陥りがちなこと。それは、**どのようにこの論文を終わらせればよいのかがわからなくなってしまう**、ということである。これは、どんな学生にも立ちはだかる卒論執筆の最後の壁である。中身が充実してきたからこそ、この論文がどういう意義を持つのかがわからなくなっている、ということでもある。最後は、**もう一度〈書き手目線〉から〈読み手目線〉に組み替え直す、〈整想〉に意識を向けてみよう。**

(2)「はじめに」と「おわりに」の役割とは?

ぱうぜ 「それじゃあ、改めて聞くけどさ、『はじめに』と『おわりに』って、何を書くんだと思う?」

かすみ 「ええと…『はじめに』については、すでに論文のガイコツ[簡略版]のときにセンセが説明してましたよね?」

明日香 「ああそっか、『はじめに』では、『**この論文で何の問題に答えるのか、どうしてそれを考えることにしたのか、どういう手法で解明するのか**』を書けばいいんですね」

ぱうぜ 「そうそう。論文の世界に、読み手を誘うんだ。こだわる理由や、答えるべき問いなのかどうかを書くんだね」

進吾 「それじゃ、『おわりに』は何だろう?」

ぱうぜ 「分野や手法にもよるけど、大きく分けてふたつ。**ひとつは、『はじめに』で立てた問いに対して、本論で述べてきたことからは答えが出せそうなのか、という結論**。全体のまとめだね」

進吾 「もうひとつは?」

ぱうぜ 「正直に言うよ。『**この論文では解明できなかった事柄**』だ。

	『おわりに』の後半には、『将来の課題』を書けばいい」
かすみ	「え〜っ！ そんな中途答案のようなことでいいんですか？」
進吾	「うわ、かすみさん、そんな大声上げないで・・・」
かすみ	「だって、先輩たち、とても頑張って書いてるんですよ！ センセがそんなに弱気になってどうするんですか！」
進吾	「いや、まあ、あの、落ち着いて・・・」

　第Ⅱ部（2年生編）❼(3)で紹介した〈論文のガイコツ〉（アウトライン）をもう一度意識してみよう。本論に入る前に、「はじめに」を書いて読者を論文の世界に誘い、本論の後には「おわりに」を書いて論文をまとめ、さらなる考察にバトンタッチする必要がある。

　「はじめに」においては、「この論文で何の問題に答えるのか、どうしてそれを考えることにしたのか、どういう手法で解明するのか」を述べることになる。これは答えるべき〈問い〉がなぜ重要なのかを示すだけでなく、**論文の〈リサイズ〉で切り落とした範囲を明確にすることによって、「この論文では対象にしていないこと」を明らかにする作用**もある。たとえば、私の博士論文では『義務付け訴訟の機能』というタイトルをつけたが、実は2種類ある義務付け訴訟のうち「申請型」を中心的に取り上げており、「非申請型」については主たる対象にしていない。このことは序章で明確にしておかないと、「非申請型」について期待して読もうとした読者を裏切ることになってしまう。

　適切な「はじめに」を書くことは、読者が論文の意義をつかみやすくなるという効果もある。「これから以下の話題について、この順番で議論します」というように、概要をあらかじめ述べておこう。[*1]

　これに対して、「おわりに」では、この論文全体がどのような意味を持つのかをまとめたうえで、残された課題について述べるのが通例で

---

*1　第Ⅱ部（2年生編）❾(7)でディベートに関連して紹介した、ジャッジに理解してもらうためのナンバリングとロードマップと同じである。

ある。「はじめに」でそぎ落としてしまった課題だけでなく、議論を進めるうちに見えてきたけれども、その問題については資料や方法の限界から十分に解明できなかったという部分も含む。

(3) 将来へのバトンタッチ

明日香　「ああ、でもかすみちゃん、これが『がまんするゾーン』なんだ！　そうですよね、センセ！」

ぱうぜ　「その通りだよ、明日香さん。『将来の課題』はできなかったことの言い訳ではないんだよ。今回の調査と考察手法では、どうしても解決までたどり着けなかった問題がある」

進吾　「確かに、今回はできなかったことってあるよなあ」

ぱうぜ　「**しかし、論文を書くことで、『さらなる問題は何か』ということに気がついたというわけだ。それはそれで、きちんと『将来の課題』として積み残せばいい**」

進吾　「そうか、そうなんだ…。俺、今回の論文じゃ経済学の観点とか全然わからなかったことが多くて」

ぱうぜ　「今回は資料不足や時間切れで間に合わなかった項目もあるかもしれない。そういう、『（自分も含む）将来の人たちへのバトン』を、ちゃんと引き継げばいいんだ」

進吾　「…なんか、肩の荷が下りました」

　論文には〈問い・主張・論拠〉がそろっていなければならない。それらをすべてそろえて書ける範囲には、どうしても限りがある。また、論文を書いていくうちに、「まだ証拠は出そろってないけど、こういう問題もありそうだよな」とか、いろいろ次の課題が見つかるだろう。**論文の〈リサイズ〉で切り落とした範囲（「がまんするゾーン」に入れた内容）や、さらに解明しなければならない課題が見えてきたのであれば、堂々とそのことを「おわりに」に書いておこう**。進吾くんの論文のように、あるひとつの学問的手法だけでは、限られた側面しか捉え

られない複合的な課題も多い。そうであれば、自分も含む将来の人々へのバトンを、きちんと残しておこう。

(4) 〈書き手目線〉から〈読み手目線〉へ

ぱうぜ 「論文の仕上げにはもうひとつ大事な要素があるよ。これまでの議論にも出てきたけど、気がついたかな」

かすみ 「えー、何でしょう…。そうですね、進吾先輩。コンパクトシティ論と、人口減少社会と、空き家対策…その３つのキーワードって、どうつながるんです？」

ぱうぜ 「かすみさん、大変いいアシストだね！　どうしてその質問に至ったんだい？」

かすみ 「え、ええと…進吾先輩の中ではうまくまとまっているみたいですが、私、頭が良くないからなのか、よくわからなくて」

明日香 「いやいや、かすみちゃんが頭悪いってことはないでしょ。進吾くん、いつも先走っちゃって、説明不足なんだよ」

ぱうぜ 「まあ、実はそれが正解。〈書き手目線〉から〈読み手目線〉に直すっていう作業が、最後の仕上げとして重要なんだ」

進吾 「どういうことっすか？」

ぱうぜ 「論文をどんどん書いていくときは、書き手としての興味で突き進んでかまわない。でもね、**最終的な成果物にするまでの間に、読み手のことを考えた順番にしたり、文章を書き加えたり、見出しのレベルをそろえたりする必要がある**んだ」

　ある程度まとまった分量が仕上がってきたら、新しい何かを書き足すことよりも、**〈書き手目線〉から〈読み手目線〉の構成に直すことを強く意識しよう**。第Ⅱ部（２年生編）❼で紹介した手順でいう〈整想〉から〈成果物〉を作る作業にあたる。卒業論文を書くことの最大の効用でもあり、最大の難関でもあるところである。

　いったん目次を作成して、**小見出しのバランスがとれているか**、順

序は適切かどうかをもう一度確認してみよう[*2]。レベルがそろっていないところや、小見出し同士の表現が統一できていないところがあれば、統一感があるように修正しよう。もし順序がよくわからなくなってしまったら、論文の内容を詳しく知らない友達に、一から説明するつもりで話をしてみると、〈読み手目線〉での順番に修正しやすい。

(5) 〈見取り図シート〉を作ってみよう

進吾 「あー、そういえば、そんなこと考えたことなかったっす」

ぱうぜ 「それじゃ、『はじめに』と『終わりに』を考えることと、『読み手目線での見直し』を兼ねて、〈見取り図シート〉を作ろう」

明日香 「ま、また大きな A3 の白い紙が出てくるんですね」

ぱうぜ 「行き詰まったときは、とりあえず白い紙を広げてみるんだ。今回はふせんはなくてもいいよ」

トップダウンの見取り図シート

やり方：ふせんシートや「論文のパーツ」を見ながら、次のエリアを、埋められるところから埋めてみよう。

【シート上段：全体図】 「この論文で何がわかったのか？」を示す図を、ためしに書いてみよう

【シート下段左側：はじめに】 この論文を書くきっかけになったこと・この論文で答えたいこと

【シート下段右側：おわりに】 この論文でいろいろ考えてわかったこと・この論文では扱いきれなかったこと（＝「将来の課題」）

【シート下段中心：本論】 主張・理由・証拠をそろえて説明したり、紹介したりできている事柄

[*2] Word を使って文書作成をしている場合、きちんと見出しレベルを設定しているのであれば、アウトラインモードにしたうえで「レベルの表示」を調整することで、「一定レベル以上の見出しだけ表示する」ということができるので、試してみてほしい。

> もし、「あまりよい資料が集まらなかった」「よくわからないままだ」という事柄があれば、「この論文で解明できなかったこと」という項目を「おわりに」の後半に作っておこう。

進吾 「埋められるところから？」

ぱうぜ 「そうそう。ざっくりとした見取り図でかまわないんだ。『ためしにやってみっか』という心持ちでいい」

明日香 「論文を見ながら書いた方がいいんですか？」

ぱうぜ 「うーん、もともとの順番に引きずられないようにした方がいいこともあるね。**本当に『一からまったく読んだことがない読者に説明するとしたら』って、考えてみる**んだ」

かすみ 「強制的に、〈書き手目線〉での順番をリセットして、〈読み手目線〉での順番になってるかを考えてみるんですね」

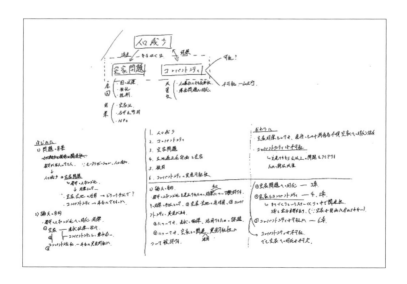

この写真は、実際に学生が作成した〈見取り図シート〉である[*3]。実際にこれを書き上げた後、本論の最終章部分の順序を変更することで、「おわりに」での結論に結びつきやすくなることに気がついた、とのことである。このように、論文を執筆する際には、「伝わりやすさを意識して、大事なものを選び取ったり、並べ替えたり、構造化する必要がある。どんなに論文が長くなっても、この基本は同じである。むしろ長く時間をかけたからこそ、〈書き手目線〉ではつながっているように見えていても、はじめて読む〈読み手目線〉からするとわかりにくくなっていることが多い。

　たとえて言えば、論文の森でひとつひとつの樹を育てていると、ついつい全体が見えなくなる。それを、余計な枝葉はそぎ落とした〈見取り図シート〉を作ることで、解消できるというわけである。〈見取り図シート〉に記載する内容は「はじめに」と「おわりに」に記載する内容に絞っている。思い切った省略をしてみると、全体の構図がわかりやすくなるというわけである。

　〈ふせんシート〉は今抱えているテーマをとにかく頭の中から書き出して、グループごとにまとめる（グルーピング）を繰り返すことで適切な「見出し」や構成を考えていくボトムアップ型のまとめ方である。これに対して、〈見取り図シート〉は論文の構成要素である〈問い・主張・論拠〉に着目して書き出すことで、足りない部分をあぶり出したり、十分に論じ切れていないが重要な事柄を見つけるためのシートである。いわば、トップダウン型のまとめと言える。これらは、文章作成法やアウトライナーの使い方で紹介されている技法を、特別な機材やソフトを使うことなく、誰でもできるようにアレンジしたものである[*4]。より自分にあったやり方を見つけてみてほしい。

[*3]　横田ゼミ2期生の荒井遼祐さんにご提供いただいた。記して感謝申し上げます。
[*4]　Tak.『アウトライナー実践入門』（技術評論社・2016年）では「シェイク」として、トップダウン型とボトムアップ型の相互を行き来する思考法が丁寧に紹介されている。

(6) ピアレビューも忘れずに

かすみ	「もうひとつ、レポート指導を思い出した方がよさそう」
ぱうぜ	「どんなこと？」
かすみ	「実は…。明日香先輩の論文を見せてもらったんですけど、**主語がないまま長い文章を書いちゃったり、段落の頭とおしりとがかみあってない文章がけっこうある**んです」
明日香	「げげ…」
ぱうぜ	「あー、これこそピアレビューだね。卒論は長いから、なおのこと提出前の『他人の目』によるチェックは大事だね」
かすみ	「先輩には、後で手直し箇所を教えますね」
明日香	「助かるわ、ありがとう！」

　レポートと同じく、卒論においても仲間同士での見せあいっこによるレビュー（ピアレビュー）はとても有効である（詳しいやり方は第Ⅱ部（2年生編）**⑥(5)** を参照）。横田ゼミでは、卒論執筆をする4年生とピアレビューを担当する3年生をペアにして、学生同士でどんどん進めていった。その結果、誤字脱字の指摘だけでなく、「こういう順番の方がわかりやすい」など、構成面でも重要なコメントが多数出てきた。また、スケジュール管理やメンタル管理の面からも、気軽に相談できる相手がいることはとても良かったようである。

　下級生がいない場合でも、同じ立場にいる者同士や、公表されたときには読者のひとりになってくれそうな友人などに頼むのもよいだろう。一方的に頼むのでは心苦しい場合には、相互の助けあいになるようにチームを組んでみるとやりやすい（卒論版の自主ゼミとも言える）。実際、どうしても〈書き手目線〉では気づかないミスやわかりにくい表現というのはたくさんある。読んでくれるレビュアーに感謝しつつ、自分なりの作品を仕上げてほしい。

まとめ

- 積み残した課題を「おわりに」でまとめて、将来の人々にバトンタッチしよう
- トップダウン型で見直すために、「はじめに」と「おわりに」の内容と各章の要点だけを〈見取り図シート〉に書き出してみよう
- 〈書き手目線〉から〈読み手目線〉へ練り直すために、ピアレビューをやってみよう

[この内容は 240 頁で！]

第 **V** 部

自分の未来を作るには

進路編

🫘🫘🫘🫘🫘

卒業を前にして、気になるのは自分たちの未来。学部生には見えない世界って何だろう？ 社会を変えるためには、分野を越えるためにはどうしたらいいんだろう？ 自分の未来の作り方、みんなの未来の作り方を考えてみよう。

20 学部生には見えない世界
── 法科大学院、その先へ

「単位もそろったし、もうすぐ卒業だね…」「そういや、進路ってどうなった？」卒業を前に、いろいろな職種に羽ばたいていく友人たち。そういえば、みんなどういうコトを考えて進路選択をしたんだろう？

(1) 思った以上に「プロ」がいる

進吾 「いまさらな質問なんすけど…。ぱうぜセンセって法科大学院から博士課程に進んで研究者になったんですよね？ 弁護士になるつもりはなかったんですか？」

ぱうぜ 「そういえば、説明したことなかったね。学部3年生くらいまでは弁護士を目指すつもりだったけど、途中で研究者になれたらいいな、って考え始めたんだ」

かすみ 「どうしてですか？」

ぱうぜ 「当時、『行政法が好きであることを活かした法律家なんてい

明日香	「いろんな道、ですか…」
ぱうぜ	「恐ろしいことに、**学部生ってほんと社会のことがわからないんだよ。行政法では仕事にならないなんて、ただの思い込みさ。行政法を活かした仕事はいろいろある**」
進吾	「まあ、勘違いもあって研究の道に進むことにしたっていうのはわかるんですが…。あれ、研究者になるつもりだったら、どうして実務家養成の法科大学院に?」
ぱうぜ	「大学によって、修士課程に進むべきか、法科大学院に進むべきか、研究者養成プロセスの設計が違っていたりするんだ。私のいた大学は、『実定法研究をやるなら法科大学院経由』という方針にしたところだったんだよね」
明日香	「そういえば、いったん弁護士になってから博士課程に入る人もいるって聞きますね」
ぱうぜ	「どれも、私が学部生の頃には考えもしなかったことばかりだよ。ほんと、**思い込みで進路選択をするというのは危険だし、その時点ではまだ存在していない仕事のやり方だとしても、自分で仕事を開拓していくってこともある**んだよねえ」

冒頭：「ないだろう』と考えたんだ。今にして思うとそれは大間違いで、いろいろな道があったはずなんだけどね」

　学部4年生の頃、私は「いままで弁護士になるために勉強してきたけれども、行政法が好きだから、行政法のプロになりたい。でも、行政法と仕事を結びつけるには、研究者になるしかない」と考えていた。しかし、10年たってみた今、**研究以外の場面においても、「行政法のプロ」と呼べる人がたくさんいる**ことがわかった。[*1]

　学部時代の私は、「自治体職員はただただ決まった法を運用するだけ」だと考えていた。しかし、近年、自治体職員と法令・条例との関わりについて、その面白さを学部生にもわかるような形で提供してい

---

*1　好きな科目や分野がある皆さんは、適宜、「行政法」を自分の好きな分野に置き換えてみて、「ほかの可能性もあるんじゃないか？」とリサーチを進めてみてほしい。

る書籍がいくつかある。

　そのうちのひとつである吉田利宏＝塩浜克也『法実務からみた行政法　エッセイで解説する国法・自治体法』（日本評論社・2014年）では、衆議院法制局で法律策定に関わった吉田氏と、千葉県佐倉市職員として自治体の法制担当を務めた塩浜氏によって、自治体と法というものについて、**自治体側の視点と国側の視点、それ以外の立場からの視点**も踏まえて読み解くことができる。

　また、弁護士の中にも、行政法を得意とする人々が現れている。行政事件を多く扱う水野泰孝弁護士は、**得意分野のひとつとして行政事件を極め、ほかの事件と組み合わせることによって独自性を出す**ことで、利益をあげているという。いわば、**自分の強みを活かして自分の仕事を生み出している**、とも言えそうである。

(2) 研究と実務の役割分担

かすみ	「研究から実務に、実務から研究に…ですか。そのふたつってどう違うんですか？」
ぱうぜ	「研究と実務の役割分担、ってことだね。うーんと…対象にしている〈未知の事柄〉が違う、ってことかなあ」
進吾	「たしか、『研究とは人間の叡智の枠を押し広げ続けること』でしたっけ？　研究者が〈未知の事柄〉を扱うっていうのはわかるけど、実務家はそんなことないんじゃないっすか？」
ぱうぜ	「進吾くん。君が持っている判例教材に載ってる判決ができるまでの話、覚えてないかな？」
進吾	「うーん…何でしたっけ…」
明日香	「その当時の人たちにとっては答えがはっきりしてなかったからこそ、争いになった、ということですよね」
ぱうぜ	「そうそう。**『プロにとっては常識』となっていることを確実に行う能力と、目の前の案件を解決するために『プロとして**

	も迷う』新しい問題について全力で考える能力。両方が実務家にとっても必要だよ」
進吾	「だったら、研究者って何やってるんすか？」
ぱうぜ	「そうだねえ、今の対比で言うと…『異常事態になってから考えたのでは間に合わないこと』とか、もっと本質的な事柄を突き詰めて考えておくのが、研究者の仕事だと思うよ」
進吾	「意外と現実的…？」
ぱうぜ	「それぞれの個性や方針によっても違うけどね。抽象と具体のバランスをとりながら考えていくんだよ、研究者もね」

　研究とは何か、そして狭い意味での研究者以外にとっても未知への課題にアタックすることが大事だ、ということはすでに第Ⅰ部（1年生編）❶で触れたので、ここでは法学における研究と実務の役割分担についてもう少し踏み込んで考えてみよう。

　研究のあり方についてはいろいろな考え方があるけれども、あえて一言で言うとしたら「異常事態になってから考えたのでは間に合わないことを考える」のが、研究者の仕事である。たとえば、こんな事柄について日々頭を悩ませている。

【研究者が日々取り組んでいること】
・物事の基礎まで立ち返る：大きな価値対立のおおもとを探っておくことで、未知の問題解決の指針とする
・外国の考え方を知る：ほかの国ではどうしているのか、新しい問題が生じていないかを調べておく
・まだ解決策が見つからない社会問題の制度的な処方せんを考える
・判例がどんな事例まで想定しているのか、射程を考える

　少しは、研究者の仕事がイメージできただろうか。
　また、研究者が生み出す学説は、雲の上の世界のような概念と目の前の課題とを行き来しながら形成されている。論理自体の適切さだけ

でなく、どこまで妥当な結論が出るのかのバランス感覚も問われているからである。研究者同士では**「その考え方を推し進めるとちょっと違う事例の場合にマズい」**とか、**抽象と具体のバランスをとりながら議論を闘わせている**のである。

　それでは、実務家は何をしているのだろうか。法学部や法科大学院を終えて弁護士や公務員になったり、民間企業に就職したりして、法をプロとして扱う実務家になった人たちは、法学的素養を活かして、基準に照らしてものごとを判断し、素人では対処できない事態に対応することができるということで価値を生み出し、お金を稼いでいる。

> 【実務家が日々取り組んでいること】
> ・「プロにとっては常識」となっていることを、確実にこなす
> ・「プロの間でも迷う」新たな問題に対して、全力で考える
> ・「常識」や「新問題」に対応するために、学び続ける

　「常識的なことを確実にこなす」ことと、「新しい課題にチャレンジする」ことは車の両輪である。「すでにわかっていることを適切に示す」というのは、当たり前のことに聞こえるかもしれないけれども、実際にはとても技量がいる仕事だ。現実の問題には見出しなんてついていないから、**自分で何が問題なのかを突き止めて、「専門家の間では常識だけども、素人には見えない」点を指摘しなければならない。**

　また、一見するとどうなるかわからない課題に対しては、様々な観点を示して、判断の手がかりを見つけなければいけない。自分たちにとって都合の悪い先例をうまく躱(かわ)すための知恵を絞ったり、時には先例を覆すことも必要になるだろう。

　また、すでに述べたように、「法をプロとして扱う人たち」は法曹（弁護士・検察官・裁判官）に限らない。公務員になれば、法律を適用して執行するプロとなる。法律やマニュアルにすべてが記述されているとは限らないから、新しいルールを生み出していかなければならない。

民間企業においても、新しい事業を進めるときに法的な問題点がないかどうかを考えるのは、「企業の中にいるプロ」にしかできない仕事だ。[*2]

ときには〈未知の課題〉に挑むことがあるという意味で、研究者と実務家の領域はしばしば交錯する。できれば両方の考え方を知っておいてほしい。どちらの立場に立っても、調べ物をするときや課題を発見するとき、そして問題解決の糸口を探るときに、異なる視点からの意見や情報は大きな価値を生むからである。

（3）法科大学院で「動きのある流れ」をつかむ

進吾　「ぱうぜセンセの出身大学では法科大学院に進学してから博士課程、っていうのはわかったんすけど、実際に行ってみてどうでした？ ロースクールって」

ぱうぜ　「学部とローの違いを話そうか。そうだね、『動きのある流れ』に対応するっていうのが一番違うね」

明日香　「え、学部は『止まってた』ってことですか？」

ぱうぜ　「**実際の流れを考えながら勉強していく**っていうのかな。みんな、法律相談ってどんなふうにやるか、想像できる？ これ、相談者と話し始めるときはホント手探りなんだよ」

かすみ　「相談者から聞き取りをするんですよね」

ぱうぜ　「たとえば…依頼者はしきりに『詐欺師にだまされてお金を取られました！』と言っているとしようか。でも、本当に『詐欺』があるかどうかは、わからないよね」

進吾　「勘違いとか、早とちりもあるかもしれないっすね」

ぱうぜ　「あと、流れといえば…みんな、民事訴訟とか刑事訴訟って、法だけじゃなくて規則まで見てるかな？ 訴訟の進行にあわせて説明できるかな？」

[*2] とりわけ、企業の中での決まりを作るためには、法的な考え方ではどこまではきちんと守らなければならない常識で、どこからが企業文化として許される範囲なのかを判断するには、かなりの専門的な知見が必要となる。

進吾	「いや、そこまでは」
ぱうぜ	「手続を流れで覚えておく必要がある。そのとき、単に条文を覚えてるだけじゃなくて、どういう書類を集めたらよいのかとか、調べるべきことはあるか等がわからないとマズい」
明日香	「そっか、実務家はそうやって実際に仕事するんですもんね」
ぱうぜ	「弁護士も裁判官も検察官も、遠い世界の人々ではなく、地続きの同じ『人間』だってことがわかるのも、とても大事だね」

　法科大学院に進学して戸惑った、学部との違いについて説明しよう。
❶「止まっているもの」から「動いているもの」への変化
　まずは、抽象的な話から入ろう。学部時代の勉強はいわば「止まっているもの」についてそれぞれ覚えていくような勉強であったのに対し、法科大学院での勉強ではこれから法律の世界での意味づけを決めていかねばならないような、**よくわからないものについて、すなわちまだ評価が定まらない、「動いているもの」についてどのように考えるべきかが問われている**、ということである。法律相談の最初の段階では、依頼者が言っていることが何に分類されるべき事柄なのかはわからない。依頼者はしきりに「詐欺師にだまされてお金を取られました！」と言っているけれども、「だまされた」という言葉からすぐに「詐欺」（民法96条1項）という法的評価に飛びついてはいけない。また、本当に「だまされた」と言っているような事情があるのかどうか──。この事実のひとつひとつについても、最初から明らかというわけにはいかない。**それぞれについて、証拠を見つけて立証して、事実を認定していかなければならない**のである。
❷手続を流れで覚える重要性
　次に目の当たりにしたのは、**民事訴訟規則・刑事訴訟規則を民事訴**

[*3]　ひょっとしたら、単なる勘違いとか、払うつもりがあったが事情が変わって払えなくなっただけかもしれないし、法律用語でいう「詐欺」の範囲と、依頼者が日常語として理解している「詐欺」の範囲が違うかもしれない。

訟法・刑事訴訟法の条文とセットで、それも流れに即して覚えていくことの重要性**である。これが意外と難しい。実際の事件では、いつ、どのタイミングでトラブルがあるかわからない。そのとき、本来の手続の流れがわからないと、異変に気がつくことができない。何が「本来の手続の流れ」なのかを判断するためには、法律だけでなく、規則まで頭にいれておく必要がある。私自身も、結構細かいことまで規則に書いてあるということに気がついて、一時期は六法を訴訟法用と訴訟規則用というように2冊並べて勉強したこともあった。

❸あこがれている対象も、同じ「人間」であること

さらに、法科大学院に入って嬉しかったことは、教員との距離がとても近くなったことである。法学部の大教室講義では一段高い教壇にいた先生たち。法科大学院では、その教員たちと直接言葉を交わしながら通常の授業が進んでいく。また、現役の弁護士・検察官・裁判官からも直接指導を受けることができる。これらを通じて、**自分たちがあこがれている法曹や研究者という職業が、遠い世界のことなのではなく、自分たちの「先輩」であること、やや大げさな言い方をすれば同じ「人間」だということがわかった。**

そこでの交流によって、法律の実務家として生きるということはどういうことなのか、どのようなプロ意識を持って日々の活動がなされているのか、等身大の経験談を交えながら話す先生方を見て、自分の将来を考えることができた。

❹「リサーチ」の手法を訓練する

法科大学院の授業では、研究者教員の授業でも、実務家教員の授業でも、大量に裁判例や判例評釈を読むことになった。しかし、リサーチにかけられる時間は自ずから限られている。**どのあたりを調べれば必要な情報が手に入るのか、どのように読めば自分の理解が十分なレ**

---

*4 もっとも、このような印象は私の出身大学（法学部の人数がまだ600人だった時代の東京大学法学部）の校風のせいかもしれない。学生との距離の近さは大学によって異なり、千葉大学法政経学部（法学コースは1学年150人前後）では学生と教員との距離が非常に近く、着任当初カルチャーショックを受けた。

ベルに達するまでの時間を短縮できるのかなど、かなりの負荷をかけたトレーニングを積んだ。

とりわけ、「時間がない！」ときの優先度のつけ方や、「やっていいショートカット」と「手抜き」の境界線はどこにあるのかなどは、実際にやってみてはじめてわかってくるものであった。とりわけ、調べる途中で考えた〈内なる声〉をメモしておくことの重要性は、このリサーチトレーニングの中で身についたと言ってよいだろう。

（4）〈基礎知識の縦糸〉と〈動的視点の横糸〉

進吾 「それじゃ、学部の勉強とは全然違うんすね…」

ぱうぜ 「うーん…。とはいっても切り離せるわけじゃなくてね、同じことを少し違う角度から眺めるっていう感じ。**〈基礎知識の縦糸〉**と〈動的視点の横糸〉というか」

明日香 「どういうことですか？」

ぱうぜ 「法科大学院の講義って、対話型で進むことが多いんだけど、学生側と先生側で、視点のずれがあるんだ。だから、勉強したはずのことが答えられない」

進吾 「それって、俺がいつもゼミで感じてることと同じかも。教科書通りの定義は、まあ、答えられますよ。でも、急に全然違う論点についての質問をされるとどぎまぎしちゃって…」

明日香 「確かに、センセの質問って、いきなり飛びますよね」

ぱうぜ 「いや、その…そんなことないんだよ。こないだの議論のときだよね、『法規命令』と『法律による行政』の話」

進吾 「そうそう、アレ、不意打ちっすよ…」

ぱうぜ 「学生と教員の意識のギャップはここにあるんだ。**学生は『問われたことに答えればよい』と考えがちだけど、教員側は複数の考え方がありうることを踏まえたうえで、事例と理論とを往復して質問をしているんだよ**」

かすみ	「どうしてですか？」
ぱうぜ	「現実に生じる法的問題は、どう性質決定したらいいかもよくわからないものなんだ。様々な角度から考える必要がある。連想ゲームのように、関連する基礎知識がどんどん出てくるくらいにしておかないといけないんだ」
かすみ	「そうか、それが〈**基礎知識の縦糸**〉と〈**動的視点の横糸**〉を絡めていくような勉強法、なんですね」

　法科大学院でよく行われている対話型講義をやってみると、学生と教員との間で意識のギャップが生まれていることに気づく。

　学部生の時のクセなのか、**学生は「問われたことに答えればよい」と考えがちであるが、教員側は複数の考え方がありうることを踏まえ、「この事例では何が問題になっているのか」、「基礎理論や一般論との関係でこの事件はどのように位置づけられるのか」を常に考えている。**そのため、前提知識についても少し角度を変えた質問をしてみたりして、学生が真に理解しているかを確認するように努めている。

　また、判例や架空事例について聞いているのならば、事前に与えた設問で聞いていることだけでなく、**その事案について検討しなければならない様々なステップについて理解しているかどうかを確認するための質問も行う。**それが、学生側からしてみれば予想外であり、何を聞かれているのかがわからなかったり、慌ててしまって答えられなくなり、ますます講義に苦手意識を持ってしまうのである。

　対話型講義のイメージをつかむためにも、ここでは、稲葉馨＝下井康史＝中原茂樹＝野呂充（編）『ケースブック行政法〔第6版〕』（弘文堂・2018年）の「第1章　行政立法と条例」の第2問と第5問（45-46頁）を素材にして、仮想の講義風景をみてみよう。

> 第2問　法規命令と行政規則の違いについて、具体例をあげて説明せよ。また、行政規則に法規性が認められない理由を説明せよ。

教員「行政立法の前提知識として、第2問を確認しておこう。ではAさん、法規命令と行政規則の違いは何ですか。」

A 「法規命令は、法規たる性質を持つ定め、行政規則は、法規の性質を持たない一般的な定めのことです。」

教員「法規って何？ 行政規則はなんでその性質を持たないの？」

A 「法規とは、国民の権利義務の内容を変動させる内容を持つ規範です。行政規則が法規の性質を持たないのは、法律の委任を受けていないからです。」

教員「どうして、委任を受けているか否かということと、法規たる性質の有無とがつながるの？」

A 「え、あ・・・うーん・・・」

教員「実際の問題になるときには、委任を受けていないにもかかわらず、本来は委任を受けないと書いてはいけない内容の下位規範を書いてしまうことだってあるんだから、君の説明では発想の順序が逆転しているよ。『法律の留保』や『法律による行政』との関係を確認してみよう。〜(以下、教員による説明)」

> 第5問　判例1-4（サーベル登録拒否事件）とその第一審判決は、いずれも原告の請求を棄却しているが、銃砲刀剣類所持等取締法14条1項の解釈は異なっている。この点を説明したうえで、最高裁の多数意見と反対意見の対立点はどこにあるか、整理せよ。（後略）

教員「第5問は、サーベル登録拒否事件についての質問だね。これ、何が問題になっているの？ Bさん。」

B 「第一審と最高裁とでは、銃刀法14条1項の『美術品として価値のある刀剣類』についての考え方が違います。第一審は『日本刀』だとしていますが、最高裁は『どのような刀剣類を・・・登録の対象とするのか』など、登録の基準についても専門技術的な裁量があ

るとしています。」
教員「そうだね。・・・ところで、この事件で問題になっている条文は法14条1項だけかい？」
B 「いや、銃刀法登録規則の4条2項も・・・」
教員「その法的性質は？」
B 「え・・・。『規則』っていうから・・・」
教員「名前に『規則』って付いていることと法的性質とは関係がないでしょう。せっかく、Aさんが確認してくれたのに」
B 「あ、これ、法規命令です。法14条5項で、文部省令に委任されています」
教員「それでは、もう一度最初の質問に戻るよ。何が問題なの？ この事案。どうして、第一審は法の『刀剣類』の解釈としても『日本刀』だとしたの？ 最高裁とは何が違うのか、もう一度説明して」
教員の心の声（うーん、裁量の有無だけじゃなくて、登録規則4条2項が「刀剣類の鑑定は、日本刀であって」という、「日本刀」への限定をしてしまっていることの問題性に気がつかないかなあ・・・。設問後半〔242頁に掲載〕で対比している規則4条1項の「古式銃砲」は海外製も想定しているから、気がつきそうなんだけどなあ・・・）

　用語の定義を確認する問い（例：「法規」とは何か？ という問い）については、学部の講義でも通常教えている事柄であるから、知識としては有しているはずである。しかし、それだけでは実際に「使える」知識にはならない。実際の事案を前にして、「ここで問題になっている『登録規則』とやらは、法的性質としてはどのようなものなんだろうか？」という疑問（これはBくんが聞かれた問題でもある）を考える際に、「ところで、法規命令と行政規則って何がどう違うんだっけ・・・」というように、**既存の基礎知識を物差しとして、検討のための指針を決めなければならない。**ある事案についての方針を決める瞬間に、基礎知識を正確に過不足なく頭の中から引き出すことができるようになってはじ

めて、基礎知識の学習が実際に「使える知識」として身についていると確認できる。

［このイラストの拡大版は226頁］

以上見たように、**対話型講義とは、いままで知っているはずの〈基礎知識の縦糸〉に、動的な視点で「よくわからないもの」に対して性質決定を行うときに必要な観点、すなわち〈動的視点の横糸〉をからませていく作業を、教員との対話を通して練習していくもの**である。

（5）さらに必要となる「自学」

かすみ 「そうなると、法科大学院って、かなり大変なんですね」

進吾 「俺、単に司法試験対策をするところだと思ってた…」

ぱうぜ 「受動的に学習するばかりの人には向かないね。まあ、そういう人は法曹自体あまり向かないと思うけど」

明日香 「うーん、まだイメージができないんです、大変さが…」

かすみ 「先輩、私、確かに勉強はしてきたつもりですけど、基礎知識にもまだ漏れがあると思いますし、そもそも判例や架空事例を読み込むのって時間がかかりそうです」

明日香 「そっか、ちゃんと準備してないと答えられないもんね」

進吾 「明日香ちゃんだと、たぶん復習をたくさんしないとマズいんじゃないかな…。定義とか関連判例とかうろ覚えでしょ」

明日香 「うぐ、言い返せない…」

進吾 「それに加えて、答案書いたり、択一を解く練習したりとかも考えると、うわ、かなり大変じゃね？」

かすみ 「実務科目も面白そうですし、模擬裁判は事前準備もいりますよね」

ぱうぜ	「実際、**法科大学院はほんといろいろな観点から学べるからとても面白い。それだけに、いままでの学習に抜け漏れがあることにも気づきやすい。だから、しっかり自学の時間もとって、補充していく必要がある**んだよね」
明日香	「センセが無理して身体壊したの、なんかわかる…。そうか、時間管理大事だよ、っていうのはそこからだったんですね」

　それでは、法科大学院での講義を活かすためにはどんな自学が必要になるだろうか。ここでは、教科書として用いられているケースブック[*5]を例にして、考えてみよう。ケースブックとは、テーマごとに収集された重要な裁判例の抜粋と、それに関する設問、そして参考文献をまとめた教材である。「行政立法と条例」の箇所（同書44-46頁）では、大きく分けて3種類の設問がある。

❶前提知識を確認する問題

　最初は、その講義項目や事例に対応するための前提知識を確認する問題であることが多い。基礎知識を確認する一行問題が典型例である。

> 第2問　法規命令と行政規則の違いについて、具体例をあげて説明せよ。また、行政規則に法規性が認められない理由を説明せよ。

❷事例を読み込むためのステップを示す問題

　次のレベルは、事例を読み込むためのステップを示している問題がある。たとえば、特定の判例を取り上げて、その事案はどのような特徴があるのか、第一審・控訴審と最高裁で理由が異なる場合は、なぜそうなったのかを説明させるような問題である。

> 第5問　判例1-4（サーベル登録拒否事件）とその第一審

[*5]　先ほどと同じく、稲葉馨＝下井康史＝中原茂樹＝野呂充（編）『ケースブック行政法〔第6版〕』（弘文堂・2018年）を例とする。

> 判決は、いずれも原告の請求を棄却しているが、銃砲刀剣類所持等取締法 14 条 1 項の解釈は異なっている。この点を説明したうえで、最高裁の多数意見と反対意見の対立点はどこにあるのか、整理せよ。（下記に続く）

　このような設問は、一見「判例を読めば誰でもわかる」問題に思える。しかし、実際には、意見の違いに着目しつつ、それがなぜそうなっているのかを考えながら読む予習を要求しているため、思った以上に難しく、時間がかかることが多い。

❸その論点が問題となるような事案を解決することを疑似的に行うための問題

　さらに進んで、実際に事案を解決するためにはどのようなことを考えなければいけないかについてまで考えさせる問題がある。前掲の第5問の続きは以下の通りである。

> （第5問続き）また、古式銃砲が日本製に限定されていないことと対比しながら、登録規則4条2項の妥当性を検討せよ。

　さらに、別の問題では、仮想的ではあるものの、実際の主張を検討させるものもある。

> 第 10 問　判例 1-7（阿南市水道水源保護条例事件）の事案において、控訴審で条例の違法性が争われた場合、当該地方公共団体の代理人は、どのような主張をすべきであろうか。

　これらの3段階のレベルの問題をすべての受講生がすでに検討してきていることを前提として、**実際の対話型講義は行われる**。この点が学部までの大教室講義とは大きく異なっている。

　皆さんから見て、どのような印象を受けただろうか。❸の問題は難

しいにしても、❶や❷なら答えられるような気がするかもしれない。しかし、実際に予習をしようとすると、それもあやふやだったりする。問題に答える前段階として、いままでの〈基礎知識の縦糸〉に漏れがないかどうかの確認をする時間も別途とらなければならないことになる。それがたたって、体調を崩してしまう人もけっこう多い[*6]。

また、判例や事例の読み方も一段深くなる。ケースブックには判例が複数抜粋されて掲載されている。その載せ方は様々だが、学部生が判例教材としてよく利用している有斐閣の『判例百選』シリーズよりも詳しく紹介されていることが通常である。とりわけ、第5問のように**下級審と最高裁の違いや、最高裁判決の多数意見・補足意見・反対意見の対立軸を見抜くような設問がついている場合は、どこにその対立軸があるかも見極めなければならない。**

ここから先は、単に判例の存在を知っているだけでは足りず、「**この判例の存在を前提に、この先どう考えるのか？」という視点で考えなければならない。**その視点で同じ判例をもう一度読み直すと、背景事情や判決理由まで視野にいれなければならなくなる。

自発的に考えて答えるためには、第Ⅲ部（3年生編）で繰り返し述べたような、アウトプットとインプットとを行き来する勉強法や、自分に足りないものを自学で埋めていく学習が必要となる。

(6) 誰も踏み入れたことのないイバラの道？

かすみ：「ところで、センセは結局研究者養成の道に進んだんですよね。その話も聞きたいです」

進吾：「そうそう、センセって、弁護士になるか研究者になるか迷って法科大学院に進学したって聞いた気が。本当に、ブログ書

[*6] 本書第Ⅰ部（1年生編）❺(2)は、まさに法科大学院入学直後の時間管理について述べているので、参考にしてほしい。専門職を志すということは、自分で時間管理・体調管理ができるということが前提であり、忙しすぎて倒れてしまうようでは結局やっていけなくなる。

	いてたら研究者になったんすか?」
ぱうぜ	「ほんとだよ。ゼミでの判例分析の成果とか、研究の道を考えているっていう記事を書いたら、いろんな人たちにアドバイスをもらえて、どうにか道が開けたんだ」
明日香	「先輩に相談したりしなかったんですか?」
ぱうぜ	「実は、当時、法科大学院経由で研究者になった人はまだいなくて[*7]。ネットの向こう側にいた、ちょっと年の離れた先輩たちにアドバイスをもらったりして、どうにか補ったんだ」
かすみ	「当時のブログがありますね。なになに、『誰も見通すことができないイバラの道』…?」
ぱうぜ	「今思うとちょっと悲壮感漂いすぎだけど、ほんと、そんな気分だったんだ」
明日香	「でも、**自分で進路についてどんどん調べることで、どうにかやってこれた**んですね」
進吾	「それじゃ、法科大学院からさらに研究者養成の博士課程に進学したときは、苦労しなかったんですか?」
ぱうぜ	「とんでもない。めっちゃ大変だったよ…。ドイツ法なんて、ドイツ語文献を2行読むだけでも何時間もかかるってところからスタートするからね」
かすみ	「それじゃ、法科大学院と博士課程は全然違うんですね」
ぱうぜ	「正直言うと、法科大学院から博士課程に進学したときはかなり戸惑ったね。時間の流れ方も違うし、なぜ外国法を研究するのかも、かなり自問自答したし」
進吾	「だったら、修士課程ではなくて、法科大学院に進学したのはあんま役に立たなかったんすか?」

---

*7 私が研究の道を志して法学部を卒業したのは2006年のことであり、当時、法科大学院経由で博士課程を修了した人はいない状況だった。ブログの執筆をきっかけに知りあった先輩や先生方の情報提供を支えにしながら、法科大学院で研究論文を執筆し、2008年に博士課程に進学した。

ぱうぜ 「うーん、**一長一短あると思うよ、修士課程経由とロー経由は**。ローでの経験が研究をするうえでとても活きているな、と思うこともあるし」

　実際に法科大学院から博士課程に進学してみると、どんなことが待ち構えているのだろうか。ここでは5つの項目にまとめてみよう。
❶目標が異なり、時間の流れ方が違う
　最初に戸惑ったのは、時間の流れ方の違いである。国家試験という目標が設定されており、カリキュラムも固まっている法科大学院と比べて、研究大学院に所属する院生の生活には指針となるものがない。確かに授業はあるものの、どのような内容になるかは院生の研究テーマや教員の関心によって異なるし、何よりも**時間の使い方は個人の自己管理**に委ねられている。
❷成果の評価軸が違う
　考えてみれば当たり前のことなのだが、実務家になるために求められる能力と、研究者になるための能力は、重なるところもあれば大きく異なるところもある。**「批判的に読み、そして新たなものを生み出す」**ということは、「参考にするために読む」のではなく、「乗り越えるために読む」という発想に切り替えなければならない。私の場合、これに対応するために半年くらいかかってしまった。
❸「ここまで知ってて当たり前」のレベルが違う
　「なぜ行政法の先生達はロー生が知らない下級審判例をたくさん知っているのか？」と思ったことがある法科大学院生は多いだろう。下級審判例どころか、個別法の仕組み、よく問題になっている事件類型など、「なんでそんなことまで知っているんだろう」と思うことが、博士課程進学後の最初の1年間にたくさんあった。しかしそれは判例研究会などでの議論に必死に食らいついていき、わからないものをひとつひとつ調べていくことで、積み上げることができる知識だった。**研究者には研究者の「当然」と言えるレベルがあって、たとえ狭義の専門とは異なっていたとしても、だいたいのことはつかんでいるとい**

うことも、率直に言って驚きだった。

❹なぜ外国法を学ぶ必要があるのか

　法学の論文には、外国の法制度を検討したうえで、日本法を論じる「比較法」と呼ばれる手法をとるものが多い。**外国法を学びそれを分析することを通じて、日本の法制度のあり方を相対化するための視点が得られる**から[*8]である。

　また、「外国法文献を丁寧に精読する」という訓練を受けるのは、なにも当該外国法について詳しくなるためというわけではない。いくつも考えうる訳語候補のうち、なぜその語を選ぶのかについて、ひとつの文に対して30分もかけることはよくあることである。そのとき問われているのは、**外国語の能力だけでなく、訳語選択における日本語の能力、論理的思考力、そして当該国と日本の制度の比較ができるだけの双方についての知見の深さ**である。このように、テキストを分析する能力は、外国法文献の精読によって鍛えられる面が大きい。

❺ローでの経験は活きる！

　研究大学院と法科大学院とでは視点も方法も専門性も違う。しかし、**法科大学院（ロースクール）で得た知見と研究にはリンクを張ることができる**。実務家向けの文献判例収集方法、研究者とは異なる立場からの視点、様々な法律問題に対応するための広範な日本法全体に対する知見等、法科大学院の2年間で得たものはとても多い。

　それにしても、こうして学部と法科大学院と研究大学院での違いを考えていくと、いくつかの気づきがある。

　まず、**それぞれ環境が変わった直後の半年間は、それに慣れることで精一杯だった**ということである。法科大学院における「当たり前」のレベルは学部でのレベルとはまったく異なるし、研究大学院における「当たり前」のレベルは法科大学院とはまた異なる。それに気がつ

[*8]　これを、「横の物を縦にする」（＝単に外国文献を日本語訳して紹介するだけ）などと批判する人も多い。しかし、あくまで一般論としては、本文で述べたことがあてはまるだろう。問題は、単なる「紹介」にとどめず、また乱暴な「直輸入」にもならないようにしながら、相互を比較して論じることができるかどうかである。

くこと自体にも時間がかかるし、キャッチアップしていくだけでもかなり大変だ。それこそまさに「修行」と言ってよいほどのプロセスだが、**複数の「当たり前」を身につけて考えていくことはやりがいのあること**である。

　また、後から振り返ると気がつく差異もある。同じ学部や法科大学院を出て弁護士の道を選んだ友人から、ちょっとしたことについての質問がくる。しかし、相手にとっては全然「ちょっとしたこと」ではなく、皆目検討がつかない疑問だったということがたびたびある。[*9]このような「研究」と「実務」における「当たり前」の差異がわかるという意味でも、異なる道を選んだ友人はありがたい。

(7) 研究の道を志すあなたに

明日香　「とはいえ、研究するっていうのは勉強とは違うんですよね」

ぱうぜ　「そうだね。**先行文献を読み進めるうちに、『自分の考えるようなことはすべて先行者が考えているんだ』というあきらめの境地と、『いやいやこれまでの議論はすべておかしいんだ』という開き直りとの間を行き来することになる**から」

進吾　「そっか、『巨人の肩に乗る』ためには、これまでの研究を理解するだけじゃなく、それらに挑戦しないといけないのか」

ぱうぜ　「でも、それこそが研究者としての愉しみだし、なんとか張り裂けそうになる心を抑えながら頑張ってみたんだ。『こうつながるんじゃないか！』と思い至ったときの快感は、すごいものがあるよ」

明日香　「つながり…」

ぱうぜ　「うん、自分の中では『〈リンク〉を張る』って言ってるんだけどね。アクションRPGでもあるでしょ、隠しルートを見つけたときのピコーンって感じ。これを見つけて世に問うこ

---

*9　もちろん、研究者から見るとわからないことでも、実務家から見るとよくあること…という逆パターンもたくさんあるので、お互い様である。

かすみ	「そして、それを論文に書くんですね」
ぱうぜ	「いろいろツッコミをいただくよ･･･。しかし、論評の対象になるってことは、学問の営みを支える1ピースになってるってことだから、とてもありがたいことだよ」
明日香	「なんか、センセ、とっても楽しそう･･･」

とが、自分の歓びなんだ」

　博士課程に進学した後、本格的に研究をしてみると、「自分に何ができるのか」という葛藤がつきまとう。これまでの論文では明らかになっていない課題を見つけたときは心が躍るけれども、それに対してどうアプローチしたらよいのか、わからないことも多い。また、改めて先行研究を調べてみると、自分が思いつくようなことはすでに論じられているじゃないか！　と、気づくこともある──。第Ⅳ部（卒論編）で述べたことよりも先に行くためには、**「巨人の肩に乗る」こと、「人類の叡智の枠を押し広げ続けること」の真の意味を知り、それに挑む勇気が必要になる。**

　また、研究者養成課程やその後の進路をめぐる環境も、大きく変化している。だから、今から研究の道を志す方も、最新の状況を自分の目で確認する努力を怠らないでほしい。私自身は、たまたまネットの向こう側にいた、修士課程を経由して博士課程に進んだ先輩たちからのアドバイスで、自分なりに「修士課程に行かないことのデメリット」について考えることができたので、外国法文献のゼミに出たりして、できる限り不足を補うようにした。**まだ誰も歩んでいない道なのだから、自分が当事者意識を持って調べなければ、道は開けない。**その覚悟は、これから研究の道を志す人にも必要であると思う。

　それでは、何が楽しくて研究をしているのだろうか。まさに「博士課程進学のための研究論文」を執筆することで、研究の愉しみの一端に触れたことが、その後の人生の方向性を決めたと思う。未熟なものであるが、この論文を書き上げたことは、自分の中で大きな自信と歓

びとなった。暗中模索の資料収集と、なかなか進まない分析。しかし、ついに**全体をまとめ上げるような観点をひらめいたとき、自分の頭の中で、世界の見え方が変わったと感じた。「この法制度とこの枠組みは、このように関連づけて議論できるのではないか」**――。**この〈リンク〉が見つかった瞬間の興奮は、やみつきになる。**この時ようやく、「もしかしたら研究者になれるかもしれない」と思えるようになってきた。博士課程進学後も、また博士号取得後の研究も、この〈リンク〉を見つける興奮が止められなくて続けている。[*10]

まとめ

- 法科大学院は「動きのある事案を取り扱うための訓練」をするところ
- 実務家と研究者はどちらも未知の事柄にチャレンジするが、役割が違う
- 学部生の段階では思いつかない職業もある
- 見通せない未来のために、自分の道は自ら探すべし

[*10] 博士課程院生のときに、ある教授に「これから研究者志望の学生を増やすには、どうしたらよいだろうか」と問われて私は不遜にもこう答えた――「まさに研究をしている先生方ご自身が、愉しそうにしていることが一番じゃないですかね」と。もし、今目の前の学生や、この本をお読みの読者の皆さんから見て私が生き生きとして愉しそうに見えているのであれば、とりあえずの目標は達成したのかな…と思える。

column···8
体験記：法科大学院と研究者養成の狭間で

　本文で紹介した内容だけではやや抽象的なので、ここでは、あくまで私自身の個人的な経験に基づいて、どのように法科大学院でのカリキュラムと研究者養成のための博士課程進学のための修練とを組み合わせたのかについて述べておきたい。[*11]

　法学部4年生から急に研究者への道を模索し始めて、博士課程進学のために法科大学院在学中に「研究論文」を執筆することが必要だと知った私は、かなりの人数の先輩や先生、そして事務の皆さんに迷惑をかけつつ、求められている論文のレベルを探ることになった。ようやくそれが「外国法との比較が用いられていること」であると読み取った私は、法科大学院の入試直前、法学部4年後期（2005年10月）になってから外国法文献演習を履修することになった。そこではじめて、外国法の文献を読むことがどれだけ大変なことなのかがおぼろげながら見えてきた。またこの演習は、博士課程院生も受講しているゼミであったため、ようやく、「研究者になる途中の人」と率直に意見交換をする場を得ることができた。

　法科大学院に進学してからも、どうにか時間をやりくりして、修士課程の院生にはどうしてもかなわないものの、外国法文献演習を受講し続けた。その中には、法科大学院生の履修が当時想定されていなかったゼミも含まれる。基礎法系科目・応用科目については「研究論文」のテーマと関連するものを受講したり、講義後に担当教員に「研究者志望であるが、どうすればいいだろうか」という質問をしたりしていた。**早めに研究者志望であることを教員に相談したのはとても良かった**と思う。

　そして、法科大学院最終学年（既修コース2年目）の1年間は、法科大学院での必修科目を落とさないようにしながら、自分の持ち味を

---

*11　10年以上たった現在では、研究者養成に力をいれている法科大学院では特別のコースやカリキュラムを設けていることもあるため、あくまでどのように考えていくかのヒントとして用いてほしい。

見せられるような「研究論文」を、まだ用いたことがない「外国法との比較」を用いて書こうと努力した。このとき、「法科大学院生だからこそ書けることはあるだろうか」という、やや邪道な発想で、当時法整備が始まったばかりの団体訴訟をテーマに論文を執筆した。[*12] 正直、今読み返すと「ただドイツでの議論を借りてきただけ」のように思える稚拙なものではあるが、どうにか、「外国法を参照して国内法の課題について自分なりの方向性をつける」という、最低限の要請を満たす論文を執筆することができた。

　この過程で犠牲になったものもある。「研究論文」執筆を優先してカリキュラムを組んだために、法科大学院在学中は自分の「研究論文」のテーマとは直接関係のない先端科目についてはあまり勉強できなかった。たまたま法学部3年次から4年次にかけて労働法、経済法、倒産法、知的財産法などを受講していたからよかったが、どうしても租税法までは手が回らず、取りそびれてしまった。また、司法試験に結局合格できなかったことも悔やまれる。[*13]

---

*12　このとき得た環境法と消費者法を横断する視点は、現在の研究にも活かされている。
*13　研究者養成課程に進んだ人がみな司法試験に合格しなかったのかというとそうではない。これは単純に私本人の不勉強がたたった結果である。

21 社会を変えるには？ 法学を軸に、他分野にも橋をかけてみる

ぱうぜセンセが研究の愉しみについて生き生きと語り出したとき、キーワードになっていた「〈リンク〉を張る」という言葉。その内容が気になった3人は、もう少し深掘りして聞いてみることにした。

（1）法学科目間に〈リンク〉を張る

かすみ 「センセ、こないだ言ってた『〈リンク〉を張る』って言葉、もう一度教えてもらえませんか？」

明日香 「センセが研究者になったきっかけ、なんですよね？ 学部生のときに気がついたんですか？」

ぱうぜ 「確かにあまり説明してなかったね。そう、学部3年生のときに読んだこの本がきっかけなんだ」

進吾 「へえ、『対話で学ぶ行政法──行政法と隣接法分野との対話』、ですか」

ぱうぜ	「ホスト役の編著者の先生3人は行政法が専門で、毎回ゲストとして関連する法分野の先生を招いて、行政法を学ぶ人なら誰もが知っている課題について議論しているんだよ」
かすみ	「それがどうして面白いんですか？」
ぱうぜ	「行政法という科目が、いままで学んできた憲法・民法・刑法・商法・労働法とどのようにつながっているのかがわかるようになったんだ」
進吾	「ほかの科目と？」
ぱうぜ	「うん。学部3年の頃だから、学ぶ途中段階だった民事訴訟法や刑事訴訟法と行政法とはどのような関連があるのかが少しだけわかるようになった。そこから訴訟法が面白くなり、ほかの法学科目も行政法との関連をつけながら学ぶことで楽しくなって…いろんな興味が持てるようになったんだ」

　私が開講しているゼミ（法学演習）では、単に学生による報告だけでなく、他領域の研究者や弁護士、公務員等のゲストとの対話も行うようにしている。この方式は、私が学部3年生の冬休みに手にとって強く影響を受けた書籍である、宇賀克也＝大橋洋一＝高橋滋（編）『対話で学ぶ行政法 ──行政法と隣接法分野との対話』（有斐閣・2003年）をモデルとしたものである。その特徴は、編者でもある行政法研究者が各回のホストとなり、憲法、民法、民事訴訟法、刑法、刑事訴訟法、商法、労働法の研究者とともに、行政法とそれらの法領域とをまたぐテーマで対談をしていることにある。

　この本に出会ったことで、私は**行政法という科目が、いままで学んできた憲法・民法・刑法・商法・労働法とどのようにつながっているのか、そして当時学ぶ途中段階であった民事訴訟法や刑事訴訟法とはどのような関連があるのかが、少しだけわかる**ようになった[*1]。

　ひとつ例を挙げると、同書161頁では、民事訴訟法学者の山本和彦

---

*1　この本がきっかけで、私は行政事件訴訟法をテーマに研究者としてのキャリアをスタートすることになった。

先生と、行政法学者の高橋滋先生が、行政訴訟としての取消訴訟と株主総会決議取消訴訟をテーマに、その類似性を指摘したうえで行政事件訴訟法10条1項の取消訴訟の主張制限の規定について、株主総会決議取消訴訟では対応するものがないことについて議論をしている。

やや専門的な内容になるが説明すると、取消訴訟の訴訟物（審理の対象）は、一般には「当該処分の違法性」と考えられており、一見、原告はその処分に関係のある違法事由をすべて主張できるように見える。しかし、行政事件訴訟法10条1項があるために、「自己の法律上の利益とは関係のない」違法事由については主張することができない。他方、商法（会社法）の株主代表訴訟における株主総会決議取消訴訟には、「自己の法律上の利益に関係のない違法」というような制限はかかっていない。こちらも、審理の対象が「当該決議の違法性」であるにもかかわらず、である。[*2]

法学部3年生で商法と行政法をはじめて学んだ際に「このふたつ、『違法性』が対象になっている点ではよく似ているなあ」となんとなく考えていたことがすでに指摘されているばかりか、その先にさらに発想のタネがあることに、とても驚いた。

また、同書の魅力はこれだけではない。**対談の前半では学習者向けの確認的な内容が、後半ではとても高度な議論が展開され、「研究者の発想とはここまで及ぶのか」と驚かされる。**たとえば、第4章「行政行為」では、対談の冒頭、民法学者の河上正二先生が、行政法を学生のとき以来勉強していない自分にもわかるように「法律行為と行政行為」の違いについて教えてほしい、と大橋洋一先生に語りかけることから議論がスタートする（54頁）。大橋先生がそれを受けて学習者にもわかるように丁寧な解説を行い、それに対する学習者側の疑問を河上先生が発して…と、さらに応答していくうちに、議論はどんどん難しい方

[*2] この論点についてもう少し知りたい人は、以前解説を執筆したので参照してほしい（横田明美「取消訴訟の審理」高木光＝宇賀克也（編）『行政法の争点（新・法律学の争点シリーズ8）』（有斐閣・2014年）122-123頁）。

向に進んでいくのである。

　さらに各章の末尾には、**より深く勉強や研究をしたい人のために、両方の法領域についての基本書・教科書だけでなく、関連する研究書や論文集、論文等の参考文献が 20 件以上掲載されている。**2003 年に発刊された本ではあるものの、今現在も各テーマについて研究するためには欠かせない文献ばかりである。

　前半部分は学習者でもなんとかついていけるけれども、後半部分は正直言って難しい。しかし、なぜそのように発想したのかは、どの先生も丁寧に語っている。どうしてもわからなければ、参考文献をひもとけば、何かわかるかもしれない——。そんな気持ちにさせてくれる本であった。このように、『対話で学ぶ行政法』という本は、私が行政法をより深く学ぶきっかけになったと同時に、大学卒業後の進路を考え始めていた自分に、「私ももっとこんな〈リンク〉を見つけてみたいなあ」という気持ちを強く植え付けた本でもあった。

(2)〈縦割りの科目〉と〈横割りの科目〉

明日香　「なんだか、研究者、って難しそう…。あたしが目標にしているような、実務で働く人には無理かなあ」

進吾　　「うーん、そう？『紛争は起きたときには何が問題になってるかわからない』っていう〈動きのある流れ〉をつかむって話、センセの言ってることとつながってるんじゃね？」

ぱうぜ　「いいところに気がついたね。続けて」

進吾　　「こないだ貸してもらった原田大樹先生の『現代実定法入門』って本だと、第 7 章『事故と法』ってとこで、自動車事故の後始末は民法・刑法・行政法だけじゃなく、保険法や消費者法も絡むって書いてあったんすよ」

明日香　「そっか…。確かに、実際の事件だと科目ごとの知識をつなげて考えないといけないんですね」

ぱうぜ	「一通り学んだら、そういう視点で物事を見ていくと楽しいよ。環境法とか情報法とか、応用科目の学習も面白いだろうし」
かすみ	「よく考えてみると、応用科目って、法学基本科目と科目の分け方がかなり違いますね」
進吾	「ほんとだ、領域ごとの法分野、って感じっすね」
ぱうぜ	**「法が適用される対象の特徴をつかんで議論したり、いろいろな制度を組み合わせて目的を実現する方法を考えるんだ」**
かすみ	「実際の現場では科目ごとの分断された知識じゃなくて、いろいろ組み合わせていかないといけないんですね」

　法学科目同士でのリンクの見つけ方は、ほかにもある。それは、〈**対象と手法を掛け合わせる**〉というものである。私自身は、これを「縦割りの科目」と「横割りの科目」と呼んでいる。私が担当している「環境法」の講義で使っている図[*3]を見ていただこう。

			領域ごとの法分野				
			労働法	社会保障法	環境法	消費者法	情報法
基本科目	国内法	公法	憲法				
			行政法				
		民事法	民事訴訟法				
			民法				
			商法				
		刑事法	刑法				
			刑事訴訟法				
	国際法		国際法				
			国際私法				

*3　この図によく似たものとして、中川丈久「行政法における法の実現」佐伯仁志(編)『岩波講座現代法の動態 2 法の実現手法』(岩波書店・2014 年)111-154 頁の 112 頁・図 1「法実現手段の複層性」がある。中川論文での図は、縦糸としては「政策目的による法領域」として環境法、土地法・都市法、競争法、消費者法、知的財産法、税法、各種の業法…が並び、それらを横串にする横糸として、「政策目的の実現手段(手法)」が刺さっている。それは、行政法(行政手法)、民事法(民事手法)、刑事法(刑事手法)である。

この図は、講義を受講する3、4年生がいままで学んできた法学基本科目（横糸）と、これから学ぶ応用科目（縦糸）との関係を示した図である。応用科目のうち、労働法、社会保障法、環境法、消費者法、情報法などは、いわば「領域ごとの法分野」である。つまり、法が適用される対象の特徴に即して、法制度のあり方を学ぶ科目である。これに対して、いままでの基本科目は、いわば「手法」であり、法がどのような考え方との関わりで成り立っているのかを示しているものである。なお、色の濃さによって関わりの濃淡を示している。

　応用科目を学ぶ人は、いままで憲法・民法・刑法…と分かれていた知識を、ある特定の領域、たとえば環境法であれば、「環境」というフィールドにおいてどう使いこなすのかが問われている。例を環境法に即してあげてみると、公害の被害者から原因企業への損害賠償は民法の不法行為法であり、「共同不法行為」や「疫学的因果関係」などの議論は、公害訴訟がモデルになっている。また、廃棄物処理法に基づいて許可を出したり自ら廃棄物回収を行う地方公共団体の立場は、行政法で議論される。また、許可を得ることなく廃棄物処理施設等を操業した場合には刑事制裁が科せられている。そして、これらが訴訟になれば、民事訴訟法、刑事訴訟法での議論が問題になることがある。因果関係の証明責任などは、被害を受けた住民と、実際に工場内部等までよく知っている原因企業とが争い、原告・被告間の情報格差が存在する公害訴訟では、常々問題になっているところである。

　実は、行政法の研究者として研究や教育に取り組むと、ほかの法分野との接点が非常に多い。対話文中で紹介した原田大樹『現代実定法入門』（弘文堂・2017年）は、行政法学の研究者である原田先生が、ほかの法学分野にまたがる、深層の部分で共通した発想を粗削りでもよいから法学学習者に示したい、という意図で執筆された新しいタイプの法学入門書である。進吾くんが説明するように、各章は法学科目を横断するような視点で編まれており、内容対照表もつけられている。実際に社会の場で法学的知見を用いて考えていくためには、単に覚え

た内容を吐き出すのではなく、目の前の課題にはどんな法的仕組みを用いて取り組むことができるのか、という視点でこれまでの知識を引き出し、必要があればさらに調べていくという過程が必要になる。「入門」と銘打たれているが、これは法学を一通り学んだ段階でも改めて手にとっていただきたい本である。

（3）卒論指導で見えてきた、「解釈論から立法論へ」

明日香	「そういえば、卒論を書いてみて気がついたことがあるんです。あたし、『この卒論、全然法学じゃない…』って悩んでたんですけど、センセ、『ほかの分野とつながってる良い論文だよ』って言ってくれましたよね」
ぱうぜ	「そうだったね。あれは学部生のときの私じゃ書けないよ」
明日香	「課題選択も分析手法も学生まかせだからできたんです。法学だけじゃなくて、経済学とか社会学とか、いろんな分野の本や論文を読むことになりました」
かすみ	「センセは卒論書いたことがないから…って言ってましたけど、**課題選択も分析手法も学生まかせにする**のって、何か狙いがあったんですか？」
ぱうぜ	「正直言うと後づけの理由なんだけど…理由はふたつあるね。**ひとつは専門性というものは相対的に決まるということ、もうひとつは卒業論文のゴール設定が『提言』にまで行き着くことだったから**、だと思う」
かすみ	「専門性が相対的、っていうのは、法政経学部っぽい話ですね。法学コースの私たちでも、経済学とか経営・会計とかの他コースの人と話すときは、『法学のことなら何でもわかるんでしょ？』って無茶振りされます…」
ぱうぜ	「ゼミ生もそういうつもりで来てるだろうから、このゼミでは、あえて法学に関連することなら何でも OK にしたんだ」
進吾	「もうひとつの『提言』っていうのは？」

ぱうぜ	「卒論のゴールを、単なる『調べましたレポート』ではなくて、未完成でもいいから問題に対する『提言の方向性』までは示す、ってことを目標にしたんだ」
かすみ	「何らかの提言につなげることなんて、法学の議論からできるんですか？」
ぱうぜ	「そうだね、法解釈論だけだと難しいかもしれない。これはもう、立法論の領域に踏み込んでいるね」
進吾	「立法論…。今ある法をどう変えるかまで考えるのか…」

　第Ⅳ部（卒論編）でも紹介した通り、私が卒論を指導したのは千葉大学法経学部（当時）総合政策学科の学生たちであった。彼らは法や政治だけでなく、経済、会計や政策の先生方とも身近であり、それらを単なる教養科目ではなく、自らの学部の専門科目として学んでいる。法学研究者が総合政策学科の卒業論文を指導するとは、どういうことなのか――。それを自問自答しながらの２年間であった。ここでは、横田ゼミ第１期生の卒業論文指導を通じて気がついた、法学と経済学、政策学との関わりについてコメントすることで、法学を学ぶ皆さんにも、法学の知見を活かして社会を変えようとするときにどんな壁にぶつかるのかについて考えてもらいたい。

　実際に５人のゼミ生が扱った卒論のテーマは次の通りである。

- 消費者庁と内閣府における子どもの事故情報取り扱いの制度比較
- 性的マイノリティをめぐる法制度、特に同性婚をめぐる現行法制度の問題点と解決策
- 自治体の文化芸術政策とその評価方法について、音楽振興事例の比較
- 出身県における交通弱者問題の現状と解決策の検討
- 雇用政策における外国人、特に介護分野の外国人雇用

なぜこのようなバラエティに富んだ内容と手法になったのだろうか。**その理由はふたつある。ひとつは「専門性は相対的に決まる」ということ、もうひとつは「卒業論文のゴール設定が『提言』にまで行き着くことだったから」である。**後者については次の**(4)**で論じることとして、ここでは前者について説明しよう。

この横田ゼミ第1期生がゼミ選択において考えていたのは、「どんな専門性を持つ教員のもとで卒論を書きたいか」ということであった。つまり、学生はゼミの説明会等を聴いているときに、教員間の専門性を比較し、自分の興味がある分野との関係を探っていた。彼ら・彼女らが興味を持った教員の「専門性」イメージについては、以下の図[*4]で表すことができる。これを、256頁の図と比べていただきたい。

法経学部総合政策学科生のゼミイメージ（筆者作成）

	労働	社会保障	都市	環境	…
経済学	大石			倉阪	
政策学		廣井		
法学	横田				

どちらも、行には学問の方法論が、列にはその対象分野が並んでいる。そう、総合政策学科の学生から見れば、横田は「法学」の教員であり、公共政策の観点からすれば、政策と法が交わるところにはどこでも対応できるという期待があるわけである。そこで、実際の卒論指導でも、社会と法のあり方について知っていることを洗いざらい考え直すことになった。[*5]

[*4] 横田明美「法学部って何だっけ？―法政経学部の教員から」法学セミナー725号（2015年）39-42頁、とりわけ41頁掲載の図を再掲した。

[*5] 法学を勉強した人から見ると、「行政法の先生がそこまでフォローできるのか？」と驚くだろう。私自身も驚きの連続で、たとえば、同性婚について考えるために民法の家族法を勉強し直したりしながら指導することになった。

それは、単に現在存在している法制度を論評することを超えて、これからの未来をどう形作っていくのか、法制度のあり方を検討することにつながっていく。

(4) 立法論の難しさ

明日香	「立法論って、考えたこともなかったです」
ぱうぜ	「未来を作るためには、法学は過去から学んでより良い仕組みを生み出すためにも使えるということを、考えてほしい」
進吾	「規制ばかりで新しいビジネスができないんだ！ なんて風によくやり玉に挙がってて、法学を勉強する学生としては、くやしかったっす」
明日香	「でも、なんでもかんでも規制をなくせ、っていうわけにはいかないですよね」
ぱうぜ	「そう。**なぜいままでの規制ではうまくいかないのか、なぜ新規の立法や制度変更までやらないと解決できないのかを考えるためには、これまでの仕組みがどういう意図で作られたのかを理解する必要がある**よね」
かすみ	「うーん、『実際にうまく動いているかどうか』とか、『どういう風に作ればうまくいきそうか』とか、そういう分析はどうするんですか？」
ぱうぜ	「そこは、ほかの学問分野の力を借りよう。ほかの社会科学分野の知見を用いた現状分析や、それがより良い政策実現にどうつながるかは、ほかの分野も横断して考えるべきだ」
明日香	「未来を作るために、人間の英知を集めないといけませんね」
進吾	「法を『道具として使う』っていうのは、そういうことなんだろうなぁ…」
かすみ	「視点の切り替えは大変ですね」
ぱうぜ	「大丈夫。きみたちは・ひ・と・り・じゃないんだから、・み・ん・な・で未来を作ればいいんだ」

卒論指導のために、教員側も試行錯誤する必要があったもうひとつの理由は、卒業論文のゴールを以下のように設定していたからである。

> 自ら社会問題を見つけ、分析し、できれば解決に向けた提言を行うこと。提言は完成されていなくてもよいが、「提言の方向性」までは示さなければならない。単なる「調べましたレポート」ではなく、「これからどうしたらよいのか」を一言でも述べられるように、行政と法とが交わる課題を見つけてほしい。

　なんらかの提言までたどり着く。これは、総合政策学科のほかの教員やそのゼミ生から、卒業論文についてあれこれ聞いた末にたどり着いた、私なりの「総合政策学科」行政法ゼミの目標である。

　今、法学部に通っている皆さんから見て、この目標設定はどのように見えるだろうか。もし、あなたが12年前の私と同じように法学部生だとしたら、おそらくこんな風に思うだろう。「なんらかの提言につなげることなんて、法学の議論からできるの？」――これは指導教員の私としても、また法学を中心に学習してきた総合政策学科のゼミ生にとっても、難しいことであった。ふたつの異なった観点から、それを説明してみよう。

❶今ある規範や法制度の中で議論するのか、これから新しい規範や法制度を作るのか

　上で見た卒論のテーマは、いずれも「現在問題があると思われていること」についてである。ゼミ生の問題意識は納得できるものであり、「解決のために何とかしなければならない」ということは間違いなさそうである。しかし、いままで法学の講義やゼミで教わっていたのは**「今ある法制度ではどう考えるべきか」という議論が中心だった。それは、法解釈論と呼ばれる考え方からの議論**である。また、法が出てくる局面も、争いが起こった後、「どう紛争を解決すべきか」という紛争解決規範としての法のあり方について学ぶことが多かった。

しかし、法学にはもうひとつの顔がある。それは、**これからどのように新しい規範を生み出していくのか、今ある法制度を変えていくにはどうしたらよいのか、という考え方である。それは、立法論と呼ばれている。**ところが、法学部の講義において、立法論が直接の対象となる講義（たとえば、「立法学」、「法政策学」、「政策法務」など）が行われていることは少ない。千葉大学の法経学部・法政経学部においても、「法案作成」に関する内容は、公共政策の観点から、「政策・合意形成入門」というタイトルの講義にて行われているにとどまる。これは、「法学」の講義としては認識されていない[*7]。なお、担当しているのは環境経済学・環境政策論が専門で、環境庁（当時）で法案策定に関与した経験がある、倉阪秀史先生である。この講義では官僚として関与した経験を踏まえた「法案の作り方」だけでなく、市民参加の実践方法についても解説されている[*8]。

　実際に卒論を書き始めてみると、今ある法制度を前提として、それをどう解釈していくのかという法解釈論の考え方だけでは、今ある社会問題に対する提言にはなかなかつながらない。実際、横田ゼミの1期生の多くは「卒論提出50時間前なのに終章が書けない」というギリギリの状況にまで至ったが、それは彼ら・彼女らが怠惰だったということでは決してない。おそらく、法解釈論の世界から立法論の世界に一歩踏み出すために、視点変更をどのように行えばよいのかがわからなかったのである。この視点変更は、多くの法学学習者にとって難しいことなので、読者の皆さんもぜひ意識しておいていただきたい。

[*6]　この3つの関係については、大森政輔＝鎌田薫（編）『立法学講義【補遺】』（商事法務・2011年）第一章第三節「立法学」と「政策法務」、「法政策学」〔加藤幸嗣〕とそこで紹介されている文献、特に、平井宜雄『法政策学―法制度設計の理論と技法〔第2版〕』（有斐閣・1995年）等を参照のこと。

[*7]　法経学部においては総合政策学科の、法政経学部においては政治学・政策学コースの科目だという認識がされている。

[*8]　講義内容の詳細については、倉阪秀史『政策・合意形成入門』（勁草書房・2012年）に詳述されている。

❷現状分析のために異なる専門知を読み解く必要性

　もうひとつは、異なる専門知から書かれた文献をどのように読み、取り扱うかということであった。現実社会の問題点を分析するには、法学だけでは足りず、経済学や社会学、政治学等の知見もフル活用しなければ、「何が問題となっているのか」を説明できないからである。

　たとえば、上述した「交通弱者」についての議論では、生活圏を自由に移動することが難しい「交通弱者」の存在を明らかにするには、その地域での交通網の利用状況や、公共交通システムのあり方について検討することが不可欠となる。そのためには、統計を用いて比較検討したり、需要と供給を数値として示すという作業が不可欠なものとなる。また、調査報告書がどのような形でどこに存在しているのか、それは信用に足るものなのか、自分の議論との関係で用いてよい資料なのかどうかなども判断しなければならない。

　そのためには、仮に自分自身はその調査を実地で行わないとしても、社会調査のやり方や分析枠組みの提示など、経済学や社会学で用いられている手法についても、その基本的枠組みを知っておかなければならない。

　このふたつの難しさは、相互に関連している。つまり、**法解釈論の世界から、立法論の世界に足を踏み入れると、「なぜ変えるのか」という問いに対して真剣に答えなければならなくなる。しかし、そのときには法解釈論だけでは足りず、ほかの社会科学の知見も活用して、「なぜ現状ではダメなのか」について説明しなければならない**、というわけである。たとえば、交通弱者を視野にいれた法制度改革を提言することを目標にした卒論を考えてみよう。この問題点を考察する際には、現在の法制度における規制（道路運送法の許認可の仕組みなど）のあり方を検証したうえで、その至らない点を指摘することになる。至らない点を指摘し、解消するためには、ほかの社会科学の知見（交通経済学の知見や統計分析など）を活用して、「立法事実」を示す資料を作る必要がある、といった具合である。

皆さんは、法学の講義で法解釈論を学ぶとき、教科書等で「法の趣旨からすれば…」という言葉遣いを目にすることがあるだろう。また、○○法が平成○年改正でこんな風に変わった、という説明を目にしたこともあると思う。いままでは、それらの記述について「へえ、そうなんだー」と読んでいたかもしれないが、その過程にはどんなことがあったのかを想像してみてほしい。

　新たな法令（法律・条例だけでなく、その下位にある命令（政令・内閣府令・省令等）も含む）を作るときや改正するときには、**立案過程や立法過程において「なぜいままでの制度ではダメなのか」を説明しなければならない**。つまり、「制度設計」の観点から、あるべき姿を想定し、それに至るにはどのように法令を組み立てればよいのだろうかということを考えなければならない。

　また、**作った法令がちゃんと守られるか（遵守することが現実としてできるか）、守らせることができるか（執行を確保できるか）も視野にいれなければならない。法は、ただ作るだけでは意味がなく、みんなが守ろうとする、守ることができるからこそ、社会制度を実現する道具として機能するから**である[*9]。

　読者の中には、「そんなの当たり前じゃないか」と思う方もいるかもしれない。しかし、法学を学んでしばらくたって、「法学＝法解釈論」のイメージが染みついてくると、「政策実現の手段として法を作る」という視点が抜け落ちてしまいがちになる。「今あるルール」についての説明やそれを前提とした利害調整について学ぶだけだと、変革が必要だというときにまで「いままでこう決まっていますから」とか、「何か先例はないだろうか」と考えてしまいがちになる。

　もっとも、「今ある仕組みがどうしてそうなっているのか」、「この仕

---

*9　政策研究の分野において、行政法学の研究者による「政策実施」を論じた本として、大橋洋一（編）『政策実施（BASIC 公共政策学 6）』（ミネルヴァ書房・2010 年）がある。特に第 1 章「政策実施総論」〔大橋洋一〕は、いままで法律学と政策論との関係がどうであったのか、同書の目論見はどんなところにあるのかを説明している（特に 13-16 頁）。

組みでは本当に解決できないのか」という点をきちんと議論しておかないまま、「制度が悪いんだ、こう変えるべきなのだ」という議論ばかり振り回すのもまた、大変危険である。**現行法制度ではうまくいかないことをきちんと突き詰めて限界を明らかにしてから、なぜ新規の立法や制度変更によらなければそれが解決できないのかを考える**[*10]**という手順を踏むことが大事である。**ある事例から見れば一見不合理に見える規制も、もともとはそれなりの理由があって構築されているということが多い。ならば、いままでの考え方ではどうしてダメなのか、解釈の限界を示してからでなければ、かえって「新立法」や「変更」が、変更前はもともと対応できていた弊害をむしろ再発させてしまうことだってありうるからである。

　私自身、この「立法論」の難しさについては、明快な答えを有していない。そこで、ゼミ生に指導するうえで常に意識していたことを、教員目線からも説明することにしたい。それは、特定の問題領域について、法学の知見をひとつの軸としながら、ほかの社会科学ではどのように捉えられているのかを参照しつつ、議論をまとめてほしいということである。ある社会問題に対してどのようなアプローチがあるのかを、まずは法学分野全体を見据えながら探すこと。そして、それに加えて、絞りに絞ったキーワードに沿って、手に入れることができるものであればすべて集め、学問分野を飛び越える勇気を持って文献を片っ端から集めてみよう。

　興味がある事柄については、学問分野という「島」に橋をかけて、ほかの「島」まで探し歩いてみよう。卒論指導を通して成長したゼミ生の姿を見る限り、卒論を書くために取り組んだことは、ゼミ生にとって「いままで習ってきた法解釈論を、社会を変えるためにはどうすればいいのかと考えるときに、問題と結びつけるための糸口」にはなっ

---

*10　私自身がそれを試みた例として、横田明美「ロボット・AIの行政規制」弥永真生＝宍戸常寿（編）『ロボット・AIと法』（有斐閣・2018年）103-130頁。

ていると思う。上で述べたことからすれば、**法解釈論を立法論にまでつなげるためには、ほかの社会科学分野（たとえば経済学）の知見を用いた現状分析が必要であり、それはより良い政策実現（これは政策学が目指すものである）のために必要な「道具としての法」を生み出していくために不可欠な作業である。**

> **まとめ**
> - 学習で得た知見同士を結びつけて考えてみよう
> - 分野を飛び越えて知見をまとめてみよう
> - 法解釈論から立法論に頭を切り換えるための練習をしてみよう

column…9
分野を越えるためのブックガイド

「社会科学分野を横断する」ことについて、実際に試してみたい学生のために、参考となりそうな本を3点紹介しよう。

1．神戸大学法学部・経済学部の連携講義を追体験する

柳川隆＝高橋裕＝大内伸哉（編）『エコノリーガル・スタディーズのすすめ――社会を見通す法学と経済学の複眼思考』（有斐閣・2014年）は、同じ社会問題について、法学の先生と経済学の先生がそれぞれ解説するという、神戸大学法学部・経済学部連携講義を再現したもので、同じ事柄を経済学と法学のふたつの視点で見る「複眼思考」を勧める本である。同書では、法学のふたつの側面（法解釈学と立法学）があることを意識しつつも、法解釈論のロジックが経済学の分析でも正当化しうるものなのかどうか、経済学で得られた知見をうまく反映させた法制度設計（立法論）はありうるかについて、個別のテーマ（知的財産法、会社法、独占禁止法、労働法、社会保障法、民法（契約・不法行為）、環境法）ごとにかなり詳しく紹介されている。なお、巻末の「付録 経済学の基礎知識」が大変ありがたい内容になっていることも付言しておく。

2．労働について、法・経済・政策を考える

『エコノリーガル・スタディーズのすすめ』の第4章（労働法）が気になった方は、ぜひ、大内伸哉＝川口大司『法と経済で読みとく雇用の世界――これからの雇用政策を考える〔新版〕』（有斐閣・2014年）をあわせて読むことを勧めたい。こちらは一冊まるごと、労働問題について、法と経済両面から考察し、そしてあるべき労働政策はどのようなものか、について考えることを意図して編まれた本である。千葉大学法経学部・法政経学部では、労働経済学の大石亜希子先生のゼミと労働法の皆川宏之先生のゼミで一部「合同ゼミ」として、本書を教材にしたゼミを行っているとのことである。

すでに労働法を学んだことがある私から見ても、労働経済学ではどのように考えるのか、それは労働政策全体との関係ではどのよう

に位置づけられるのかについて新たな視点が得られた。

3．「法解釈学」と「法政策学」を架橋する

北村喜宣『環境法（有斐閣ストゥディア）』（有斐閣・2015年）は、「法学をまだ勉強していない、高校を卒業したばかりの大学1年生に、環境法を教えるにはどうしたらよいのか」という観点から書かれた環境法の入門書である。[*11]

本書の特徴のひとつは「法解釈学」と「法政策学」を架橋することである。本書5-6頁では、環境法が（ほかの法学科目と比べ）きわめて問題解決指向的であることを指摘している。その意図は、「環境保護にとってちょっと困った行動をしている人の意思決定を変える。そのための仕組みを、環境法は規定します」（同書6頁）という表現からもうかがえるだろう。

各章の構成も、ただ現状の法規制を述べるのではなく、高校までの知識を入り口として、法規制の経緯と発展を、入門書とは思えないほど踏み込んで説明している。本書46頁には、ばい煙規制法案をめぐる厚生省（当時）と通産省（当時）の駆け引きについて、立案担当者のコメントも交えながら、かなり踏み込んで批判的に解説をしているので、ぜひご確認いただきたい。「今ある法制度を、解釈論を尽くしたうえで疑う」というのはどういうことなのかが、入門者にもわかる形で具体的に示されていることに、きっと驚くだろう。

---

*11 実は、本書については、著者本人との対談を行っている。北村喜宣＝横田明美「【対談】自著を語らせる―環境法教師からみたストゥディア『環境法』」書斎の窓 2016年1月号（643号）4-10頁。

22 学んだ後はどうするの？
自分の未来の作り方

ついに進吾くんと明日香さんの卒業式がやってきた。ぱうぜ研究室での対話もこれで終わり。しめくくりに4人は、自分の未来の作り方を考える。

（1）すべて地続きのこの世界で

進吾　「センセ、ついに俺たち、卒業です…。いろんな事がありましたね、この研究室で」

明日香　「センセ、最後の質問いいですか…？」

ふたり　「卒業にあたって、この先心がけておいた方がいいこと…『贈る言葉』ください！」

ぱうぜ　「おお、ついにこの日が来たか…。そうだね、これはこの研究室でのやりとりすべてで言いたかったことでもあるんだけど…」

かすみ　「へ、この研究室でのやりとりすべて、でですか」

ぱうぜ	「それはね、『大学での学びとこれからの人生は、地続きだ』ということだ。この世界は、どこまでも地続きなんだよ」
進吾	「どういうことっすか？」
ぱうぜ	「大学教員になったばかりの頃。別に私は『教え方』を学んだうえで教員になっているわけじゃないからね。君らから飛び出してくる質問に、どうしたものか、けっこう悩んだんだ」
明日香	「その節はおさわがせしました・・・」
進吾	「でも、センセはやっぱ最初っからセンセでしたよ」
ぱうぜ	「もし、そういうことなら・・・きっと、**『大学や研究で得た学びは、社会に出てもつながっている』**ということなんだよ。私自身は、君らよりは10歳年上でさ・・・。大学を卒業してから、いろんなことがあった」
かすみ	「ブログメディアで執筆するきっかけになったことも、大学卒業してからのつながりなんでしたっけ」
ぱうぜ	「そうなんだよね。会社員として働く皆さんといろいろ意見交換してみたら、私のささやかな教員としての経験からしても、『大学生に教えることと、社会人初心者が悩むことってかなり共通してるんじゃないか』と思ったんだ」

　大学を卒業した後も、大学で学んだことは活かせるのだろうか。実は、私自身は、本書で書いたことを大学で教わったわけではない。なので、答えはイエスでもありノーでもある。確かに、大学のカリキュラムの中にこれらの事柄があったわけではない。まして、法学部出身で、卒論すら書いていないからだ。

　しかし、「大学での学びが社会人になってからも役に立つ」ということは、自信を持って言える。大学を卒業する前の読者の皆さんには想像がつきにくいかもしれないが、後から考えてみると、これってこういうことだったんだ、という事柄がとても多いからである。

　おそらく、大学を卒業して、自分の進路を歩み始めて、そこではじめて気がつくことが多いのだと思う。「卒論書いておけばよかった」と

思うこともたくさんあった。実際、本書のもととなったブログを掲載していたブログメディア「アシタノレシピ[*1]」でのブロガー仲間たちは、「時間の使い方や自分の学び方を見つけることがいかに大事かという点について気がついたのは、会社員になって働き出してしばらく経ってからだった」と言っていた。

　研究室にいると、そんな若い時の悩みや苦悩を、学生が改めて提示してくれる。本書で示したように学生に対して答えることができるのは、自分もかつて似たような悩みをかかえていたからである。

（2）法学を学んで身につく視点

進吾	「それじゃ、『法学を学んで良かった』っていうことも、卒業してから気がついたんですか？　俺、実は今のところあんま実感がないんですよ」
明日香	「それ、あたしも心配なんですよね…。お父さんも『法学部を卒業したけれども、法律のことなんて忘れてしまった』とか言ってますし」
かすみ	「進路、迷ってるんですけど、法学部を出ても法曹にならなかったら、法学部で学んだことは無駄になっちゃわないですか？」
ぱうぜ	「うん、私の先輩もね、卒業してからこの文章を読んでようやく気がついたって言ってるんだ。読んでごらん」
かすみ	「末廣厳太郎（すえひろ・いずたろう）先生って、昔の東大法学部の先生ですね」
明日香	「…ちょっと難しいなあ」
ぱうぜ	「法学を学ぶと、公平に問題を解決するための力がついてるよ、ってことなんだ」

*1　「アシタノレシピ」〔https://www.ashi-tano.jp〕とは「明日を楽しく！」をモットーに、日々の仕事やプライベートを楽しくするためのちょっとした工夫やコツ、考え方を紹介するブログメディアである。

進吾	「しかも、**基準がないときでも、多数の利害関係者を公平に扱い、またこの後同じようなことが起きたときにも対応できそうな新しい道筋をつけることができる**…か。本当にそんなこと、できるのかな」
ぱうぜ	「もう一度よく、考えてごらん。今すぐだとわからないかもしれない。でも、大学を出た後、トラブルに直面したときに、どうしたらいいかを考えたとき、法学的な見方が、君たちの力になるかもしれない」
かすみ	「そんな日が来るのかな…」
ぱうぜ	「まあ、私の先輩も卒業してからようやく『ああそういうことだったのか』って目から鱗が落ちた、って言ってた。きっとわかる日がくるはずさ」

　法学部を卒業しても、一体何の役に立つのか。法律を使う専門家にならないと、意味がないのでは——。こんな疑問は昔からあったようで、末弘厳太郎のエッセイ「新たに法学部に入学された諸君へ」でも取り上げられている。すでに第Ⅲ部（3年生編）⑩ **(1)** で紹介したように、これらの疑問に対して末弘先生は、法学教育の目的を、「広義の法律家」、つまり「法律的に物事を考える力」のある人間を作ることにある、と指摘している。何のために「一定の基準」はあるのか。参考になりそうな規則や先例がいままで存在しない場合にはどうしたらよいのか。**法学を一通り学んだ皆さんであれば、そんなときにでも、多数の利害関係者を公平に、またこの後同じようなことが起きたときにも対応できそうな新しい道筋をつけることができる、そのような力がついているはずである。**末弘先生の言葉は、今なお心にしみる価値を持っている。

　とはいえ、ここまでお読みの皆さんにも、「はたして、自分にそんな

---

*2　末弘厳太郎「新たに法学部に入学された諸君へ」末弘厳太郎（著）／佐高信（編）『役人学三則』（岩波書店・2000年）151頁（初出、法律時報9巻4号（1937年））。

力がついているのだろうか」といぶかしむ方が多いかもしれない。しかし、「法律的に物事を考える力」というのは、一見してわかるような特殊能力というものではなく、各人の考え方に深く染みついているものである。

　私自身のことを振り返ってみると、他者と協働して仕事をしていくうちに、自分の思考様式や方針決定の際に、末弘先生の言うような「考え方」が知らず知らずのうちに身についていることに気がついた。価値観のレベルで染みついた考え方であるから、それは法学を学んだその時点からうまく使えるというものではない。私も、人生の中で様々な活動をしてみてはじめて、自分の持っている力に気がついて、そこからは意識的に気をつけて使うよう心がけている。ここからは、大学や法科大学院を出た後のキャリアについて、私なりに考えたことをお伝えしたい。

(3) キャラメイキングを考える

進吾　「本当に、法曹以外の職業でも法学で学んだことって活きるんですか？」

明日香　「それ、ほんと気になります。あたし、法律を使う場面なんてないかもしれないので…」

ぱうぜ　「そうだねえ…。君たち、スペシャリストとジェネラリスト、ってわかる？」

明日香　「ええと、『専門家』と『何でも屋』ですか？」

ぱうぜ　「うーんと、ちょっと違う気もするけど…。**ジェネラリストとは、広く浅く様々な分野についての見識がある人のことを指し、スペシャリストとはある特定の領域について専門的な能力を持っている人のことを指すのが一般的**だね」

かすみ　「どちらを目指すべきでしょうか？」

ぱうぜ　「うーんと、はっきり言うと、**どっちか一方を選ぶっていう**

考え方ではなく、**両方の視点を持つことが大事だ**ね」

進吾 「え、どういうことですか？　俺、バリバリの知的財産専門の弁護士になりたいんすけど…」

ぱうぜ 「おお、スペシャリスト志望、なんだね。そうだなあ…。みんな、RPGゲームってやるよね？　複数のキャラクターがチームを組んで戦うって感じのやつ」

明日香 「はい、4人パーティを組んでやったりしますよね」

かすみ 「その話と、一体何の関係があるんですか？」

ぱうぜ 「まあモノのたとえだから。RPGだと、主人公たちのパラメータや職業を選んで、育成できるものもあるよね。キャラメイキングって言うんだけど。さっきのスペシャリストとジェネラリストって、こういうゲームにもあてはまるよね」

進吾 「ちょうど俺がスマホの待ち受け画面にしてるキャラクターはバリバリの格闘家っすね。素早さが高くて、物理攻撃の連続攻撃が強みっす」

明日香 「あたしが好きなキャラはひとりでなんでもできますよ。剣も持てるし、回復魔法も攻撃魔法も中級までなら撃てますし」

かすみ 「明日香先輩のお気に入りって、典型的な勇者キャラですもんね…。でも、賢者さんに比べると、魔力を上げる杖が使えない分、魔法が弱いですよね」

明日香 「ぐぬぬ。でも、育て方次第では…」

ぱうぜ 「まあまあ。現実の世界ではきちんとしたシステム化はされていないけれども、**『どんな立場で何をしたか』という経験を積むことで、いろいろできることが広がっていくという点**はよく似ているし」

進吾 「なるほど、自分を育成していくゲームみたいだな」

ぱうぜ 「それだけじゃないよ、**何かをするときにはどこかしらで他者とのつながりを持つ**という点も似ているんだ」

㉒　学んだ後はどうするの？
自分の未来の作り方

キャリア・プランニングについて語るときによく出てくる言葉として、「ジェネラリスト」と「スペシャリスト」という区分がある。ジェネラリストとは、広く浅く様々な分野についての見識がある人のことを指し、スペシャリストとはある特定の領域について専門的な能力を持っている人のことを指すのが一般的である。ときおり、**「ジェネラリストとスペシャリスト、どちらを目指すべきだろうか？」**という悩みを持つ人に出会うことがある。しかし結論を先取りして言えば、私は**「どちらか一方だけを選ぶという考え方ではうまくいかない」**と考えている。そのことを、やや迂遠ではあるが、ロールプレイングゲーム（RPG）のたとえで考えてみよう。

　私はいわゆるロールプレイングゲーム（RPG）が大好きで、『ドラゴンクエスト』や『ファイナルファンタジー』シリーズ、特にそれぞれの第4作目から第6作目がお気に入りである。この手のゲームによくあるシステムとして、「ジョブ」とか、「スキル（アビリティ）」という概念がある。「ジョブ」は文字通り、そのキャラクターが現在ついている職業で、たとえば戦士、武闘家、魔法使い、僧侶、踊り子、商人、盗賊などがある。スキルというのは、ジョブを鍛えていくと身につけていく能力で、たとえば魔法使いであれば魔法を覚えたり、盗賊ならば鍵開けができるようになったり、というようなものである。ゲームによっては「転職」システムがあり、転職後も転職前に得たスキルを引きつぐことができるものもある。たとえば、僧侶を経験して回復魔法を覚えてから踊り子に転職すれば、踊りでパーティメンバーを援助しつつ、けが人が出たらすばやく回復魔法を唱えることができるという大変有能なサポート役として活躍することができる。このように、**一定の方針を持ってキャラクターを育てていくことを、キャラメイキングと呼ぶ**ことがある。

　またRPGの多くは、パーティシステムを採用している。4〜6人程度のチームを組んで、冒険の旅に出かけるというものである。たとえば、戦士（物理攻撃が得意）、盗賊（鍵開けなどダンジョン探索の便利スキ

ルを持っている)、僧侶(回復魔法が得意)、魔法使い(攻撃魔法が得意)というパーティならば、安定した冒険の旅が続けられそうである。

　なぜいきなり RPG の話をしたかというと、キャラメイキングとパーティについて考えてもらいたいからである。**現実の世界ではきちんとしたシステム化はされていないけれども、「どんな立場で何をしたか」という経験を積むことで、色々できることが広がっていくという点はよく似ているし、何かをするときにはどこかしらで他者とのつながりを持つという点も似ている。**

　ちなみに、皆さんから見れば大学教員は何をする職業なのかよくわからないかもしれないが、「場面ごとに必要なスキルが変わる」というけっこうめまぐるしい職業である。講義であれば「講義内容を決めるための文献調査をする」、「配付資料を作る」、「人前であがらず、飽きさせずに話をする」などというコマンドが登場して、それに応じた「法学を教える人」スキルとでもいうべきものが必要となる。大学内での役割をこなそうと思えば「様式に沿って文書を作成する」、「ほかの教員・職員と協力して〇〇委員会の課題について取り組む」というコマンドが登場して「一般事務」・「組織内連絡調整」スキルなどが必要になる。また、学生との面談だけでなく、出版社や官公庁の人と打ち合わせをしたりと、「対人面談」スキルも必要になる。もちろん研究もしているから、私であれば「行政法」・「環境法政策」・「ドイツ法」スキルを使ってドイツや EU の環境法政策に関する論文を読んだり、ときには「情報法」・「民法」・「刑法」スキルと「平易な文書作成」スキルとを組み合わせて、新聞に寄稿する書評記事を書いたりする。

　これらのスキルはどうやって身につけたのかを思い返してみよう。「行政法」「民法」「刑法」などが、法学部・法科大学院での勉強とそれ以降の研究生活で培われたものであることは、おわかりだろう。必要に応じて勉強し直すこともあり、そのときには本書第Ⅲ部(3年生編)で述べたインプット方法を今でも用いている。「法学を教える人」スキルの基礎は法学部の学生時代、民法の少人数ゼミで報告をしたときの

レジュメ作成からスタートしている。[*3]「組織内連絡調整」スキルの基礎は非常勤研究員として働いていたときに身につけたように思う。また、「対人面談」スキルは中華レストランのアルバイトを長く続けていたときに、お客さんとのコミュニケーションの中で鍛えられた。最後の「平易な文書作成」スキルは、ブロガーとしての活動で身につけた。

このように、現実世界での「ジョブ」というのは単に職業そのものだけではなく、アルバイトや趣味での経験も含まれている。様々なジョブを経験することで、多様なスキルを身につけることができたと思う。

(4) 専門性は相対的

ぱうぜ 「進吾くん、もし、その格闘家とパーティを組むメンバーが、盗賊と戦士と商人だったら、何か困ることはないかな」

進吾 「物理攻撃が効かない敵が来たらピンチっすね…。あ、でも大丈夫っすよ、このキャラクターの手甲は伝説の武具で、道具として使えば炎の弾が出るから倒せます」

明日香 「なかなか考えられた装備ね。でも、本職の魔法使いの火力にはかなわないんじゃない? あと、回復魔法もないんじゃ、ボス戦だと持ちそうにないし」

進吾 「ぐぬぬ…。その場合は、薬草をたくさん安く仕入れて買い込んでおくとか…。なんか意地悪な設定だな。そんなパーティの組み方しないっすよ」

ぱうぜ 「いやいや、バランスが悪いパーティって、現実ではときどきあることなんだ。メンバーの向き不向きを考えると欠けているポジションがある。本当はもっと向いた職業があるかもしれないけども、**このメンバーの中では『一番向いてるのは私かも』と思ったのなら、それを頑張るしかない**んだ」

進吾 「んなこと言ったって、明日香ちゃんが好きな勇者キャラも、

[*3] 少人数ゼミから得たスキルはとびぬけて多い。法学におけるアウトプットの訓練という意味で非常に大きな意味を持っていることに改めて気がつかされる。

	そんなに魔法使えないぞ。すぐに魔力切れるはず」
明日香	「でも、もし魔法使いがいないパーティだったら、勇者は『一番の魔法の専門家』になるよね。だったら魔力回復薬をたくさん買い込んででも魔法撃ちまくるしかないよ」
かすみ	「なるほど。進吾先輩の『格闘家の炎の手甲』はスペシャリストが自分の穴を埋めるための方策だし、明日香先輩の言う『魔法攻撃を頑張る勇者』は、専門家がいないときにジェネラリストが頑張るときの例ですね」
ぱうぜ	「そういうこと。実際の世界では、頻繁にパーティが組み替わるし、敵もいろんなタイプがいる。スペシャリストかジェネラリストかはけっこう相対的に、周りとの状況で決まるし、思い込みは良くないってことさ」
明日香	**「このパーティでこのダンジョンだと自分に何が求められているのかな、って考える必要があるんですね」**
進吾	「そっか…。俺がなりたい知財弁護士にしても、音楽業界の紛争については自分よりも詳しい人はいくらでもいるだろうし、知財弁護士だって事案によっては金融法とか刑事法がわからないとダメってこともあるでしょうしね」
ぱうぜ	「むしろそういう分野の専門を持てば持つほど、アーティストとか経営者など、他分野の専門家とやりとりすることが増えるから、『法学』全体についてのジェネラルな視点が求められるだろうね」
明日香	「専門家同士のコラボでは、ジェネラリストとしての視点がいるんですね」
ぱうぜ	「また知財弁護士の中でも、ある特定の産業分野に知見がある人とか、ある国との国際取引に強い人とか、弁理士も兼ねてる人とかもいるしね」
かすみ	「専門家の中にもさらに専門があるんですね…」
ぱうぜ	「そう。**プロの中でも得意分野が違ったりするから、お互いの得意分野を知ってることが大事**なんだ」

進吾	「魔法使いって言ってもいろいろあるから…『このボス敵は弱点属性の魔法が撃てる人じゃないと適切な方策がとれない』のなら、無理しないでその人にお願いするなんてことも考える、ってことですね」

　いままでは魔法使いがいたから魔法しか効かない敵は彼にまかせていたけれども、パーティの組み替えが起こって、苦手だけれども勇者がなんとかするしかなくなった——。このように、パーティの組み替えが起こったとたん、いままで求められていた役割とは違う役割を期待されるようになることがある。

　現実世界では、思った以上に頻繁にパーティが組み替わる。転職をしなくても、新しいプロジェクトが立ち上がることもあるし、人事異動で配属先が大きく変わることもある。場合によっては取引先や顧客と一緒にモノを作るなんてこともあるだろう。それらも広い意味でのパーティであるとすると、上述の「勇者」に起きたことは、実は皆さんにもよく起こることなのである。

　私の仕事の中で、最も「パーティの組み替え」というイメージに近いのは、各種の委員会等に参加するときである。

　たとえば、私は理工系の研究科での生命倫理審査を行う委員会に、「法律系」委員として参加している。ヒトに関わる研究を行う前に、問題がないかどうか生命倫理の観点から審査することが、この委員会というパーティの課題である。委員はほかに6名いるけれども、医学・理工系を専門とする研究者であり、法学の委員は私ひとりしかいない。この状況下で、私は狭義の専門である行政法とは直接関係がない、どちらかといえば民法や刑法に関する事柄であっても、法学に関連することであれば、すべてコメントをしなければならない。法学的な問題点を拾いきれるかどうかは、もっぱら私の判断にかかっているのである。

　他方で、文字通り「行政法の研究者」であることを期待されるパーティもある。2016年4月1日から施行された改正後の行政不服審査法では、国・地方公共団体に「行政不服審査会」をおくことになってい

る。私も千葉県船橋市・佐倉市において行政不服審査会の委員としての仕事を受けている。ほかの委員は弁護士や行政書士等の実務家であり、研究者は私しかいない。そうすると、この審査会においては私には行政法の研究者として広く深い見識があることが求められており、実務的知見を有するほかの委員と協力しながら、行政法学の観点から深く切り込むことが期待されていると言えるだろう。

　スペシャリストを目指すべきか、ジェネラリストを目指すべきかという問いに対して、その問い自体があまり意味がないかもしれないと思うのはこのような理由である。専門性は相対的に決まるので、自分が専門だと思っていることを常にまかされるとは限らないし、そのときどきに応じて最善を尽くさなければならないからである。

(5) 横に手を広げ、縦に根を伸ばす

かすみ　「ゲームでも、現実でも、頻繁にパーティを入れ替えるんですね。どうしたらいいんでしょう…」

明日香　「センセ、大学教員って専門家ですよね？ スペシャリスト中のスペシャリストだと思うんですけど、実際には倫理審査委員とかも含めて、いろんなことやってますよね」

ぱうぜ　「ほんと、こんなお仕事があるなんて思いもしなかった、というものがけっこうあるんだよね。専門性の幅がいろいろあるというか。『法学』全体を代表しないといけないときもあるし、かと思えば『義務付け訴訟の専門家』としてお呼ばれすることもある[*4]」

明日香　「それどころか、飲み会のセッティングとかもよくやってますよね、お店に電話してるの聞いちゃいました」

ぱうぜ　「研究会や学会のつきあいもあるからね。そのときは、ウエイトレスバイトの経験がとっても役に立つよ」

---

*4　博士論文のテーマであり、行政法研究者の中でも私の専門領域と言える分野である。このように、研究者同士ではさらに専門性が細分化している。

かすみ	「どうしてですか？」
ぱうぜ	**「頼み事をするときに大事なのは、『相手がどんなことができそうか』を知っておくこと**なんだ」
明日香	「あ、さっきの、得意なメンバーにまかせるときってことですか？」
ぱうぜ	「うん。自分がやるよりも、相手にまかせた方がよい場合はどういう場合なのか。お願いするときにはどんなことを伝えておくとスムーズなのか。少しでも経験があったり、ポイントだけでも学んでおくと、頼み事もうまくなるんだ」
かすみ	「それじゃ、そういう視点を身につけるためにジェネラリストになるべきですか？」
ぱうぜ	「うーん、そうとも言い切れない。**自分の持ち味を中長期的に鍛えておくことも大事**だよ。『この課題についてはかすみさんを呼んでおこう』っていう感じでお声がかかることもある。さっきの『義務付け訴訟』が良い例だね」
かすみ	「それってまさにセンセの専門じゃないですか…。そんなこと、できるかな…？」
ぱうぜ	「…できると思うよ。自分の中の関心事を大事にして、ずっと追いかけ続けることで身につくこともあるから。君たちならできるさ」
明日香	「さっきの話とつなげると、**『横に手を伸ばすのと、縦に根を下ろすのを両方やる』**ってことですね」
ぱうぜ	「うまくまとめたね。ぜひそうしてほしい。そういう気持ちでいれば、良い仲間を引き寄せられるもんだよ」
進吾	「そうか、やってるうちに、『ここがおまえの強みじゃね？』と仲間の方が気がつくことも、あるかもしれないな…」

　おそらく、どんな職業にも、どんな仕事にも、パーティの組み替えは頻繁に起こる。そうであるならば、私たちはどうすればよいのだろうか。パーティメンバーに頼み事をするときに一番必要なことは、「頼

み事をする相手がどんなことができそうなのかを知っておくこと」であったりする。自分がやるよりも、相手にまかせた方がよい場合とはどんな場合なのか。相手にまかせるにしても、どんな情報があればスムーズにお願いできるのか。そういう連絡調整のためには、世の中にはどんなスキルがあるのかを知ろうとする心構え（場合によってはちょっとだけ自分も試してみる勇気）が必要になる。前述の RPG におけるパーティのたとえでも、戦士や武闘家が「魔法」というものについてあまりよく知らなかったら、魔法には魔法力（MP）消費が必要だということもわからずに、「とにかく派手な魔法を」などと無理な依頼をして、不和の原因になってしまうかもしれない。

　それでは、ジェネラリストをひたすら目指せばよいのかというと、そのような考えもまた間違っている。**いろいろなメンバーと仕事をしていくためには、自分の持ち味を中長期的に鍛えておくことも必要**だからである。日々移り変わる世の中で必要とされるすべての事柄に精通することは絶対にできない。だからこそ、私たちは課題ごとにパーティを組んで問題に取り組む。関心のある事柄をずっと追いかけ続けることでようやく身につくスキルもあるし、「この事柄については学ぶべき過去の議論も最新の情勢も知っている」という分野がひとつふたつあれば、「その分野についてはあの人をパーティに入れよう」とお声がかかる機会もまた増えていく。通常スペシャリストに分類されると思われていない職業であってもこれは同じである。**自分の専門という、縦に深い根を張っていくイメージ**である。

　なお、ここでいう自分の持ち味、自分の専門は「ひとつのジョブだけを鍛える」こと以外でも見つけられる可能性がある。[*5] ジョブチェンジも織り交ぜて、様々なジョブやスキルの組み合わせを試してみると、有効な使い道が見つかることもあるからである。**「この組み合わせを**

[*5]　対話文で述べたように、実は、私に「研究会後懇親会のセッティング」について質問してくれる研究者の方が意外と多い。それは、「研究者業界によくある作法を知りつつ、レストラン業界にも詳しい」というところが重宝がられているようである。接待にも使われるレストランでのウエイトレスとしてのアルバイト経験が活きた例である。

用いることができるのは自分だけ」という専門性を身につけるのも、**立派なキャラメイキングである**。ここでの「ジョブチェンジ」は、必ずしも「転職」を意味しない。新たな役割を担ったり、自学したりすることで、新しいスキルを得ることもできるからである。パーティの組み替えにあわせて、自分の新しい役割を見つけるのもいいだろう。

　いろいろなパーティを経験し広くスキルを鍛えつつ、自分の持ち味を深く鍛える。次々と組み変わるパーティの中で、期待されている役割をこなしつつ、「自分の持ち味はなんだろう？」という視点も忘れないようにする。スキルを組み合わせて、新たな持ち味を探してみる。ひょっとすると、いままで自分が「専門」だと思っていなかったスキルも、「ほかの人から見れば優れている」ということもあるかもしれない。いままで自分の中で埋もれていたスキルも、有効な使い道や面白みがちょっとしたきっかけで見えてくることもある。新しいパーティを組むときは不安がつきまとうものだけれども、そこでの経験は自分の持ち味を見つけるヒントになることがあるから、恐れずに飛び込んでみてほしい。

(6) ジェネラリストとスペシャリストを往復する

かすみ	「センセ、こういう考え方の具体例とか、ありませんか？」
ぱうぜ	「そうねぇ…。任期付公務員として弁護士が公的機関で働いているの、知ってる？」
進吾	「はい、センセが貸してくれた『公務員弁護士のすべて』っていう本に載ってましたね」
ぱうぜ	「この本、誰の立場で読んだ？」
進吾	「え、そりゃ、俺は弁護士になりたいんで、弁護士側の観点で読みましたけど…」
明日香	「あたしはどっちかっていうと、『あ、今は同僚として弁護士がやってくるってこともあるのね』っていう目線ですね」

かすみ	「明日香先輩は、組織の中の、法曹資格を持っていない職員目線ですね」
ぱうぜ	「この本に書かれた内容を、その**ふたつの視点——つまり、スペシャリストとジェネラリストの立場で読んでみてほしい。ふたりとも、逆側の視点を持ってみるんだ**」
かすみ	「そうかぁ…。進吾先輩が弁護士になって、明日香先輩の働く公的機関に任期付きでやってきたとして、そのときどんなことを考えるか？ ってことですね」
ぱうぜ	「法律を学んだことがあるといっても、特別な資格を持っているわけではない職員である明日香さんは、確かに法律の専門家ではない…かもしれないね。でも、そのときは、スペシャリストである進吾弁護士と、ほかの職員との橋渡しをする立場になるんだ」
進吾	「…ちょっと演じてみますか…。『た、頼むぜ…この組織のことは俺、何もわからん…』」
明日香	「そっか、あたしの活躍次第で、進吾くんが腕を振るえるかどうかが変わるんですね！ けっこう重大なお仕事だなあ」

　少し抽象的な話が続いてしまったので、以上で述べたことを考えながら読んでみていただきたい書籍を紹介しよう。

　皆さんも、司法制度改革以降、様々な組織の中で働く弁護士がいることを聞いたことがあるかもしれない。その中には、官公庁の中で任期付公務員として働く弁護士もいる。しかし、彼ら・彼女らが、どうしてその道を選んだのか、組織の中で何をしたのか、そして任期が切れて組織を離れた後はどんなことをしているのかは、あまり知られていない。

　岡本正（編）『公務員弁護士のすべて』（レクシスネクシス・2016年）は、日本組織内弁護士協会（JILA）のメンバーのうち、国、自治体、独立行政法人（大学や病院）等のパブリックセクターに勤務した「公務員弁護士」の生の声を集めた本である。それぞれの著者が、なぜ「公務

員弁護士」となることになったのか、任期中にどのような役割を担ったのか、任期満了後どのような仕事に関わることになったのかが、現在進行形で語られている。どのエピソードにも、「法律家として何をすべきか」「通常の弁護士業務とは違う役割をどう果たすのか」「いままで培った経験・視点をどう新しいフィールドで活かすのか」を、悩みながら動いていった様が見てとれる。

　この本は弁護士・弁護士を目指す人はもちろんのこと、すべての法学を学ぶ人、法学を学んだ人に読んでいただきたい本である。特に、次に掲げるふたつの異なる立場になりきって読んでみていただきたい。

❶法務を専門とする人として読んでみる

　まず、それぞれの組織内で各執筆者が突き当たった課題とその克服過程を、**「法務のスペシャリスト」**として読んでみよう。「法学・法務を専門としつつ、異なる専門を持つ人と協働して仕事をしていく」という意味では、法曹有資格者のみならず、法学を学んだ後に組織の中で働く人にとっても役に立つ。たとえば、京都大学で産官学連携活動（企業・官公庁・大学とが連携して研究や開発、事業化に取り組むこと）に関与した村田真稚惠弁護士は、次のように述べている。

> 産官学連携法務は、有資格者だけが評価される仕事でもなく、有資格者であることだけをもって足りる業務でもない。もちろん、弁護士としての経験は業務上有効に活用しうるが、それは能力の１つに過ぎない。ビジネス感覚を持つ資格非保有者は違う側面においてよい仕事ができるし、技術バックグラウンドを持つ者もまた然りである。この領域は、経験により培った能力を生かして、自らとは異なる特性を持つ法務専門職と共に、新たな仕事に挑戦したいという意識が高いほど活躍できると考えられる。[*6]

　本書のほかの箇所もあわせて読むと、ここで述べられていることは、

*6　岡本（編）・前掲書 236 頁。

産官学連携法務に限らず、様々な組織内での法務のあり方に共通することが読み取れる。

❷組織内のほかの職員の立場で読んでみる

もうひとつは、それぞれのエピソードから透けて見える、「**その組織でのほかの担当者**」という立場で読んでみていただきたい。法学を学んだ皆さんがある組織の中で働いていて、そこに2～3年の任期付きで法曹有資格者である弁護士が「法務のスペシャリスト」として加入したとする。弁護士はその現場では「新人」であるから、現場において培われてきたノウハウは、もともと組織の中にいた自分の方がよくわかっている。たとえば、ある紛争についてどんな当事者がいて、どういう風に説得したらよいのか等は、現場の知見が活かされる分野であろう。ほかの職員と自分との違いといえば、「法学」を学んだかどうかである。そういう状況のときに、あなたにぜひ担ってほしい役割は、ほかの職員と法務のスペシャリストである弁護士との橋渡し役である。**法学を学んだ人は、法務とそれ以外の業務について両方理解可能なジェネラリストとしての素養を持っている。**スペシャリストがほかの人といつまでたってもうまく手をつなげないようでは、その価値も半減してしまうだろう。もともと組織内にいて、かつ法学を学んだことがある人なら、任期付職員としての弁護士とほかの職員とが手をつなぐためのガイドになることができる。[*7]

第Ⅴ部（進路編）❷で述べた私自身のキャリアプランも、本書で読み取れる「公務員弁護士」ひとりひとりのキャリアプランも、**「誰かの後を追いかけた」というようなものではない。それぞれが、自らのフィールドを切り開いていった結果面白いところに行き着いた、そんなエピソードである。**現実の世界では、どんなスキルを身につけることにな

[*7] また、そうしていくうちに、自分自身が法務のスペシャリストとして活躍するための修業をすることもできる。橋渡しをしているうちに、スペシャリストだからこそ気がつく視点等があるようなら、それを自分も身につけることができないかどうかを考えることで、自らを鍛えることもできるだろう。

るかは本人の選択や努力によるものもあれば、偶然の事情や周りの要請等によることもある。だから、思ったようにいかないことも多数あるだろう。**ひとりひとりが自分の人生の「パイオニア」であること、また協力する相手にも様々な背景があることを想定したうえで、いろいろな道筋を探してみてほしい。**

（7）大学を出てからも学び続けるということ

かすみ 「結局、大学を卒業してからも、いろいろ学び続ける必要があるんですよね」

明日香 「とっても心配です…。大学にいるうちは、こうやってセンセにも質問できるし、図書館だって使えるし、調べ物しやすいです。でも、社会に出たら、そういうものから全部シャットアウトされてしまう気がするんです」

進吾 「あ、それ俺も思いました。大学生と違って、社会人だと思うようにいかないことがたくさんあるんじゃないかって」

ぱうぜ 「まあ、時間は足りなくなるね…。でも、明日香さん。あなたはもともと『時間の使い方がわかんない』って言ってたよね？ 1年生の頃からいろいろ頑張ってたから」

明日香 「そういえばそうですね」

ぱうぜ 「それに、図書館とかだって、まだまだ使えるよ？ うちの大学図書館は市民開放してるし、公共図書館は通常、在住者だけじゃなくて在勤者にも開放されていることが多い。勤務先に近い公共図書館も使えるんだから、むしろ活用できる場面は増えるかもしれない」

進吾 「そういうもんですか？」

ぱうぜ 「社会人になったらいろいろ変わるのは確かなんだけど、社会人になったからこそできることも多くなる。大事なのは、〈社会人になっても変わらないこと〉だ」

明日香 「変わらないことって？」

ぱうぜ	「今まさに、『大学を卒業してもいろいろ調べたり、学んだりしたい』って言ってるじゃないか。レポートや卒論を書いたり、討論したりしてきた過程で、いままで読んできた文章の背景に、いろんな調べ方、考察方法があることも見えてきているはずだ。**大学生活で得られた視野の広さや方法の多様さを、社会人になってから得たリソースと組み合わせて、もっともっと、好きなことを知っていけばいい**」
かすみ	「社会人になってから得たリソース、ですか?」
ぱうぜ	「うん。ちょっとは自分のために使えるお金が増える人もいるだろうし、人脈も広がるはずだ。学生のときにできたことを、形を変えてやり続けていけばいい。学生のときにできなかったことでも、やれるチャンスがあるかもしれない。ほら、これから先にも道がつながっているんだよ」
進吾	「そういうもんですかねえ…」
ぱうぜ	「そうだよ、きっと。君たちは私とまた違う専門分野、ちょっと世代の違う人生を歩むんだろう。道のりはひとりひとり違うけど、ここで話してきた経験を持った友人が、その後どうなるのか、お互いに大変楽しみだよね。どうか、これからも、よろしくね」

　本書で述べたことは、そのまま「自分の〈学び方〉」を見つけるための試行錯誤である。これからも学び続けるために、ぜひ活かしてほしい。そのときには、大学を卒業した後には使えなくなった資料や時間もあるかもしれない。しかし、その代わりに身についた智恵や経済力など、活用できるリソースはきっとある。課題に応じてそれらをつなぎ、うまく使ってみようとしてみる気持ちを大事にしてほしい。

　最後に、本書全体のまとめにかえて、**「自分の〈学び方〉」を見つけて、今も学び続けている生き方**を紹介したい。**「自分の未来」だけでなく、「みんなの未来」の作り方**についても考えてほしい。

　前述の『公務員弁護士のすべて』の編集代表兼共著者である岡本正弁護士が、「公務員弁護士」として内閣府行政刷新会議上席政策調査員

と、文部科学省原子力損害賠償紛争解決センター総括主任調査官を経た後に取り組んでいる課題が、東日本大震災を契機に発生した多数の法的問題への取り組みである。岡本弁護士は、単にひとつひとつの紛争を解決する弁護士としての活動にとどまらず、その法律相談を多量に集め、情報分析し、公共政策を実現するための研究、提言、そして教育にも踏み出している。

　大学での講義をまとめた岡本正『災害復興法学』（慶應義塾大学出版会・2014 年）は、大震災の影響で思いもしない法律問題にぶつかった被災者の声がわかるだけでなく、それを解決・改善するためにどのような政策を進めるべきなのか、そのために必要な法改正や新規立法につなげるにはどうしたらよいのかを、克明につづったものである。

　平時のときに作られた仕組みも、災害時にはその前提から崩れ落ちてしまうこともある。法改正によらなければ解決しえない問題はどんなものか、あるべき法の姿はどんなものか。もちろん、法だけですべてが対応できるわけではないけれども、法も用いなければ社会は変えられないこともまた、事実である。

　東日本大震災発生当時は内閣府行政刷新会議で行政改革に携わっていた岡本弁護士は、震災発生直後に立ち上がった災害情報を交換する弁護士メーリングリスト（阪神・淡路大震災の復興支援経験のある弁護士が立ち上げたもの）で、現行法では解決できない、新たな政策提言を必要とする課題の存在を知る。そこからの活動経緯は前掲『公務員弁護士のすべて』22-23 頁にまとめられているだけでも、ひとりの弁護士として、また日本弁護士連合会の災害対策本部嘱託室長として、そして内閣府内の職務として震災に対応するための特例的規制緩和（いわゆる震災緩和）のための取りまとめに関わるなど、多岐にわたる。被災地で無料法律相談にのる仲間と連携し、「公務員弁護士」という自分の持ち味を活かしつつ、そして立場がさらに変わった後も、「法律制度の改善」にどう関わっていくかを考え続けながら走り続けている岡本弁護士の姿を、ぜひ身近に感じてもらいたい。[*8]

世の中は意外と狭く、また日々移り変わりの激しいこの世の中で、どんなことがあるかはわからない。ひょっとすると、**この本をお読みの皆さんとも、一緒にパーティを組む日がくるかもしれない。そのときには、今回書いたように、互いの持ち味を活かしつつ、よりよい未来に向かって光を伸ばせるように、力をあわせて取り組みたい**と考えている。

> **まとめ**
> - 大学で学ぶことと、これからの人生は地続きである
> - 自分の持ち味とパーティでの役割を考えて、独自の効用を探してみよう
> - うまく役割分担するために、ジェネラリストとスペシャリストを往復する視点を持っておこう

---

*8　なお、〈自分の学び方〉を見つけて、この課題に取り組み続けた岡本弁護士は、議論を理論的に体系化することにチャレンジし、博士（法学）を授与されるに至る。もしその内容に興味がある方は、岡本正『災害復興法学の体系―リーガル・ニーズと復興政策の軌跡』（勁草書房・2018年）を手にとってほしい。

column…10
〈自分の学び方〉を見つけるためのブックガイド・ブログガイド

　ここまで〈自分の学び方〉を見つけるための書籍やブログを多数紹介した（後掲の参考文献一覧参照）。ここでは、本文中では取り上げることができなかったものについて紹介しよう。

1．法学学習の素朴な疑問に答え、「推し本」を紹介

　横田明美＝小谷昌子＝堀田周吾「法学学習Q&A」法学教室451号（2018年）別冊付録1-48頁は、本書と同様、法学学習者の疑問に答え、おすすめの本を紹介する企画。本書第Ⅴ部（進路編）の内容（研究者を含む進路選択や、立法論など）にも踏みこんでいる。「答えはひとつじゃない」ということを意識して、ひとつの疑問につき複数の回答を用意した。「推し本」のテーマとブックリストはweb公開している〔http://www.yuhikaku.co.jp/static_files/451houkyou_bessatufuroku.pdf〕。

2．学ぶための技法を考えるブログ＋その書き手による書籍

　私にとって、どのように学んでいくのかを教えてくれたブログは、いわば、「ブロガーぱうぜの師匠たち」である。TwitterID、ブログとおすすめ書籍を列挙しておくので、ぜひアクセスしてほしい。いずれの書籍も参考文献一覧が充実しており、それ自身が「知的生産の技術」に関するブックガイドとしての機能も果たしている。

①**倉下忠憲さん**（@rashita2）
ブログ：R-style〔https://rashita.net/blog/〕
書　籍：『Evernoteとアナログノートによる　ハイブリッド発想術』（技術評論社・2012年）、『「目標」の研究』（KDP・2016年）等[*9]

②**堀正岳さん**（@mehori）
ブログ：Lifehacking.jp〔https://lifehacking.jp/〕

[*9] Kindle Direct Publishingの略であり、著者自身で電子出版する方式のひとつ。Kindle本の購入方法については岡野純さんのブログ・純コミックスの記事で「クレジットカードを使わずにAmazonのKindle本（電子書籍）を買う方法」〔http://jun0424.com/?p=3096〕（2014年2月17日付）でギフト券を自分用にコンビニ等で購入する方法が紹介されている。学生の皆さんも試してみてほしい。

書　籍：『ライフハック大全』（KADOKAWA・2017 年）、堀正岳＝まつもとあつし（著）／小長谷有紀（監修）『知的生産の技術とセンス：知の巨人・梅棹忠夫に学ぶ情報活用術』（マイナビ新書・2014 年）等

③**くるぶし（読書猿）さん**（@kurubushi_rm）
ブログ：読書猿 Classic：between/beyond readers〔https://readingmonkey.blog.fc2.com/〕
書　籍：いずれも「読書猿」名義で『アイデア大全』（フォレスト出版・2017 年）、『問題解決大全』（フォレスト出版・2017 年）

④**next49 さん**（@next49）
ブログ：発声練習〔http://next49.hatenadiary.jp/〕
　　　　特に卒論・修論関連エントリーは参考になる。

3．残りの関連書籍（1．の「推し本」リストでも紹介できなかったもの）

①石黒圭『「読む」技術――速読・精読・味読の力をつける』（光文社新書・2010 年）：「読む」行為は、目的に応じていろいろな種類がある。本書では、そのやり方を丁寧に、大胆に紹介している。

②瀧本哲史『僕は君たちに武器を配りたい（エッセンシャル版）』（講談社文庫・2013 年）、『君に友だちはいらない』（講談社・2013 年）、『ミライの授業』（講談社・2016 年）：自分の未来や、仲間の作り方を考えるためにおすすめの本。

③岡野純『マンガでわかる！ 幼稚園児でもできた！！ タスク管理超入門』（リットーミュージック〔Kindle 版（インプレス）あり〕・2013 年）：本書のイラストを担当した岡野純さんのタスク管理マンガ。

おわりに
——これからは異なる世代、異なる専門の仲間として——

　本書で述べたことは、(若い皆さんから見て)たまたま少しだけ早く生まれて先に試行錯誤をした私が、自分の経験をもとに考えたことです。本書をここまで読んでくださった皆さんはきっと、「異なる世代、異なる専門の仲間」をたくさん作って、気兼ねなく意見交換ができるようになっていることでしょう。

　本書では、講義の隙間に落ちてしまう疑問や悩みを中心的に取り上げました。それらはその性質上、大学の講義で教えていることではありませんし、むしろ各自の生き方や生活の作り方にも関わる事柄です。そういう意味では、著者にとっても「専門外」であり、これらに対する回答もまた、「答えはひとつじゃない」と言えます。そうである以上、いろいろ試行錯誤して、意見交換して、自分なりのやり方を見つけていくしかありません。こういうことが気兼ねなく言いあえる仲間を、ぜひ幅広い観点で作ってほしいと思います。

　もし可能であれば、その「仲間」のひとりとして、ぜひ私も入れていただきたいです。私は 2018 年現在、@kfpause (Twitter) というアカウントに常駐しています (「ぱうぜ」というハンドルネームを使っています)。ハッシュタグ「#カフェパウゼで法学を」を入れたツイートで感想や意見、実践のコツなどを投げかけていただければ、とても嬉しいです。

　　　　　　　　＊　　　　　　＊　　　　　　＊

　本書を作る過程でも、多数の友人の支えをいただきました。本書の第Ⅰ部、第Ⅱ部、第Ⅳ部は、ブログメディア「アシタノレシピ」で 2013 年 12 月から 2017 年 3 月にかけて連載した「ぱうぜセンセのコメントボックス」(通称：ぱうコメ) がもとになっています。この連載を勧めてくださった、発起人の北真也さんをはじめとするメンバーの皆さんに

感謝します。

　また、研究や執筆、時間管理に関するトピックをブログで発信し続けてくださった堀正岳さん、倉下忠憲さん、読書猿さん、next49さん（**column…10**（292頁）参照）の存在は、「ぱうコメ」を始める原動力になりました。彼らのブログで学んだことが本書のベースになっています。ブロガーとしての師匠たちに改めて御礼申し上げます。

　本書の第Ⅲ部、第Ⅴ部は、弘文堂のウェブメディア「弘文堂スクエア」で2015年4月から2016年3月にかけて連載した「タイムリープカフェ〜法学を学ぶあなたに」がもとになっています。この連載は、弘文堂の編集者である登健太郎さんと、「ぱうコメ」から引き続いてイラストを担当してくださった岡野純さんとの3人4脚で執筆したものです。岡野さんの描く「ぱうぜセンセ」には著者の真面目さとテキトーさがよく表現されており、乱雑で簡素なネームから、わかりやすい1コママンガを描いてくださったことにも感謝しています。さらに、わかりにくい表現や伝わりづらい箇所に丁寧にコメントをくださった登さんのおかげで、ブログとしてはとても長い文章であるにもかかわらず多くの読者を得ることができました。登さんの丁寧な仕事ぶりは、この書籍化段階でも大きな助けとなりました。前著『義務付け訴訟の機能』から引き続いてのご支援に大変感謝しています。

　そして、「タイムリープカフェ」の記事を読解・要約用文章として活用して大学1年生向けゼミを実践してくださった作内由子さんには、実際の感想と、本書の新たな可能性を見せていただきました。ありがとうございます。**work…2**（81頁）において示したように、読者の皆さんには、本書自体もひとつの素材として活用していただければ嬉しいです。

　さらに、両連載の書籍化にあたって、Twitterでレビュアーを募集したところ、即座に多数の応募をいただきました。学生の視点から串田優介さん、亀川達哉さん、藤山実希さんのコメントをいただけただけでなく、安田貴行さん、有馬俊彦さんからも丁寧なコメントをいた

だきました。また、本書第Ⅱ部（2年生編）❾についてはディベートの経験が豊富な石橋由基さんにご意見をいただき、尊敬する書き手である塩浜克也さん、松尾剛行さんには、本書全体に目を通していただきました。このように、本書もまた「ピアレビュー」に支えられたものであり、レビュアーの方々の的確なコメントによってさらにブラッシュアップすることができたことを、心から御礼申し上げます。

　そして最後に、本書の中心を占めている「学生からの質問」は、千葉大学法経学部・法政経学部・国際教養学部の学生の皆さん、インターネットを通じて知り合った皆さんからの声がもとになっています。皆さんからの率直な質問がなければ、考えを深めることも、伝えることもできなかったと思います。その意味で、本書は皆さんとの共作です。本当にありがとうございます。

　2018年6月

法政経学部棟の研究室にて

横田　明美

参考文献一覧

「特集　一行問題と事例問題―法律基本科目の学び方と論じ方」法学セミナー 678 号（2011 年）1-36 頁　　135

浅羽祐樹『したたかな韓国』（NHK 出版・2013 年）　　97

石黒圭『「読む」技術―速読・精読・味読の力をつける』（光文社新書・2010 年）　　293

市川正人＝酒巻匡＝山本和彦『現代の裁判〔第 7 版〕（有斐閣アルマ）』（有斐閣・2017 年）　　51

伊藤眞「体系書今昔〔民事訴訟法〕」同『千曲川の岸辺―伊藤眞随想録』（有斐閣・2014 年）88-92 頁　　190

稲葉馨＝下井康史＝中原茂樹＝野呂充（編）『ケースブック行政法〔第 6 版〕』（弘文堂・2018 年）　　237, 241

宇賀克也＝大橋洋一＝高橋滋（編）『対話で学ぶ行政法―行政法と隣接法分野との対話』（有斐閣・2003 年）　　253

梅棹忠夫『知的生産の技術』（岩波書店・1969 年）　　214

大内伸哉＝川口大司『法と経済で読みとく雇用の世界―これからの雇用政策を考える〔新版〕』（有斐閣・2014 年）　　268

大島義則『憲法の地図』（法律文化社・2016 年）　　161

大橋洋一『行政法Ⅰ〔第 3 版〕』（有斐閣・2016 年）　　142

―――（編）『政策実施（BASIC 公共政策学 6）』（ミネルヴァ書房・2010 年）　　265

大森政輔＝鎌田薫（編）『立法学講義【補遺】』（商事法務・2011 年）　　263

岡野純『マンガでわかる! 幼稚園児でもできた!! タスク管理超入門』（リットーミュージック〔Kindle 版（インプレス）あり〕・2013 年）　　293

岡本正（編）『公務員弁護士のすべて』（レクシスネクシス・2016 年）　　285-286, 289-290

―――『災害復興法学』（慶應義塾大学出版会・2014 年）　　290

―――『災害復興法学の体系―リーガル・ニーズと復興政策の軌跡』（勁草書房・2018 年）　　291

奥野宣之『新書 3 冊でできる「自分の考え」のつくり方』（青春出版社・2012 年）　　89

川喜田二郎『発想法』（中公新書・1967 年）　　214

川島聡＝飯野由里子＝西倉実季＝星加良司『合理的配慮―対話を開く 対話が拓く』（有斐閣・2016 年）　　90

喜多あおい『プロフェッショナルの情報術』（祥伝社・2011 年）　　83

北村喜宣『環境法（有斐閣ストゥディア）』（有斐閣・2015 年）　　269

―――＝横田明美「【対談】自著を語らせる―環境法教師からみたストゥディア『環境法』」書斎の窓 2016 年 1 月号（643 号）4-10 頁　　269

倉阪秀史『政策・合意形成入門』（勁草書房・2012 年）　　263

倉下忠憲『Evernote とアナログノートによる ハイブリッド発想術』（技術評論社・2012 年）　　69, 292

―――『「目標」の研究』（KDP・2016 年）　　292

潮見佳男『民法（全）』（有斐閣・2017 年）　　178

末弘厳太郎（著）/佐高信（編）『役人学三則』（岩波書店・2000 年）　　121, 273

菅野和夫『労働法〔第 11 版補正版〕』（弘文堂・2017 年）　　90

スティーブン・R・コヴィー『完訳 7つの習慣』（キングベアー出版・2013 年）　　42

瀧本哲史『君に友だちはいらない』（講談社・2013 年）　　293

―――『僕は君たちに武器を配りたい（エッセンシャル版）』（講談社文庫・2013 年）　　293

―――『武器としての決断思考』（星海社・2011 年）　　99

―――『ミライの授業』（講談社・2016 年）　　293

Tak.『アウトライナー実践入門』（技術評論社・2016 年）　　72, 161, 223

田高寛貴＝原田昌和＝秋山靖浩『リーガル・リサーチ & リポート』（有斐閣・2015 年）
122-123, 168
デビット・アレン（田口元（訳））『はじめての GTD ストレスフリーの整理術〔全面改訂版〕』
（二見書房・2015 年）　32
読書猿『アイデア大全』（フォレスト出版・2017 年）　293
―――『問題解決大全』（フォレスト出版・2017 年）　293
戸田山和久『新版 論文の教室』（NHK 出版・2012 年）　55, 57, 72
中川丈久「行政法における法の実現」佐伯仁志（編）『岩波講座現代法の動態 2 法の実現手法』（岩波書店・2014 年）111-154 頁　256
永野仁美＝長谷川珠子＝富永晃一（編）『詳説 障害者雇用促進法〔増補補正版〕』（弘文堂・2018 年）　91
原田大樹『現代実定法入門』（弘文堂・2017 年）　255, 257
―――『例解 行政法』（東京大学出版会・2013 年）　159
平井宜雄『法政策学―法制度設計の理論と技法〔第 2 版〕』（有斐閣・1995 年）　263
堀正岳『ライフハック大全』（KADOKAWA・2017 年）　292
―――＝まつもとあつし（著）/小長谷有紀（監修）『知的生産の技術とセンス：知の巨人・梅棹忠夫に学ぶ情報活用術』（マイナビ新書・2014 年）　292
松本茂＝河野哲也『大学生のための「読む・書く・プレゼン・ディベート」の方法〔改訂第 2 版〕』（玉川大学出版部・2015 年）　98, 108
水町勇一郎『労働法〔第 7 版〕』（有斐閣・2018 年）　191
三菱総合研究所＝全国大学生活協同組合連合会＝全国大学生協共済生活協同組合連合会『最新情報版 大学生が狙われる 50 の危険』（青春出版社・2017 年）　29
緑大輔『刑事訴訟法入門〔第 2 版〕』（日本評論社・2017 年）　130
南野森（編）『ブリッジブック法学入門〔第 2 版〕』（信山社・2013 年）　51
森戸英幸『プレップ労働法〔第 5 版〕』（弘文堂・2016 年）　91
山口厚『刑法〔第 3 版〕』（有斐閣・2015 年）　129
柳川隆＝高橋裕＝大内伸哉（編）『エコノリーガル・スタディーズのすすめ―社会を見通す法学と経済学の複眼思考』（有斐閣・2014 年）　268
横田明美『義務付け訴訟の機能』（弘文堂・2017 年）　198-199, 218
―――「取消訴訟の審理」高木光＝宇賀克也（編）『行政法の争点(新・法律学の争点シリーズ 8)』(有斐閣・2014 年)122-123 頁　254
―――「法学部って何だっけ？―法政経学部の教員から」法学セミナー 725 号（2015 年）39-42 頁　260
―――「ロボット・AI の行政規制」弥永真生＝宍戸常寿（編）『ロボット・AI と法』（有斐閣・2018 年）103-130 頁　266
吉田利宏＝塩浜克也『法実務からみた行政法 エッセイで解説する国法・自治体法』（日本評論社・2014 年）　230

事項・人名索引

あ行

アウトライン　**71-77**, 80, 145, 146-147, 152, 159, 202-209, 214, 217-218, 221
悪魔の代弁人　77, **94-97**, 101-103
いつかやるリスト　44
入れ子状になった箇条書き→アウトライン
内なる声　**12-17**, 77-79, 147, 169, 174-175, 176-181, 236
梅棹忠夫　214, 292
SNS　18-19, **24-25**, 38-39
大橋洋一　253-255, 265
岡本正　285, 289-291

か行

書き手目線　70, 76, 80, 216-217, 220-224
仮設定　26-29
川喜田二郎　214
川口大司　268
基礎知識の縦糸　236-237, 240-243
喜多あおい　83, 85-86, 92-93
北村喜宣　269
巨人の肩に乗る　5, 57, 247-248
倉下忠憲　69, 292
研究　**4-6**, 27, 55, 167-168, 190, **247-249**, 252-255
研究者　**6-8**, 14, 183, 190-191, **228-233**, 235, **243-251**, 252-255, 280-281
河野哲也　98, 103, 108, 112

さ行

シェイク　76, 223
塩浜克也　230
自学　15, 35, 48, **120-125**, 130-133, 148, **176-181**, 186-189, 240-243, 283
時間の使い方　**33-38**
自主ゼミ　186-189
　　──の罠　181-182
実務（家）（研究者との対比で）　**6-8**, **228-235**, 245-247
質問
　良い──　124, **169-173**
　──の型　171-173
質問シート　173-175
自分の学習法　163
自分の時間割　120-125
自分の領域　26-29
主張　55-56, 65, 96, 107, 171
主張・理由・証拠（ディベート）　**96-99**, 107
情報地図　82-86
調べ方（レポート、卒論）　57, **82-93**, 197-199
調べ物をする必要性（ゼミ）　124, 138, **164-169**
末弘厳太郎　121-122, 273-274
成果物　67-69, 80, 106, 144-147, 174, 195, 204, 220
整想　**68-70**, 75, **78-81**, 106, 144-146, 152-153, 159, 174, 214, 217, 220
即興レポート（即興スピーチも含む）　17, **139-141**, 144-145, 171-175
それぞれもくもく　115, **184-189**

た行

対象と手法の掛け合わせ　**71-73**, 188, **197-198**, **217-219**, **256-257**, 258-261
高橋滋　253-255
瀧本哲史　99, 108-109, 293
縦割りの科目　255-257
ツッコミどころ　77-78, 95-97, **107-110**, 112
ディベートモード　**99-100**, 102-103, 105-106, 114-115
問い　**55-60**, 65, 72, 95, 107, 139, 140-141, 146, 203-204, 214, 218
問い・主張・論拠（レポート）　**54-55**, 71, 77-78, 107, **139-141**, 196, 203, 211-212, 219, 223
どうせやるなら二毛作　31, **33**, 45-47, 163
動的視点の横糸　236-237, 240
戸田山和久　55, 57, 72
トップダウン型（アウトライン）　76, 221-225
トリガーリスト　**31-33**, 41
鳥の目　77, **90-91**, 126-127, **132-133**, 151

は行

発想　　68-70, 75-80, 95-96, 106, 144-146, 152-153, 174, 214
発想・整想・成果物　　17, 68-70, 75, 78-79, 81, 106, 114, 144-147, 150-153, 162, 174, 214
原田大樹　　159, 255-257
判例百選　　49, 167
判例評釈　　164, 167-168, 235
ふせんシート　　210-215, 216, 221, 223
プランB（代替案）　　155-156
プロ（専門家、専門職）　　7-10, 228-233, 273-281, 283, 285-287
報告型（レポート）　　57-58
ボトムアップ型（アウトライン）　　76, 212-213, 223

ま行

マイルストーン（卒論）　　202-205
松岡和美　　21
松本茂　　98, 103-104, 108, 112
（大学での）学び　　2-6, 10, 11, 26-27, 56, 131, 271-272, 288-289
学び方（学習法）　　8, 9-10, 15, 27, 45-47, 48, 123, 130-133, 148-163, 178-181, 240-243, 272, 289, 292-293

水野泰孝　　230
未知の（事柄、課題）　　3-10, 65, 191, 230-233
見取り図シート　　221-223
みんなでわいわい　　115, 184-189
虫の目　　77, 90-91, 126, 132-133, 151, 212
（自分の）持ち味　　11, 250, 282-284, 291

や行

やることリスト　　31-33, 40-47, 62, 125
良い質問　　124, 169-173
横割りの科目　　255-257
吉田利宏　　230
読み手目線　　65, 69-72, 75-81, 106, 145-146, 203, 216-217, 220-223

ら行

リサイズ（卒論）　　197, 213-214, 218-219
リンク　　246-249, 252-256
論拠　　55-56, 65, 96, 107, 171
論証型（レポート）　　57-58, 66, 77-78, 196-199, 204
論文のガイコツ（アウトライン）　　71, 203, 205, 207-208, 211-212, 218-219
論文の型　　197-198, 211
論文の肉　　207, 212
論文を書くためのステップ　　55, 79, 196

横田 明美(よこた・あけみ)

【略　歴】
1983 年　千葉県千葉市生まれ
2006 年　東京大学法学部卒業
2008 年　東京大学大学院法学政治学研究科法曹養成専攻専門職学位課程修了（法務博士（専門職））
2012 年　一般財団法人行政管理研究センター　研究員
2013 年　東京大学大学院法学政治学研究科総合法政専攻博士課程修了（博士（法学））。千葉大学法経学部准教授
2014 年　千葉大学法政経学部准教授
2017 年　千葉大学大学院社会科学研究院准教授（現在に至る）
【専　攻】　行政法、環境法、情報法
【主要著作】　『義務付け訴訟の機能』（弘文堂・2017 年）、『シン・ゴジラ政府・自衛隊 事態対処研究』（分担執筆、ホビージャパン・2017 年）、『ロボット・AI と法』（分担執筆、有斐閣・2018 年）など

カフェパウゼで法学を──対話で見つける〈学び方〉

2018（平成 30）年 7 月 15 日　初版 1 刷発行

著　者　横田　明美
発行者　鯉渕　友南
発行所　株式会社 弘文堂　　101-0062　東京都千代田区神田駿河台 1 の 7
　　　　　　　　　　　　　 TEL 03(3294)4801　　振替 00120-6-53909
　　　　　　　　　　　　　 http://www.koubundou.co.jp

イラスト　岡野　純
装　丁　　宇佐美純子
印　刷　　三報社印刷
製　本　　井上製本所

Ⓒ 2018　Akemi Yokota. Printed in Japan
[JCOPY] 〈(社)出版者著作権管理機構　委託出版物〉
本書の無断複写は著作権法上での例外を除き禁じられています。複写される場合は、そのつど事前に、(社)出版者著作権管理機構（電話 03-3513-6969、FAX 03-3513-6979、e-mail : info@jcopy.or.jp）の許諾を得てください。
また、本書を代行業者等の第三者に依頼してスキャンやデジタル化することは、たとえ個人や家庭内での利用であっても一切認められておりません。

ISBN978-4-335-35733-6